한국형 공공외교 평가 모델

이화공공외교총서 01

ublic
iplomacy

P
D
01

한국형 공공외교 평가 모델

이화여자대학교 공공외교센터 엮음

이화여자대학교출판문화원

책을 펴내며

국내에서는 처음으로 이화여자대학교 국제대학원에서 공공외교를 정규 과목으로 가르치기 시작한 게 2008년이었다. 2004-2006년 사이 연구년을 맞이하여 미국의 수도 워싱턴 D.C.에서 지내는 동안 공공외교의 중요성을 뼈저리게 느끼게 되었다. 1980년대 유학 이후 20여 년이 넘었지만 미국인 의식에 있는 한국의 이미지는 크게 변화하지 않았고 한국을 아는 미국인은 여전히 많지 않았다.

한반도의 분단이나 전쟁의 위협도 외국인들은 우리가 생각하는 것보다 훨씬 심각하게 받아들였다. 워싱턴 정가에서 한국 정부와 일하는 국무부 공무원이나 싱크탱크의 전문가들을 만날 때마다 그들이 한국 정부에 대해 많은 오해를 하고 있음을 발견했다. 하지만 한번 입력된 선입견이나 편견은 새로운 정보를 제시해도 바꾸기는 매우 어렵다는 것 또한 깨달았다.

새뮤얼 헌팅턴(Samuel Huntington)이 말하는 1980년대 후반 동구와 아시아에 불어 닥친 제3의 민주화 물결 이후 국민은 정치의 주체에서 더 나아가 외교의 주체로 등장하게 되었다. 인터넷과 스마트폰 등 통신 수단의 발전은 외교의 패러다임을 전문가외교에서 공공외교로 변화시키고 있다. 이러한 변화가 공공외교를 정규 과목으로 편성하기 시작한 계기였다.

2014년 소치에서 동계올림픽 기간 동안 김연아가 금메달을 빼앗긴 것을 보며 우리 국민은 밤잠을 설쳤다. 단지 금메달이 아까워서가 아니라 불투명하고 불공정한 심판에 분노한 것이다. 한 캐나다인이 요청한 청원에 단 며칠 만에 수백만 명의 전 세계 시민이 심판 결과에 항의하는 서명을 하기도 했다. 러시아가 금메달로 자국민의 단결은 이뤘을지 몰라도 국가 이미지는 오히려 더 손상당한 것으로 조사되었다. 동계올림픽이라는 최고의 공공외교 기회를 역으로 사용하게 된 것이다.

이처럼 공공외교는 멀리 있는 것이 아니라 매일 우리 주변에서 일상적으로 일어나고 있다. 한국이 이라크 파병을 결정했을 때, 비록 전투병이 아니라 이라크의 재건을 돕는 군대가 파견되었지만, 이라크에 가장 먼저 파견된 것은 아리랑 TV의 전파를 탄 한국의 드라마였다. 이라크 국민들은 한국 군인보다는 한류 스타가 열연한 드라마를 먼저 만났다. 양국의 축구 선수단이 양국을 오가며 친선 경기를 벌이기도 했다. 한국의 국민은 양국 선수를 함께 응원하며 격려했다. 이렇게 부드러운 만남을 먼저 가진 뒤 후발대로 재건을 위한 군대가 파병되었다.

미국 군인이 아버지이고, 어머니가 한국인인 한 미국 학생이 이라크 파병과 관련해 석사학위 논문을 썼는데 이라크를 대상으로 한 미국과 한국의 문화외교를 비교 평가한 것이다. 미국은 모두가 알고 있듯이 엄청난 예산을 쏟아 붓고도 성공적이지 못한 반면 한국은 매우 성공적이라는 결론을 내렸다. 당시만 해도 우리나라에 공공외교라는 개념이 존재하지 않을 때였다. 개념은 없었지만 어떻게 공공외교를 해야 하는지 우리 외교관들은 정확히 알고 있었던 셈이다.

2009년 봄 공공외교로는 첫 석사학위 논문을 쓴 졸업생이 지금 MBC에서 활약하는 김나리 기자이다. 김 기자가 당시 논문 준비를 위해 외무부의 과장급 이하 외교관 여러 명을 상대로 '공공외교'의 개념을 이해하고 있는지 인터뷰를 실시했던 적이 있다. 공공외교가 무엇을 의미하는지 이해하는 사람이 한 명도 없었다. 어떤 공무원은 공공외교를 민간외교와 혼동하기도 했다.

그러나 2011년 대한민국 외교부는 마영삼 대사를 최초의 공공외교 대사로 임명했고 공공외교협력센터도 설립했다. "국민과 함께하는 공공외교"라는 구호하에 청년공공외교단, 시니어공공외교단도 임명해 활발한 활동을 펼치고 있다. 불과 2년 만의 일이다. 공무원 사회가 잘 변하지 않는다고 하지만 사실 우리나라처럼 공직 사회가 빨리 변하는 나라도 드물다. 적어도 공공외교 분야에서만큼은 우리 정부가 상당히 앞서 나가고 있음을 이 책에서도 확인할 수 있을 것이다.

2013년 이화여자대학교에 대학으로서는 최초의 연구기관인 공공외교센터가 설립되게 된 것은 문화외교국의 한충희 전 국장의 노력 덕분이다. 한 국장을 처음 만난 건 2013년 6월 독일 고슬라에서 개최되었던 한독포럼에서였다. 한독포럼은 한국과 독일 간의 고위급 공공외교 채널로서 한국국제교류재단이 지원하는 공식 양자포럼 중 하나이다. 2012년부터 이화여자대학교 국제대학원의 국제통상협력연구소의 소장을 맡고 있던 필자는 김선욱 총장을 대표단으로 하는 한국 측 한독포럼 주최를 맡게 되었다.

2013년 한독포럼은 한독수교 130주년을 기념하는 특별한 의미가 있었다. 오랫동안 한국통으로 활동했고 한독포럼의 독일 측 대표인 하르무트 코쉭(Hartmut Koschyk) 의원은 한독수교 130주년을 기념해 우표를 발행했다. 고슬라 시 카이저팔츠홀에서 열린 공식 행사에 독일의 요아힘 가우크(Joachim Gauck) 대통령이 참석해 한국의 경복궁 향원정과 독일의 바이로이트(Bayreuth) 태양사원(Temple of Sun)이 담긴 기념

우표를 공표했다. 한충희 국장은 경복궁의 유래와 의미를 설명하기 위해 이 행사에 참여하게 되었다.

한국으로 돌아오는 길에 한 국장과 우연히 함께 앉은 필자는 공공외교에 대해 대화를 나누기 시작했다. 한 국장은 내가 만난 어떤 학자보다도 공공외교에 대해 확실한 개념과 이론을 가지고 있던 전문가였다. 한 국장은 외교부도 도와줄 테니 대학에 연구소가 하나 있으면 좋겠다고 나를 부추겼다. 연구소를 만든다는 것은 그만큼의 일을 의미했다. 더 많은 연구 욕심이 있었던 필자는 한동안 망설였다. 그러나 국내에서 최초로 공공외교를 정규 과목으로 가르친 우리 학교의 상징성을 기리기 위해서라도 연구소 설립이 필요하겠다는 생각이 들어 2013년 가을 국제통상협력연구소 내에 공공외교센터를 설립했다.

2014년 2월 공공외교센터 개소식을 하게 되었다. 어떤 형식으로 할까 고민하다 학생들에게 실질적인 도움이 되는 행사를 개최하기로 결정했다. 최근에는 공공기관과 사기업, NGO가 함께 힘을 합쳐 21세기의 복잡한 문제를 해결할 수 있다는 점에서 public-private partnership, 줄여서 PPP가 대세로 등장하고 있다. 이는 새로운 형태의 거버넌스(협치)라고 할 수 있다. 20세기에는 공사가 엄격히 구분되었고 NGO는 정부의 정책을 반대하고 견제하는 것이 고유의 역할이라고 생각했었다. 하지만 정보화, 세계화가 본격화된 21세기에는 적대적 관계에서는 해결되기 어려운 복잡한 사회 문제가 수도 없이 많다. 각자의 영역에서 전문성과 고유성을 바탕으로 공사가 협력하는 것이 공공의 이익을 극대화한다는 경험을 축적하게 되면서 PPP가 정부 곳곳에 자리잡아가고 있는 것이다.

공공외교 분야에서 활동하는 전문가를 초청해 학생들이 참석자와 친분도 쌓고 현장의 목소리를 들으면 좋겠다는 생각에 〈PPP네트워킹워크샵〉을 개최하기로 했다. 외교부, 주한 외교 대사관과 문화원, 한국국제교류재단, 국제협력단, 국립국제교육원, 연구원, 대학교수, 현장에서 공공외교 실무를 담당하는 국제친선단체와 NPO, 광역자치단체의 공공외교 담당관, 기업, 방송국, 언론사 등 매우 다양한 분야의 전문가들을 초청했다.

행사 전날 좌석 배치를 위해 참석을 통보해온 명단을 보고 필자는 깜짝 놀랐다. 우리가 초청한 외부 인사 외에도 무려 130여 명이 넘는 분이 참가자로 등록한 것이다. 이 분야에 종사한 분들이 그동안 얼마나 외로웠을까 하는 생각이 들었다. 각자 맡은 바 일을 충실히 하고는 있었지만 나와 비슷한 일을 하는 사람들이 어디에서 어떻게 일을 하는지 매우 궁금했던 것 같다.

행사는 성황이었다. 무엇보다 무슨 영문인지도 모르고 행사에 참석했던 이병훈 감독의 기조연설은 감동적이었다. 이 감독은 드라마 〈대장금〉을 통해 한국의 아름다운 색과 전통적인 의복, 형형색색의 진귀한 음식을 전 세계에 선사했다. 그에 대한 보답으로 열성 팬들이 전 세계에서 이 감독에게 보낸 감동적인 사연을 소개해주었다. 그날 행사에서 이 감독은 "내가 하고 있는 일, 내가 만들었던 작품들이 공공외교와 굉장히 밀접하고 중요한 축의 하나구나 하는 생각을 하게 됐다"고 말했다.

공공외교센터의 개소식 연설문, 발표문, 사진, 언론 보도 등은 책자로 묶어서 배포했다. 그리고 이번에 발간하는 『한국형 공공외교 평가모델』이 이화여자대학교 공공외교센터의 두 번째 발간물이 되는 셈이다. 하지만 정식 도서로는 이 책이 최초이고 앞으로 계속 출간하게 될 이화공공외교총서의 1권을 장식하게 되었다.

이 책이 만들어지게 된 배경에도 외교부가 있다. 개소식에서 본교 공공외교센터는 당시 문화외교국의 한충희 국장과 MOU(양해각서)를 체결했다. 대학과 정부가 협력하는 공사파트너십(PPP)을 공식화한 것이다. 행사 직후 한 국장은 UN의 한국대표부 차석대사로 발령받아 뉴욕으로 떠났다. 후임인 김동기 국장과 김남혁 과장은 외교부 문화외교국의 가장 시급한 과제로 공공외교 평가를 꼽았다. 이 과제를 할 연구팀을 공모하게 되었고 우리는 응모를 통해 이 과제를 하게 되었다.

정부에서 하는 일이든 기업의 사업이든 무엇이 잘 되었고 무엇이 잘못되었는지, 어떤 성과를 얻었는지에 대한 평가가 없다면 다음 사업을 성공적으로 기획하는 일은 불가능할 것이다. 따라서 평가는 피드백을 위해서 꼭 필요한 일이다. 특히 기획재정부는 평가와 연동해 차년도 예산을 배정하고 있다.

정치학도는 공공외교의 큰 방향을 제시하는 일은 잘하지만 평가와 같은 실무적 작업에는 전문성이 부족하다. 그래서 이 분야 최고의 권위자인 본교 커뮤니케이션·미디어학부의 차희원 교수와 서강대 커뮤니케이션학부의 신호창 교수를 초빙했다. 우리는 처음부터 보고서를 책으로 발간할 목적으로 충실히 연구했다. 보고서 제출이 끝나고 책으로 출간하기 위해 필요한 비용을 외교부에서 2016년에 지원해줄 수 있다는 결정이 전해 말에 났다.

'공공외교 성과 평가에 대한 보고서'를 책으로 출간하려면 한국 정부가 공공외교를 어떻게 해왔는지, 앞으로 어떻게 가야 하는지 방향을 제시하는 챕터가 맨 앞에 들어가면 좋겠다는 생각을 했다. 마침 한충희 대사가 일시 귀국해 대화를 나누던 중 이 책의 출간을 알게 되었다. 한 대사가 문화외교국 국장으로서 한국국제정치학회에서 공공외교 관련 기조연설을 한 원고가 있다는 사실을 알고 기쁘게 그 원고를 활용하기로 하고 내용을 수정했다.

최종 보고서를 제출하기 전에 외부 전문가를 모시고 외교부에서 담당 공무원들과 난상토론을 벌였는데 이때 보고서의 수정을 위해 좋은 조언을 해주신 본교 행정학과 박통희 교수와 단국대학교 행정학과 유홍림 교수께도 감사의 인사를 드린다. 두 분의 도움으로 우리 책의 내용이 더 정교해질 수 있었다고 생각한다.

이 프로젝트는 석박사과정 조교가 없었다면 불가능한 일이었다. 우리나라의 평가 모델을 제시하기 위해 각국의 사례를 모으고 분류하고 시사점을 끌어내는 일은 엄청난 시간을 필요로 하기 때문이다. 무엇보다 미국과 영국을 제외하고는 공공외교는 측정이 어렵다는 이유로 평가 자체를 하지 않는 선진국들이 많아 자료를 구하는 일이 쉽지 않았다. 2014년 겨울방학을 꼬박 우리와 이 작업을 하며 보낸 박사과정의 김화정, 윤보라, 여선하, Grace Alex 연구원, 석사과정의 김성경, 박서현 연구원 등에게 감사의 말을 전한다. 책의 마무리 과정에 뒤늦게 합류해 참고문헌 수정과 교정을 도와준 김재연, 박지영 연구원에게도 감사드린다.

김화정은 이 프로젝트의 책임 조교로서 몇 개월간 지속된 수많은 세미나를 조직하고 필요한 자료를 찾아 나눠주고 외교관을 대상으로 한 설문조사를 직접 실시하고 결과를 필자와 함께 분석하는 등 이 연구에서 매우 중요한 역할을 담당했다. 윤보라는 다른 조교들이 모은 각국의 공공외교에 대한 사례를 필자가 제시한 분석틀에 맞춰 재구성하는 역할을 했다. 여선하는 PR 효과 평가 모형 및 공공외교 효과 평가 사례들을 조사하고 비교 분석하면서 이를 바탕으로 공공외교 효과 평가 가이드라인을 마련하는 데에 중요한 역할을 담당했다. 세 사람은 박사과정 연구원으로서 이 책에 기여한 비중이 크기 때문에 차희원, 신호창, 한충희에 덧붙여 이 책의 공동 저자로 포함되었다.

공공외교센터의 모태가 된 한독포럼의 한국 측 공동 대표이자 공공외교센터의 발족과 행사 등에 각별한 관심과 애정으로 지원을 아끼지 않으신 김선욱 전 총장께도 특별한 감사의 인사를 드린다. 늘 따뜻한 격려와 푸근한 미소로 지지해주었기에 필자가 공공외교센터 설립에 용기를 낼 수 있었다. 한국국제교류재단은 공공외교를 현장에서 가장 활발히 실천하는 기관이자 한독포럼의 후원자이기도 하다. 공공외교센터 개소식에 참석해 축사를 해주고 한독포럼을 가장 성공적인 포럼 중의 하나라고 늘 칭찬해주신 유현석 이사장께도 감사의 인사를 드린다.

공공외교센터의 가장 중요한 사업이라고 할 수 있는 한독포럼의 성공에 반드시 언급되어야 할 분이 한독포럼의 미디어파트너인 중앙일보 홍석현 회장이다. 홍 회장은 한독포럼에 참석해 남북관계와 경제적 협력 등에 대해 의미 있는 제안을 함으로써 존경받는 사회 원로로서의 모범을 보여주었다. 뿐만 아니라 한독포럼의 모든 행사를 중앙일보 지면을 통해 소개할 만큼 독일을 우리 사회에 알리는 데 적극적인 노력을 아끼지 않았다. 홍 회장의 지지와 격려, 도움에 감사드린다.

이 책의 연구를 함께 하지는 못했지만 공공외교센터의 운영위원으로서 설립부터 지금까지 좋은 아이디어로 기여해주고 개소식에서도 좋은 발제로 내용을 풍부하게 해준 국립외교원의 김태환 교수, 〈울지마 톤즈〉의 감독으로서 이태석 신부의 공공외교 분야에서의 기여를 전 세계에 알린 KBS의 구수환 피디, 공공외교의 전도사로서 이 분야에 큰 기여를 해온 이재영 의원, 한국 문화 전문가로서 운영위원회에서 좋은 제언을 아끼지 않는 본교 한국학과 김영훈 교수, 국제대학원 원장으로서 발제를 맡아준 김은미 교수께도 감사드린다. 또한 특별히 감사드려야 할 분이 중앙선데이 에디터로서 독일에서 특파원을 지낸 한경환 기자이다. 공공외교센터와 한독포럼 양쪽의 운영위원을 맡아 바쁜 중에도 늘 조찬회의를 거르지 않고 참석해 기자로서의 직관과 생생한 현장감으로 공공외교센터에 실질적인 도움을 주고 있다.

무엇보다도 공공외교센터의 산파 역할을 했고 문화외교국장의 교체에도 불구하고 변함없이 공공외교센터와 협력 관계를 이어옴으로써 다양한 국제 행사의 후원은 물론이고, 현장에서 필요한 연구를 할 기회를 제공해주고, 또 그 보고서를 책으로 발간하는 것도 지원해주신 전임 한충희 국장, 김동기 국장, 김남혁 과장, 그리고 2016년 새 문화외교국장에 취임한 최영삼 국장 이하 여러 외교관들께 심심한 사의를 표한다. 이분들은 우리가 요청할 때면 바쁜 와중에도 언제든지 학교로 달려와 학생들에게 현장의 경험과 지혜를 나눠주었다.

공공외교 분야에서 가장 선두를 달리고 있는 연구소는 단연코 USC 대학의 USC Center on Public Diplomacy(CPD)라고 할 수 있다. 우리 연구소 개소식에 축하 메시지를 보내온 왕지안(Jian Wang) 소장께도 심심한 사의를 표한다. 2016년 4월 12일 공공외교센터는 유엔한국대표부 후원으로 유엔에서 "공공외교의 시각으로 본 유엔 70년의 커뮤니케이션 역사"를 주제로 심포지움을 개최한 바 있다.

공공외교센터는 그동안 국내보다는 국제적으로 더 많은 활동을 해왔다. 매해 개최되는 한독포럼과 2016년 4월에 개최한 유엔 심포지움 외에도, 2014년 11월에는 미국 워싱턴 D.C.에 있는 윌슨 센터(Wilson Center)와 함께 한미공공외교포럼을 공동 개최한 바 있다. 이 행사는 '한-미 고위급 공공외교 대화(14.7.8.)' 후속 조치의 일환으로, 양국 공공외교 정책에 대한 상호 이해를 제고하고, 구체적인 협력 방안을 논의하기 위해 외교부의 후원으로 마련된 자리였다. 전문가들이 현장에서 일어나고 있는 문제점과 성공 사례를 제시함으로써, 한-미 양국의 정부, 미디어, 기업, 시민단체, 국민들이 가지는 특수성과 차이점을 이해하는 첫 단초를 제공했다고 생각한다.

이 책은 외교부뿐만 아니라 홍보 활동을 해야 하는 다른 정부부처는 물론이고 기업, NGO 등에서도 참고할 수 있는 모델과 현장에서 사용할 수 있는 실례를 담고 있다. 정부의 평가가 예산과 연동되어 있기 때문만이 아니라, 평가를 고려하게 되면 기획 단계부터 내실 있는 공공외교 혹은 홍보 활동을 기획할 수 있기 때문에 도움이 되리라 생각한다. 이 분야를 연구하는 대학원생이나 고학년의 학부생에게도 연구서로서 길잡이 역할을 하리라 기대한다.

끝으로 한 가지 당부하고 싶은 것은 미국과 영국을 제외하고는 공공외교 성과 평가 자체를 부분적으로 하거나 이에 대해 부정적인 생각을 가지고 있는 나라도 있다는 점이다. 즉, 현장에서 창의적으로 활동해야 할 외교관을 형식으로 옭아매는 게 과연 실효성이 있느냐 하는 생각에서다. 따라서 성과 평가를 예산에 연동할 때에는 신중을 기할 필요가 있다. 이 평가 모형의 가장 큰 장점이라면 공무원이나 기업이 현장에서 행사를 준비하기 전에 체계적으로 기획할 수 있는 수단을 제공해준다는 점이다. 기획을 통해 더 만족할 만한 성과를 가져오는 게 성과 평가의 가장 큰 목표라고 할 수 있다. 따라서 예산이 얼마 이상 되는 큰 행사에만 이 모형을 적용해야지 세부적인 기획보다는 직감으로 일하는 게 더 효율적인 작은 행사에까지 적용하는 일이 없기를 바란다. 또한 평가에 집착하느라 활동의 창의력과 잠재력을 억압하는 우를 범하는 일이 없기를 기대하며 부족한 책이지만 세상에 내보낸다.

저자를 대표하여 이화여자대학교 공공외교센터장 조기숙

차례

1장

한국 공공외교의 잠재력

조기숙 · 한충희

1. 공공외교의 개념

21세기 과학 기술의 진보에 따른 통신, 교통 수단의 발달, 환경의 변화 등은 국제 관계에도 변화를 가져왔다. 그 변화의 내용은 군사력을 중심으로 한 권력정치(high politics)의 중요성이 감소하고 다자외교, 정상외교, 공공외교 등의 중요성이 새롭게 부각된 것이라고 할 수 있다. 공공외교는 본국의 정부가 타국 국민의 '마음'을 얻는 것을 궁극적 목표로 하는 타국 국민에 대한 직접적인 소통 방식을 일컫는다. 특히 민주주의의 세계적 확산은 각국 정부에게 공공외교의 중요성을 다시금 일깨워주고 있다. 이제 시민은 정치의 주체에서 더 나아가 외교의 주체로 떠오르고 있다.

과거 냉전시대에 풍미했던 외국 국민을 향한 일방적 선전, 즉 프로파간다의 성격을 띠던 (구)공공외교는 오늘날 외국 국민의 필요와 요구에 귀를 기울이며 쌍방향적 소통을 지향함으로써 양국 공통의 이익을 달성하고자 하는 새로운 의미의 (신)공공외교로 패러다임의 전환을 맞고 있다. 일반 대중들은 사이버 공간에서 국경을 넘나들며 쌍방향적 소통 구조를 가지게 됨으로써 공공외교의 행위자로 부각되고 있으며 중앙정부뿐만 아니라 오늘날에는 지방정부, 국회(의회), 정부 산하기관, 민간단체, 개인들도 공공외교 행위자로 인식되고 있다. 이에 따라 공공외교에 대한 관심은 더욱 고조되고 있다. 공공외교에 대한 관심은 조세프 나이(Joseph Nye)가 소프트 파워의 개념을 제시함으로써 시너지를 일으켰다.

나이는 타인의 행동에 영향을 미치는 세 가지 방법으로 "강압의 위협("채찍"), 유인과 보상("당근"), 자신이 바라는 것을 상대방이 바라도록 만드는 매력"(Nye, 2008)이 있다고 보았다.[1] 억압(군사력)이나 유인(경제력)이 하드파워(hard power: 경성권력)라면, 자신이 원하는 결과를 상대방이 원하도록 만드는 매력을 소프트파워(soft power: 연성권력)라고 정의했다. 한 국가의 소프트파워는 (상대방에게 매력적인 공간에 존재하는) 문화, 자국과 타국이 모범으로 삼을 만한 정치적 가치, 그리고 (정당해 보이고 도덕적 권위를 갖춘) 외교 정책에 있다(Nye, 2008)고 한다.[2] 특히 경성권력을 발휘하기 힘든 중견국들이 공공외교를 외교 정책의 중심에 놓음으로써 타국 국민들과의 소통을 통해 국제 정치의 중심에 설 수 있는 환경을 만들어나가고 있다. 예를 들어, 캐나다와 노르웨이와 같은 중견국의 틈새외교는 공공외교의 매우 성공적인 사례로 볼 수 있으며 한국의 공공외교가 지향해나가야 할 모형을 제시하기도 한다.

공공외교에 대한 정의는 학자들마다 조금씩 다르고 아직도 논쟁적이다. 본 연구는 정치학과 PR학의 융합적 접근법으로 이루어졌는데 이 둘 사이에도 공공외교 개념에 대한 분명한 합의가 있는 것은 아니

1 Nye의 "Public Diplomacy and Soft Power"가 실린 Cowan, Geoffrey & Nicholas J. Cull의 *Public diplomacy in a Changing World*(2008)의 번역서 『새 시대의 공공외교』(김남수·이화연·김나연 옮김, 한국국제교류재단 공공외교 번역총서 시리즈 003, 인간사랑, 2013년 출판) 168쪽 인용.

2 위의 책, 171쪽 인용.

다. 정치학자들은 공공외교의 행위자(player/actor)에 중점을 둬 '공공외교'라고 정의하는 반면, PR학자들은 대상(target)에 초점을 맞춰 '공중외교'라고 번역한다. 이 책을 함께 쓰기 위한 세미나에서도 연구자들 사이에 개념에 대한 열띤 논쟁이 있었다.

PR학자들은 국제PR과 유사한 방식으로 공공외교를 정의해왔다. 시그니처와 쿰스(Signitzer & Coombs, 1992)는 PR과 공공외교가 비슷한 목적과 방법을 사용하므로 매우 유사하다고 주장했다. 그들은 공공외교란 "한 국가의 정부, 개인 혹은 조직이 정부의 외교 정책 결정에 직접적인 관련이 있는 공중의 태도와 의견에 직접, 간접적으로 영향을 미치는 방식"(Signitzer & Coombs, 1992: 138)이라고 정의했다. 이러한 혁신적인 정의가 중요한 이유는 이 정의가 새로운 행위자를 인식하고 공공외교와 PR간의 구분을 없앴기 때문이다. 그들은 모든 행위자간의 상호 의존성이 증가하고 있다는 현상을 반영하고 비정부 행위자를 추가함으로써 국제PR 영역을 재정의했다.

공공외교를 연구하는 정치학자들은 정부와 다른 행위자들을 구분하면서, 정부는 공공외교를 수행하고 기업이나 회사는 국제PR을 수행한다고 제시한 바 있다. 하지만 PR학자들은 기존의 개념과는 다르게 생각했다. 윌콕스 등(Wilcox, Ault & Agee, 1992: 409-410)은 국제PR을 "다른 국가의 정책과 상호 호혜적인 관계를 구축하기 위한 기업, 기관, 또는 정부의 계획적이며 조직화된 노력"이라고 주장했으며, 이 정의에서 "정부"를 포함하고 있고 "상호 호혜적인 관계"를 강조했다.

길보아(Gilboa, 1998; 2001; 2002)는 목적과 의미에 근거해서 공공외교의 개념을 구분했다. 그는 공공외교란 국가와 비정부 행위자들이 외국 사회의 여론에 영향을 미치기 위해서 미디어와 다른 커뮤니케이션 채널을 활용하는 것이라고 정의했다. 또한 미디어 외교란, 관료들이 상호 이해관계, 협상, 그리고 갈등 해결을 조사하고 촉진시키기 위해서 미디어를 사용하는 것이라고 구분했다.

많은 논쟁 끝에 본 연구의 필진들은 정치학에서 사용해온 '공공외교'라는 개념을 사용하는 것으로 합의했다. PR학자들은 국제PR과 공공외교를 동일시함으로써 공공외교와 민간외교의 경계를 허물었다고 할 수 있다. 하지만 이 개념은 긍정적인 면도 있지만 부정적인 면도 있다. 민간외교가 차지하는 영역이 확대되어온 것은 맞지만 민간외교는 전략을 세우고 정책화하는 것이 불가능하다. PR학에서 발전시켜온 목표와 전략의 개념을 제대로 적용하기 위해서는 공공외교의 주체를 정부의 영역으로 제한시키는 것이 더 효과적이라고 판단했다. 따라서 본 연구에서는 전통적으로 정치학에서 사용되어온 개념으로서 공공외교를 사용하는 데에 합의했다.

공공외교라는 개념이 처음 제안된 것은 1965년 미국의 전직 외교관이자 터프츠대학의 학장이었던 엔드먼드 걸리언(Edmund Gullion)에 의해서이다. 그 후 공공외교의 개념은 오랜 세월 동안 진화해왔다. 공공외교를 한마디로 정의하자면 정부가 자신의 정책에 대해 다른 나라의 국민적 지지를 얻어내기 위해 쌍방향 소통과 교류를 통해 신뢰를 얻고 상대국과 공동의 이익을 추구하는 외교적 활동이라고 할 수 있다. 이러한 개념은 크리스토퍼 로스(Christopher Ross, 2003)의 일곱 가지 공공외교 정의가 가장 잘 포착하고 있다고 생각한다.

첫째, 외국인에게 국가의 정책을 이해하고 지지할 수 있도록 설명하는 것이라고 할 수 있다. 공공외교 활동은 국제적 의무를 수행하는 수준에서 국가의 이익을 지지하는 것을 목표로 한다. 이 때문에 민간외교와 달리 공공외교의 주체는 정부이며 정부가 민간과 다른 분야의 행위자들과 함께 조정하고 역할 분담하는 것이 매우 중요하다. 둘째, 국가의 외교 정책이 그 나라의 가치와 문화에 뿌리를 내리고 있다는 합당한 이유와 정당성을 제시해야 한다. 셋째, 신뢰를 형성하기 위해서는 전달하는 메시지가 일관되고, 진실되며, 믿을 수 있어야 하는데 다양한 청중에게 이를 효과적으로 전달하기 위해서는 청중의 문화와 이해를 배려하여 맞춤형 정보를 제공해야 한다. 넷째, 앞의 세 번째 정의와 관련된 것으로서 청중에 맞춤형 정보를 제공한다고 해서 메시지의 일관성을 상실해서는 곤란하다. 오늘날에는 한 지역을 대상으로 한 메시지가 다른 지역으로 쉽게 전파되기 때문에 일관성을 유지하는 게 매우 중요하다. 다섯째, 수많은 외국인에게 자국의 정책을 알리기 위해서는 매스미디어와 뉴미디어의 역할이 매우 중요하지만 그 나라 사람들이 공감할 수 있도록 가치를 공유할 수 있는 활동을 추진하는 게 매우 중요하다. 여섯째, 우리가 스스로 알리는 것보다는 제3자가 진정성을 증명해줄 수 있도록 동맹과 파트너십을 통해 선의를 보여주는 게 매우 중요하다. 마지막으로 대화와 상호 교류 없는 일방적 홍보로 공공외교는 성공할 수 없기에 상대의 말에 주의를 기울이고 그들로부터 피드백을 받는 것이 매우 중요하다.

공공외교와 민간외교(civilian diplomacy)는 근본적으로 차이가 있는데 전자는 정부가 중심이 되어 공공외교의 목표를 설정하고 전략적 관점에서 사회 전체적으로 공공외교 활동을 통합하고 조정하는 반면에, 후자는 국가 차원의 조율이나 협의 없이 민간 차원의 이해관계가 우선시되어 민간 독자적으로 외국의 민간과의 교류와 협력을 추진하는 것이다. 따라서 공공외교에서 정부는 컨트롤타워로서 핵심적 역할을 하면서도 정부만이 주도하는 것으로 보이지 않도록 시민사회, 기업과 수평적인 파트너십을 구축하고 민간 부문의 전문성을 외교의 영역으로 포괄하여 민간행위자들과 협력해나갈 필요가 있다.

그런데 국가에 따라서는 민간외교의 역할과 비중이 정부보다 큰 경우가 종종 있다. 일본을 그 대표적인 나라로 꼽을 수 있는데 일본의 각종 재단이나 단체가 미국의 정부나 학계, 언론계, 시민 사회를 대상으로 수행하는 공공외교 활동을 민간외교로 볼 것인지 공공외교로 볼 것인지는 논란의 여지가 있다. 한국 정부는 실제로 미국의 오피니언 리더를 대상으로 일본 정부만이 아니라 수많은 일본의 민간단체와도 경쟁하고 있다고 해도 과언이 아니다. 독일도 가장 중요한 공공외교 단체는 각 정당이 세운 프리드리히 에버트 재단(Friedrich-Ebert-Stiftung), 프리드리히 나우만 재단(Friedrich-Naumann-Stiftung), 한스-자이델 재단(Hanns-Seidel-Stiftung) 등이라고 볼 수 있으며 그 단체들은 매우 적극적이고 광범위하게 활동하고 있다.

다른 나라에서는 이들 재단과 단체가 정부와 어떻게 협력하고 조율하는지 알기 어렵다. 그렇다고 민간외교라고 하기에는 이들의 외교 활동이 목표 지향적이고 매우 체계적이다. 보이지 않는 곳에서 어떤 식의 정부와의 조율 내지는 공감에 의해 움직인다고 생각되는 면이 없지 않다. 즉, 이런 준정부기관 혹은 민간단체가 비록 자발적으로 움직인다 하더라도 정부와 외교 목표와 가치를 공유할 때(goal alignment and value sharing)에는 공공외교로 간주해도 무방하다고 생각한다.

2. 한국의 공공외교가 나아갈 길[3]

공공외교의 특징과 중요성은 중국 춘추전국시대 한비자의 말처럼

3 본 내용은 한국국제정치학회에서 당시 한충희 외교부 문화외교국장이 발제한 내용을 수정한 것이다.

"국가 간의 관계는 바로 국민들 간의 관계의 긴밀도"라는 데서 찾을 수 있다.

공공외교는 나이(Nye, 2008)가 말했듯이 외국 국민들을 상대로 하여 그들의 마음을 산다는 점에서 단순한 외교의 일시적 유행이거나 수단이라기보다는 국가 간의 관계를 가늠할 수 있는 확정적이고 핵심적인 척도라고 할 수 있다. 특히 공공외교는 강제력이 아닌 자발적인 공감과 이해에 기초하므로 한번 구축된 인식과 이미지는 쉽게 변하지 않고 착근되고 각인되므로 소프트하지만 매우 강하고 예리하다. 이 점은 긍정적인 이미지뿐만 아니라 부정적인 이미지에도 해당되므로 그만큼 공공외교는 섬세하면서도 면밀한 접근법이 요구된다.

공공외교에는 문화·예술, 봉사와 기여, 나눔 등 감성적인 영역과 정책 설명과 홍보, 개발 경험, 역사 등 지식·정보를 전하고 이해시키는 이성적이고 논리적인 영역이 있으며, 양쪽의 영역을 넘나드는 스토리텔링이 있다. 공공외교는 감성적 영역과 이성적 영역, 즉 가슴과 머리가 씨줄과 날줄이 되어 직조될 때 그 효과가 매우 강하게 나타날 것이다.

공공외교의 궁극적인 목표인 국가의 영향력은 전통적인 경성권력(hard power)과는 다른 개념인 연성권력(soft power)에서 나온다. 연성권력은 상대방의 자발적 동의와 호감, 공감을 이끌어내므로 좋은 영향력을 끼칠 수 있다. 특히 이러한 영향력이 인류 보편적 가치에 부합한다면 선한 영향력으로 증폭될 수 있다. 이런 관점에서 보면, 국가의 사이즈에 중점을 둔 중견국 외교(middle power diplomacy)는 기본적으로 권력정치(power politics)에서 말하는 권력에 기반을 둔 개념이라고 할 수 있다. 따라서 공공외교에서 다루는 소프트파워의 권력과는 다른 개념이라고 할 수 있다.

이제는 문화적, 제도적, 거버넌스와 같은 소프트파워적인 '기능과 역할' 중심의 권력 개념이 제시되어야 한다. 최근 중견국의 개념을 "중간(middle)" 보다는 "중심 축이 되는(pivotal)" 혹은 "건설적인(constructive)"으로 사용하려는 움직임도 바로 이런 상황을 반증한다. 예를 들어, 한국은 침략 역사가 없는 평화 선도국, 선·후진국간 교량 역할, 상생의 개발 협력, 케이팝(K-pop) 등 다양한 문화 콘텐츠 등에 강점이 있는데, 관건은 얼마나 많은 외국인들이 우리의 이러한 소프트파워에 공감하고 지지하느냐에 따라서 과거와는 다른 차원의 영향력이 증대된다고 하겠다.

평판과 인식 그리고 국가 이미지와 국가 브랜드 등 공공외교에서 많이 다루는 개념을 살펴보면, 평판과 국가 브랜드는 비교적 장기간에 걸친 과정인 반면, 인식과 국가 이미지는 단기적인 요소와 장기적인 요소가 모두 관여된다. 특히 얼마 전 이슬람 비하 동영상으로 리비아에서 폭동이 일어났던 사건에서처럼, 소셜 네트워크 서비스(Social Network Service, SNS)의 급속한 발전으로 위기 사건 발생 시 상대국의 인식과 이미지가 수일 내에 고착되어 일반 대중이 부정적 인식과 이미지를 갖게 되면 이것으로 인해 분쟁으로까지 이어질 수 있다는 사실은 공공외교의 중요성을 잘 보여준다.

이와 같이 인식과 이미지는 상황이 발생했을 때 개입하는 위기 관리(crisis management)와 사전 계획에 의한 장기적이고 전략적인 대응 모두가 필요하고 중요하다. 또한 국가 이미지와 브랜드에 있어서 중요한 것은 현재의 한 국가의 모습을 객관적으로 기술하는 차원이 있고, 그것을 넘어서 과연 자국이 대외적으로 어떻게 비춰지기를 희망하는지 하는 미래 지향적인 국가의 모습도 있다. 최근 각국은 바로 이러한 미래 비전적인 자국의 이미지와 브랜드를 만들기 위해 노력하고 있다. 국가 브랜드가 상업적인 브랜드와 다른 점은 국가 브랜드에는 인식과 브랜드를 바꾸는 효과적인 장치가 거의 없다는 점이다. 쉽게 얘기하면 "국가 브랜드는 리콜(회수 전략)이 없다"고 할 수 있다.

한국 외교부의 공공외교 정책과 전략은 다음과 같다.

첫째, 공공외교와 관련된 모든 방법들을 사용하는 총체적인 한국형 공공외교를 추진하는 것이다. 한국은 여러 공공외교의 장점을 지니고 있지만 세계적으로 덜 알려져 있으며 우리가 기대하는 정도의 긍정적인 이미지에도 아직 미치지 못하고 있다. 그렇기에 문화, 정책 홍보, 지식, 기여와 나눔 등 모든 공공외교의 영역을 동시에 해나가야 한다. 또한 외국인이 한국에 대해 어떤 인식을 가지고 있는지 정확히 아는 것이 중요하므로, 주요 10개국에서 한국에 대한 이미지 사업을 조사한 바 있다. 국가의 수는 유동적이지만 이 조사는 지속적으로 해나가야 한다고 생각한다.

둘째, 국민들과 함께 하는 공공외교를 해야 한다. 국민 개개인이 외국인과 만나는 모든 민간 활동을 공공외교라고 하기는 어렵지만 국민 개개인 혹은 단체가 국가 이미지 제고에 대한 인식과 이에 대한 목표 및 계획을 가질 수 있도록 정부 차원의 노력이 이루어진다면 그것은 공공외교의 범주에 넣을 수 있을 것이다. 외교부가 최근 "국민 모두가 공공외교관"이라는 국민 직접 시행 프로젝트를 공모하고 "청년공공외교단"과 "시니어 공공외교단"을 선발한 것도 이러한 취지이며, 매우 창의적이고 신선한 공공외교 아이디어들이 제시되고 있다. 공공외교는 전략과 정책도 중요하지만 궁극적으로는 누구와 어떤 방식으로든지 접촉과 소통이 일어나는 부분이 매우 중요하므로 실제로 실행을 담당하는 주체가 직접 아이디어를 만드는 것이 매우 중요하다. 이는 요즘 관심을 끌고 있는 크라우드 소싱(crowd sourcing)과 같은 집단지성을 찾는 방법과 상통한다.

공공외교에 국민들의 참여를 독려하기 위해서는 우리 외교 정책을 잘 알리는 것도 중요하다. 내국인을 대상으로 하는 것은 공공외교라고 하기는 어려울지 모르지만 우리 외교 정책에 대한 국민들의 폭넓은 이해와 지지는 한국의 전반적인 공공외교의 역량을 강화하는 효과가 있으므로 중요하다.

셋째, 네트워킹이 중요하다. 공공외교는 기본적으로 외국 대중을 대상으로 해야 하지만 그중에서도 오피니언 리더와 영향력이 큰 인사들을 주요 대상으로 하고, 특히 소셜 네트워크 서비스를 활용하여 전파속도가 빠른 차세대 청년층 간의 교류와 접촉이 중요하다. 한국과 인연이 있는 집단들, 예를 들어 입양아와 참전용사 및 그 가족, 주한미군 근무자, 한국의 이민자 등을 연결하여 넓게 글로벌 한인 디아스포라(global Korean diaspora) 네트워크를 구축할 수 있을 것이다.

특히 한국에 온 외국인 유학생, 다문화 가정을 포함해 150만 명의 외국인은 대내(인바운드, inbound) 공공외교 대상이라고 할 수 있다. 이들이 특히 중요한 이유는 이들은 한국에 최소한 수년 이상 오래 있으면서 한국에 대한 나름의 어떤 시각과 인식을 갖게 되고 혹시 본국으로 돌아가거나 본국을 잠시 방문하더라도 이들이 얘기하는 한국이 그 나라 사람들에게는 매우 설득력 있게 들리기 때문이다. 또한 뜻을 같이하는 국가(like-minded nations), 혹은 유사한 역할을 하는 국가들 간의 네크워킹도 의미가 있다. 이런 네트워크의 경우 공통의 이미지를 만들어낼 수 있는 장점도 있지만, 이런 그룹이 투영하는 이미지 때문에 개별 국가가 혁신적으로 추구하는 차별화된 국가 이미지가 제약되고 억제되는 단점도 있으므로 주의가 필요하다.

넷째, 공공외교는 우리 국가의 장기적인 외교 정책과 국가 비전에 도움이 될 수 있어야 하며, 실제로 그러한 역할을 한다는 인식의 공감대를 이루는 것이 중요하다. 일반적으로 공공외교를 통한 국가 이미지 증대가 외국인들의 한국 상품 구입, 한국으로의 관광 등 상업적인 이익을 창출한다고 강조하지만 그것은 한 측면일 뿐이며, 이는 장기적인 국가외교 정책 차원에서 큰 의미가 있다. 이러한 인식은 공공외교의 중요성에 대한 학계와 언론, 국민들의 공감대를 확대하는 데에 매우 중요하다. 예를 들어 G20, 핵안보정상회의, 사이버 스페이스 총회 등을 주최하면서 한국은 단순한 주최국의 입장이 아니라 의제나 결과물을 만드는 역할까지 감당했었고 앞으로도 할 수 있다고 본다.

그리고 앞으로 전개될 가능성이 있는 한반도의 유동적 상황 등 한반도의 미래를 보면서, 장기적으로 주변국들과 국제 사회의 시민들의 한국에 대한 인식이 우호적이 되도록 미리 투자하고 씨를 뿌리는 것이 나중에 유사시에 한국이 나아가고자 하는 방향에 대해 국제적인 지지를 확보하는 데 도움을 준다고 본다. 이러한 노력에는 한국이 평화유지활동(PKO)이나 정부개발원조(ODA) 등을 통해 실현하는 구체적 기여들이 있으며 여기에는 다른 정치적 의도 없이 진정으로 선의(goodwill)를 가지고 하는 것이며 친구가 되려고 한다는 인식과 이미지를 심는 것이 중요하다.

다섯째, 우리의 공공외교 정책과 경험을 주변국들과 공유하고, 서로 합의점과 공통점을 찾아내는 노력이 필요하다. 각국마다 공공외교에 대한 접근이 차이가 있으므로 양자 포럼을 통해 서로의 정책을 비교·공유하고 양자 차원의 협력 가능성을 모색할 필요가 있다. 이에 따라 우리 정부는 한중공공외교포럼을 결성했고 향후 주변국들과의 공공외교 차원의 협력을 강화해나가고자 한다. 특히 주변국들과는 양국의 국민들이 상대 국가들에 대해 가지고 있는 잘못된 인식이나 오해, 선입견 등을 발전적으로 바꾸어나갈 수 있는 방안들을 허심탄회하게 논의하여 양국의 전반적 관계 증진을 위해 노력해야 할 것이다.

마지막으로 가장 중요한 점은 상대방을 존중하는 것이며, 우리의 우월성을 선전하거나 무조건적으로 우리의 이미지를 강요하는 것은 지양해야 한다. 서로가 배려하며 함께 나눔(sharing)과 봉사(serving)를 실천하고, 상대방 국민을 향한 겸손과 사랑의 마음이 궁극적으로 그들의 마음을 사는 길이 될 것이다.

한국은 매우 짧은 시기에 급속한 성장을 이루었기 때문에 국제 사회에 한국을 제대로 알릴 기회가 없었다. 학계를 시작으로 언론계, 문화계, NGO 등 다양한 분야의 공공외교 공동체가 한국형 공공외교를 어떻게 만들어나가야 할지에 대해 서로 머리를 맞대고 지혜를 모아야 할 때이다.

3. 한국형 공공외교 평가 모델의 필요성

정부는 전체적인 외교의 목표에서 공공외교를 어떻게 수행해나갈 것인지, 세계 정치 환경의 변화 속에서 공공외교의 전략은 무엇인지, 우선순위를 어떻게 조정할 것인지, 전략적 공공외교의 목적 달성을 위해서는 어떤 공공외교 프로그램을 수행해야 할 것인지 등에 대한 로드맵을 제시함으로써 사회의 다양한 단체와 역할을 조정하고 분담할 필요가 있다. 이러한 로드맵의 실행은 공공외교의 준비, 이행, 결과에 대한 적절한 평가를 통해 성공적으로 이루어질 것이다.

길보아(2008)는 공공외교의 중요성이 증가하고 있지만 체계적인 이론 연구가 드물다고 주장하면서, 공공외교의 다양한 모델과 분석 수단이 발전되었지만 통합적인 분석틀이 없다고 지적했다. 그는 공공외교 전문가들과 실무자들은 커뮤니케이션과 PR 분야의 전문 지식을 간과했고, 커뮤니케이션과 PR 학자들과 실무자들은 국제 관계, 외교학, 전략 연구의 이론이나 지식들을 간과했다고 보았다. 커뮤니케이션과 PR 분야에서는 일찍이 국제PR 분야에서 기업이나 정부가 다른 국가의 공중을 대상으로 수행하는 전략적 커뮤니케이션에 초점을 맞추고 공공외교와 유사한 커뮤니케이션 프로그램을 개발해왔다. 이에 본 연구는 양쪽의 전문가가 함께 모여 통합적인 방법으로 공공외교의 효과를 측정하는 평가 지표를 개발해보고자 했다.

대한민국 외교부는 2010년 공공외교 활동을 시작하면서, 2011년 공공외교를 정무, 경제에 이은 외교의 3대 축으로 지정하고, 2012년 외교부 문화외교국 내에 공공외교정책과를 설립하면서 공공외교를 위한 예산 증액을 통해 적극적 노력을 아끼지 않고 있다. 청년 공공외교단, 시니어공공외교단, 공공외교 학술 그룹 등을 통해 시민의 참여를 확대하고 있다.

2015년 말, 국회는 공공외교법을 통과시킴으로써 외교부장관은 관계 중앙행정기관 및 특별시장·광역시장·특별자치시장·도지사·특별자치도지사와 협의하여 공공외교 계획을 수립하고 조정하는 임무를 맡게 되었다. 이 법의 통과로 외교부 내 공공외교 조직에도 긍정적인 변화가 초래되었다.

공공외교의 선두주자라고 할 수 있는 미국, 영국 등에서는 이미 공공외교 효과성 평가에 대한 정부 차원에서의 많은 노력이 있어왔고, 자국의 환경에 맞는 공공외교 효과성 평가 지표를 개발하고 있다. 그러나 이들 나라에서조차 연구 결과 만들어진 평가 지표가 현장에서 그대로 실행되고 적극적으로 활용되지는 못하고 있는 형편이다. 이론적인 평가 지표가 현장 적용에 어려움이 많기 때문이다. 그럼에도 불구하고 각국의 평가 지표 개발에 대한 관심과 노력은 끊이지 않고 있다. 한국의 공공외교 정책의 발전과 전략적 외교 정책 수행을 위해서는 한국의 환경에 맞는 공공외교 효과성 평가 지표 개발에 대한 노력과 다양한 시도가 필요하다. 이러한 공공외교 효과성 평가 지표는 향후 한국 정부 내 외교관들이 공공외교를 수행함에 있어 바람직한 행위를 유도하고 규제하는 방향타 기능을 하게 될 것이다.

파먼트(Pamment, 2013)는 공공외교를 평가하는 방법론의 변화에 대해 10년 전에만 해도 공공외교 활동의 결과물에 대한 평가만 이루어져 왔고 평가 과정도 충분치 못했지만, 최근에는 정책 평가의 중요성이 강조되면서 평가 방법이 매우 발전했다고 강조했다. 파먼트가 정리한 공공외교 평가의 세 가지 평가 방식은 결과분석(outcome analysis), 네트워크분석(network analysis), 인식분석(perception analysis)이다. 첫째, 결과분석 방식에서는 자원·재원들 간의 일관성 및 연계성(alignment)을 평가하는 투입(input), 결과물의 산출(output), 장기간 동안의 변화를 보는 결과(outcome) 단계가 있으며 이 평가 방식은 가장 필요한 활동 분야에 자원·재원 투여를 위한 예산 배정을 효과적으로 할 수 있다는 장점을 지닌다. 둘째, 네트워크분석 방식에서는 공공외교 네트워크 안에서 연결되어 있는 다양한 행위자들의 서로 다른 의사소통 방식, 인식의 관점, 행동을 분석하고 이 행위자들과 네트워크를 이루고 있는 수용자들에게 얼마만큼 파급 효과를 끼칠 수 있는지를 평가한다. 셋째로 인식분석은 공공외교에서 가장 전통적인 방식이라고 할 수 있는데 일반 대중들로부터 특정 국가에 대한 그들의 생각과 믿음에 대한 정보를 수집하고 조사하여 분석하는 방법으로써 사이먼 안홀트(Simon Anholt)가 만든 국가 브랜드 순위(Nation Brand Index, NBI) 등이 대표적이다.

현재 대한민국 외교부 내에서 실시하고 있는 성과 지표/내부 평가 지표는 제한된 범위 내에서지만 한국 정부의 공공외교 효과성을 측정하는 데 적절히 기여해온 것으로 평가된다. 이 지표는 현장 적용 가능성이 높고 측정이 용이하다는 장점이 있다. 특히 성과를 수치화하여 결과를 쉽게 파악할 수 있도록 했다는 것도 장점이다. 하지만 실적 위주의 지나친 양적 평가는 자칫 공공외교 수행자들의 프로그램의 질적 향상에 대한 사기를 꺾을 수 있다. 주어진 회계연도 안에 양적으로 달성해야 하는 공공외교 실적에 비해 이를 전체 공관 평가에 반영하는 비율은 5%밖에 되지 않는다. 공공외교의 수행자 입장에서는 단기적으로 성과를 낼 수 있는 프로그램을 우선적으로 수행하게 될 위험성으로 인해 타국 국민들에게 한국 공공외교가 단기적이고 산발적인 것으로 비춰질 위험이 있다.

이러한 문제는 큰 틀에서 한국 정부의 공공외교 목표와 전략에 대한 평가의 일관성 그리고 공공외교 전반에 대한 체계적이고 이론적인 논의와의 일관성이 부족한 데서 비롯된다고 생각한다. 따라서 보다 체계적이고 포괄적인 공공외교 평가 지표가 필요하다고 생각된다. 이에 이 책의 목적은 한국의 공공외교 효과성을 평가할 지표를 개발함으로써 이를 통해 공공외교를 수행하는 외교부와 외교관의 성과를 평가하고 공공외교 현장의 프로그램들을 정부의 공공외교 목표와 일치시키는 방향으로 유도함으로써 한국 정부의 공공외교 효과성을 극대화하는 데 기여하는 것이다.

이를 위해 본 연구는 정치학과 PR학의 융합적 방법을 통해 외국 사례에 대한 기초 연구를 바탕으로 기존 PR학에서 사용한 이론적 틀을 활용하여 한국 공공외교 효과성 평가에 사용할 수 있는 실용적인 도구를 제안하고자 한다. 이를 위해 다음 장(2장)에서는 주요 선진국(미국, 영국, 캐나다, 노르웨이, 스웨덴)의 공공외교 정책과 흐름 및 국가별 공공외교 평가틀을 살펴본다. 이 장은 필자가 구성한 분석틀에 맞춰 강지현 교수와 석박사 조교들이 수집한 각국의 사례를 윤보라 연구원이 정리했다. 3장은 차희원 교수가 홍보 효과 평가와 공공외교 효과 평가를 시대별로 정리하고 평가 모델의 종류 및 특징을 알아본 후 홍보 효과 평가와 공공외교 효과 평가를 비교함으로써 효과적인 공공외교 평가 모형이 갖추어야 할 조건들을 제시한다. 4장에서는 한국의 공공외교 효과성 평가 모형의 틀과 지표를 구성하기 위하여 기존 성과 평가의 외교부 피평가자들을 대상으로 구조화된 설문 조사를 실시한 결과를 소개하고, 이를 바탕으로 기존의 성과 평가 방식에 대한 만족도와 개선 사항을 제안하고자 했다. 이 장은 필자와 김화정 연구원이 작성했다. 5장에서는 신호창 교수가 앞 장의 연구에 기초해 한국의 공공외교에 맞는 평가 측청치 개발 모형을 평가 항목, 평가 방법론, 세부 평가 지표별로 제안한다. 6장에서는 본 연구의 결과를 요약하고 본 연구가 제안하는 공공외교 효과성 평가 모형과 지표가 외교관 성과 평가뿐만 아니라 학문적으로나 외교 현장에서 어떻게 활용될 수 있는지 논의했다.

2장

공공외교 평가: 외국 사례 비교 연구

조기숙·윤보라

1. 공공외교 비교 분석틀

한국의 공공외교 정책의 발전과 전략적 외교 정책 수행 및 평가를 위해서는 주요 선진국들의 선례를 참고할 필요가 있다. 본 저자들은 전통적으로 공공외교의 선두주자라고 할 수 있는 미국과 영국, 조용한 틈새외교 속에서도 좋은 국가 이미지를 만드는 데 성공해 한국 외교부가 모형으로 삼고자 하는 캐나다와 노르웨이, 최근 국가 브랜드를 성공적으로 만들어내온 스웨덴을 사례로 선택해 연구함으로써 한국 공공외교가 지향할 목표나 전략, 그리고 그에 맞는 평가 시스템을 개발하는 데 있어서 시사점을 얻고자 한다. 공공외교의 경우는 어떤 목표 하에서 공공외교를 추진하는지, 이를 달성하기 위한 전략은 무엇인지, 주체와 대상은 누구인지, 어떤 활동을 하고 있는지를 파악하고 이를 뒷받침하기 위한 조직과 예산에 대한 분석이 이루어져야 이에 맞는 평가 시스템을 고안할 수 있다.

각국은 서로 다른 공공외교의 역사와 전통, 그리고 목표와 전략을 가지고 있으며 이에 걸맞은 나름대로의 평가 시스템을 갖추고 있다. 한국 정부가 이로부터 교훈을 얻기 위해서는 일관된 분석틀을 중심으로 각국의 사례를 비교할 필요가 있는데, 이는 각국의 평가 시스템이 그 나라의 맥락에서만 유효하기 때문이다. 이에 본 장은 5개 공공외교 선진국의 평가 시스템을 비교 분석하기 위하여 다음의 분석틀을 사용하고자 한다.

첫째, 각국은 어떤 목적으로 공공외교를 추진하는지, 공공외교 목표는 무엇인지, 이를 달성하기 위한 전략은 무엇이며 공공외교 전략과 실행 프로그램이 목표와 일관된 연결성을 갖추고 있는지 살펴본다.

둘째, 공공외교의 주체를 비교한다. 공공외교의 주요 행위자가 중앙 집중적으로 조정과 통제가 이루어지는지, 아니면 분산되어 있어 역할과 권한이 애매모호하고 중첩되어 있는지, 어느 정도의 민영화가 이루어지고 있는지 등을 거버넌스 구조를 중심으로 비교한다. 공공외교의 대상은 누구인지, 공공외교의 목표와 전략에 따라 적절한 대상이 선택되고 있는지 등을 비교한다.

셋째, 공공외교의 활동과 프로그램을 비교하여 각국이 안보, 경제, 문화, 교육, 과학, 환경 등의 분야 중에서 어느 영역에 보다 역점을 두고 공공외교 활동을 펼치고 있는지 살펴본다. 공공외교의 예산은 곧 활동의 수준 및 평가와 직결된다고 할 수 있다. 따라서 최근 다섯 국가의 외교부 전체 예산 및 공공외교 활동에 해당하는 세부 예산을 파악하고, 그 크기와 비율, 사용 분야 등에 대하여 비교 분석해본다.

넷째, 공공외교의 평가 시스템은 본 책의 가장 핵심적인 부분으로 5개 국가가 그동안 어떻게 자국의 공공외교 전략 및 활동을 평가해왔는지 점검해보고, 그 특징과 효과성을 파악하여 한국의 공공외교 평가 시스템을 제고하는 데 활용하고자 한다.

2. 각국 공공외교의 목표와 전략

제2차 세계대전 이후 미국은 냉전시대의 평화 구축과 체제 선전(propaganda)을 위하여 자국의 이상, 목표, 가치, 정책 등을 타국의 대중들에게 홍보하고, 타 국민들의 이해와 동조를 구하는 데에 공공외교의 목적이 있었다. 그러나 냉전 종식 이후 그 중요성이 낮아지면서 구소련이 해체하자 클린턴 정부에서는 미국공보원을 국무부에 병합하면서 공공외교 예산을 대폭 삭감했다. 그러나 9·11 테러가 발생한 이후 연성권력에 대한 새로운 접근과 함께 다시금 공공외교에 대한 정부 차원의 관심이 고조되었다. 9·11 테러 이후의 공공외교를 그 이전과 구분하기 위해 신공공외교라 칭하는데 미국에서 신공공외교의 목표는 크게 세 가지로 나누어볼 수 있다. 첫째, 미국의 정책과 문화에 대한 이해를 증대시키고, 둘째, 미국에 대한 호의적인 의견을 증진시키며, 셋째, 미국의 세계적 영향력을 확대하는 것이다(United States Advisory Commission 2010).

이러한 목표 달성을 위해 미국은 국무부 내에 공공외교 담당 차관(Under Secretary of State for Public Diplomacy and Public Affairs)을 신설하고 부시 대통령의 최측근인 캐런 휴(Karen Hughes)를 임명한 바 있다. 새로운 공공외교를 위하여 다양한 홍보 방법을 도입하고 문화·교육 분야의 교류를 확산시켰으며 외국과 상호 간의 이해를 도모하기 위한 외교 정책의 중요성을 인식하면서 쌍방향 대화, 참여, 상호성, 신뢰 구축 등으로 정의되는 신공공외교 정책을 표방했다(Melissen, 2005: 3-23).

영국의 공공외교는 기본적으로 해외에 있는 개인과 조직이 영국에 대하여 긍정적인 인식을 갖도록 영향을 미치는 것을 목적으로 한다.

더 나아가 그들과 관계를 형성하고, 파트너십을 구축함으로써 영국 정부가 추진하는 정책과 활동에 그들이 참여하도록 하는 것을 목표로 한다(British Council, 2014: 10-11). 영국문화원은 외무성의 주된 실무기구로서 영국의 문화와 언어를 외국에 홍보하고, 다른 국가들과 과학·기술·교육 등의 분야에서 협력을 강화하는 것을 목표로 삼고 있다(김선혁, 2011).

영국은 1996년부터 2001년에 이르기까지 '멋진 영국(Cool Britannia)'이라는 구호를 중심으로 젊고 역동적인 영국의 대중문화를 전 세계에 알림으로써, 국가 브랜드를 높이는 데 주력했다(Pamment, 2013: 71-72). 이러한 전략을 바탕으로 영국은 음악·패션·영화 등의 창의 산업을 급속도로 발전시켰고, 무역과 관광을 통해 매년 막대한 경제적 이익을 창출했다(Hughson & Inglis, 2001: 457-479). 그러나 2001년에 발생한 9·11 테러 이후, 영국의 공공외교는 일방적으로 메시지를 전달하는 데에서 벗어나, 보다 수용자의 관점과 경험에 초점을 맞추는 전략을 구사하기 시작했다. 또한 영국의 문화와 예술을 홍보하는 공공외교 정책에서 벗어나 정치적·안보적 이익을 추구하는 실용주의 노선을 걷게 된다(Pamment, 2013: 72).

스웨덴 정부의 공공외교의 목표는 대내적으로 합의를 거쳐 국가 브랜드를 구축하고, 이를 대외적으로 홍보함으로써 국제 사회에서 자국의 인지도를 높이는 것이다(Wästberg, 2009). 스웨덴 정부는 국가 브랜드의 합의를 위해 수많은 이해관계자와 홍보 조직 간의 관점을 일치시키고자 노력해왔다. 그 결과 스웨덴은 개방성, 혁신성, 창의성, 평등성, 지속가능성 등의 사회적 가치를 바탕으로 한 국가 브랜드를 전면에 내세우게 되었다(Pamment, 2013: 104). 또한 자국의 경제적인 성장을 촉진하고, 정치·안보적인 입장을 드러내기 위해 다양한 공공외교 수단을 활용하고 있다.

스웨덴은 개방적인 국가 이미지와는 상반되게, '조용한 외교(quiet diplomacy)'를 공공외교의 주된 전략으로 삼고 있다. 스웨덴은 미디어·교육·문화 등을 전략적으로 이용하여 활발하게 공공외교를 추진하고 있다. 예를 들어, 2008년도에 뉴스 사이트인 '스웨덴 채널(Sweden Channel)'을 만들어서 외국 텔레비전과 온라인 미디어에 스웨덴과 관련된 뉴스와 기업 및 조직의 활동을 홍보했다(Pamment, 2013: 105). 그리고 타국과의 문화 교류를 촉진하고, 타국의 시민들에게 다양한 교육 및 장학 프로그램을 제공하고 있다(British Council, 2014: 10-11).

캐나다는 기본적으로 국제 사회에서 자국의 인지도를 높이고, 우호적인 국가 이미지를 구축하는 것을 공공외교의 주요 목적으로 삼고 있다. 캐나다는 식민 지배를 한 역사가 없고, 비교적 개방적인 이민 정책을 시행해왔으며, 캐나다 국민들은 높은 생활 수준을 꾸준히 유지해왔다. 따라서 국가 브랜드 선호도 조사에서도 비교적 높은 순위를 기록하는 등 공공외교의 목표와 전략을 설정하는 데 있어서 유리한 조건을 가지고 있다(Rudderham, 2009: 9). 그러나 높은 분권화로 인하여 여러 공공외교 기관들이 일관되지 않은 국가 이미지 전략을 추구하고 있으며 불분명하고 서로 상충되는 목표를 추구하고 있다는 점이 문제점으로 지적되고 있다. 캐나다는 그들의 국제화된 사회와 자유민주주의 체제, 믿을 수 있는 중재자로서의 역할, 환경을 보호하는 환경운동주의, 활발한 원조 활동 등을 적극적으로 홍보하고 싶어 한다. 그러나 실제로 국제 사회에서 인식되는 캐나다의 국가 이미지는 '천연 자원이 풍부한 국가'로서 역동성, 혁신, 기술, 관용, 경쟁력, 다문화주의와 같은 현대적인 요소가 다소 결여되어 있는 것으로 나타난다(Potter, 2002).

캐나다는 중견국가로서 한정된 공공외교 자원을 보다 효과적으로 활용하기 위해 틈새외교 전략을 구사해왔다. 강대국들이 주로 집중하고 있는 제1안건들에서 벗어나, 국제적으로 중요성은 있으나 과소평가되고 있는 제2, 제3의 안건들을 선택적으로 다룸으로써, 적은 예산으로 큰 효과를 볼 수 있는 이색적인 공공외교 활동을 펼쳤다(Potter, 1996/1997: 25-38). 그 가장 좋은 예로서 1999년에 지뢰의 사용·비축·생산·이동 등을 금지한 '오타와 조약(Ottawa Convention)'을 들 수 있다(Davis, 2004). 캐나다는 오타와 조약을 통해 123개국이 대인 지뢰금지조약에 합의하도록 설득하는 데 핵심적인 역할을 했으며, 다양한 비정부기구들과 노벨상을 받은 운동가들의 적극적인 지원을 받으며 최단기간 내에 국제적 합의를 이끌어냈다(Davis, 2004).

노르웨이는 지정학적으로 북방에 위치한 중견국가인데다, 유럽연합의 회원국이 아니기 때문에 국제 무대에서 고립되기 쉬운 조건을 갖추고 있다. 따라서 자국의 존재감을 드러내고, 세계 속에서 그 영향력을 확대하기 위하여 노르웨이는 보다 선택적으로 공공외교의 목표를 설정했다. 예를 들어, 유럽연합의 주요 회원국인 영국과 프랑스, 독일 등에 공공외교 자원을 집중적으로 투자하여, 유럽 지역 내 자국의 입지를 다지려고 노력했다. 뿐만 아니라, 북극에 대한 정치적 경제적 이해관계를 확보하기 위하여 미국과 러시아에 공공외교 활동을 집중했다. 이러한 노력을 바탕으로, 노르웨이는 한정된 공공외교 자원 속에서도 꾸준히 자국의 인지도를 높이고, 강대국들 사이에서 평화를 중재할 수 있는 합리적인 중견국가로서 그 정체성을 구축하는 것을 목표로 삼고 있다.

노르웨이는 틈새외교(niche diplomacy) 전략을 통해 인도주의적이고 환경 친화적인 국가 브랜드를 확립해왔다. 그 예로, GNP의 1%에 해당하는 예산을 개발원조에 투입하고 있는 점과(Norwegian Ministry of Foreign Affairs, 2014), 풍력 발전과 같은 재생에너지 분야의 사업을 선도하며 환경보호 정책을 활발하게 펼치고 있는 점을 들 수 있다. 이러한 틈새외교 전략을 보다 효율적으로 실행하기 위해, 노르웨이는 '중앙집권적 조합주의(centralized corporatism)'를 추구하며 여러 기관들 사이에서 공공외교 활동을 조정하고 있다(Norwegian Ministry of Foreign Affairs, 2014). 공공외교에 대한 다양한 논의가 이루어질 수 있도록 국가적인 차원에서 토론의 장을 민주적으로 운영하되, 통일된 메시지와 국가 이미지를 해외에 전파하기 위하여 외교부가 주도적으로 중재자 역할을 하고 있는 것이다(Widvey, 2003).

이상에서 살펴본 바와 같이 세계의 리더로서 경험이 축적되고 오랜 공공외교의 역사를 지닌 미국과 영국의 공공외교 목표와, 중견국가로서 틈새외교를 지향하는 스웨덴, 캐나다, 노르웨이는 서로 다른 목표와 전략으로 공공외교에 임한다는 것을 알 수 있다. 전자의 경우는 타 국민과의 쌍방향 소통에 중점을 둔다면 후자의 경우는 국가 브랜드 이미지를 높이는 데 치중하고 있음을 알 수 있다.

3. 각국 공공외교의 주체와 대상

미국은 국무부(Department of State)가 주체가 되어 공공외교 활동을 펼치고 있고, 289개 지역에 대사관, 영사관, 외교사절단(Diplomatic Missions)이 분포해 있다.[1] 미국은 공보원을 국무부에 통합한 이후 문화원을 별도로 두지 않고, 각국에 광범위하게 퍼져 있는 대사관을 중심으로 공공외교 프로그램을 실행하고 있다. 미국의 정책조정위원회(Policy

1 http://www.usembassy.gov/ (검색일 2015년 2월 23일)

Coordinating Committee, PCC)는 공공외교의 대상을 크게 세 가지로 설정하고 있다(PCC, 2007: 4-5). 첫째, 핵심적인 영향력을 행사하는 사람(key influencers)으로서 성직자, 교육자, 언론인, 기업 경영자, 노조 간부, 여성 리더, 정치적 리더, 과학자, 군 인사 등을 포함한다. 둘째, 취약계층(vulnerable populations)으로 젊은이, 여성, 사회적 소수자 등을 대상으로 한다. 셋째, 일반대중(mass audiences)으로 텔레비전, 라디오, 신문과 같은 매스미디어를 통해 접촉할 수 있는 집단을 의미한다.

한 가지 더 주목할 만한 점은, 미국은 스미스 문트 법(US Information and Educational Exchange Act of 1948)의 제정으로 전통적으로 국내에 있는 외국인을 대상으로 공공외교 활동을 추진할 수 없도록 되어 있었다. 이에 따라 공공외교의 대상은 전적으로 해외에 있는 타 국민이었다. 그러나 2012년도에 스미스-문트 현대화 법(Smith-Mundt Modernization Act of 2012)이 제정됨에 따라 국내에 있는 외국인을 대상으로 TV프로그램 등을 상영할 수 있는 길이 열리게 되었다.[2]

영국은 외무성(Foreign and Common Wealth Office)을 중심으로 227개국에 대사관, 고등판무관 사무실(High Commission), 영국 무역투자청(UK Trade & Investment), 영사관 등이 분포해 있다. 영국은 미국과 달리, 영국문화원(British Council)이 100개 국가 이상에 설치되어서,[3] 공공외교의 주요 행위자로서 큰 역할을 담당하고 있다. 그리고 영국의 공영방송인 BBC(British Broadcasting Corporation)에서 운영하는 BBC World Service는 국제적인 멀티미디어 방송사로 TV, 라디오, 인터넷을 통하여 전 세계의 191만 명의 시청자들에게(BBC Annual Report and

---

2 http://thomas.loc.gov/cgi-bin/query/z?c112:H.R.5736: (검색일 2015년 2월 23일)

3 http://www.britishcouncil.org/organisation/facts/what-the-british-council-does/global-network (검색일 2015년 2월 23일)

Accounts, 2014: 70) 32개의 언어로[4] 주요 뉴스를 제공하고 있다. 영국 하원의 공공외교위원회(Public Diplomacy Board, PDB)는 외무성의 공공외교 활동을 상시적으로 감독하는 역할을 수행한다(김선혁, 2011: 11).

파먼트(Pamment, 2013: 75)에 의하면 영국은 크게 세 가지 집단을 대상으로 공공외교 활동을 펼치고 있다. 첫째는 의사결정자(decision-takers), 두 번째는 여론형성자(opinion formers), 세 번째는 광범위한 대중(wider public)이다. 그에 따르면 대중들은 주로 매스미디어를 통하여 접촉이 되므로, 공공외교 메시지의 효과를 크게 증폭시킬 수 있는 엘리트 집단에게 최우선적으로 홍보를 하여, 그들로 하여금 더욱 광범위한 대중들에게 영향력을 미치도록 유도한다는 것이다.

스웨덴은 외교부(Ministry of Foreign Affairs)와 스웨덴 대외홍보처(Swedish Institute)가 중심이 되어 공공외교를 펼치고 있다. 대사관과 영사관, 대표부(representation), 대표단(delegation)을 포함하여 총 104개의 재외 공관을 운영하고 있으며,[5] 스톡홀름·비스비·파리에 스웨덴 대외홍보처가 소재하고 있다.[6] 스웨덴의 공공외교는 중앙 집중화되어 있으나, 실질적으로는 조직 간의 중요한 역할 분담이 이루어지고 있다. 예를 들어, 외교부 내의 '유럽 연합 역내 시장과 스웨덴 및 스웨덴 무역의 진흥부(Department for the EU Internal Market and the Promotion of Sweden and Swedish Trade, UD-FIM)'는 해외에서의 경제적 이익을 증진시키고자 수출, 무역, 투자 등과 관련된 공공외교 정책들을 감독한다.[7]

스웨덴 대외홍보처는 타국에서 영향력을 행사하는 사람들(influencers)

---

4 http://www.bbc.co.uk/ws/languages (검색일 2015년 2월 23일)

5 http://www.government.se/sb/d/11242 (검색일 2015년 2월 23일)

6 https://eng.si.se/about-si/ (검색일 2015년 2월 23일)

7 http://www.government.se/sb/d/3092/a/81889 (검색일 2015년 2월 23일)

과 여론 형성자(opinion builders)를 일차적인 목표 대상으로 삼는다(Pamment, 2013: 104). 그리고 이차적으로는 "미래에 대한 근본적인 믿음을 가진, 주로 도시에 사는 진보적인 사람들"을 목표로 보다 폭넓은 타국의 청중들에게 공공외교 활동을 펼치고 있다(Pamment, 2013: 104). 뿐만 아니라, 스웨덴 대외홍보처는 수많은 해외 언론인들을 상대로 스웨덴을 홍보하기 위한 각종 보도 자료와 행사 관련 정보들을 배포한다. 스웨덴은 자국의 시민들을 대상으로 국가 브랜드와 정체성에 대한 교육을 실시하여, 공공외교 전략과 방향에 대한 사회적인 합의를 이루어내고자 노력한다(Pamment, 2013: 124).

캐나다는 외교부(Department of Foreign Affairs, Trade, and Development)가 공공외교 활동을 주관하고 있다. 캐나다의 외교부는 총 186개의 대사관, 영사관, 고등판무관 사무실(High Commission)을 운영하고 있는데, 그중 71개가 대사관이다.[8] 캐나다는 세계화로 인하여, 과거 외교부의 독자적인 역할이었던 국제 관계 및 공공외교 활동들이 분권화되는 양상을 보여왔다(Potter, 2015: 15). 따라서 중앙 정부의 다양한 부서와 기관들은 물론이고, 지방 정부들 또한 공공외교의 주체로서 활동하고 있다. 그 결과, 캐나다는 다양한 주체들 간의 전략과 활동이 서로 상충되며 일관되지 않은 국가 브랜드를 추구하는 비효율적인 공공외교 체제를 양산하게 되었다. 예를 들어, 캐나다관광위원회(Canadian Tourism Commission)는 캐나다를 깨끗한 휴양지로 홍보하는 반면, 연방무역위원회(Federal Trade Commission)는 캐나다를 첨단 기술 시장으로 홍보하고자 하여 국가 이미지가 효율적으로 정착되지 못하고 있다(Potter, 2015: 15-16).

---

8 http://www.international.gc.ca/cip-pic/mission_info-info_mission.aspx?lang=eng (검색일 2015년 2월 23일)

캐나다는 정치, 경제적으로 중요한 지역과 국가에 보다 집중적으로 공공외교 활동을 수행해왔다(Rudderham, 2008: 9). 즉 미국과 유럽과 같은 전통적인 강대국 또는 BRICs와 남아프리카와 같은 신흥 시장 등에 집중한 반면, 중동이나 북아프리카 등의 지역은 비교적 관심을 갖지 않는 것이다. 캐나다는 최근 국내 시민들을 공공외교의 주요 대상으로 설정하여 관심을 기울이고 있는데, 이는 다양한 인터넷 외교 활동을 통해서 잘 드러난다. 캐나다 외교부는 2004년에 '인터넷정책토론(Policy eDiscussion)'이라는 웹 사이트를 개설하여, 시민들이 캐나다의 외교 정책에 대해 의견을 표현할 수 있도록 했고, 실질적으로 그 결과물을 관련 기관에서 반영하도록 했다(Rudderham, 2008: 13-14). 공공외교 정책을 수립하고 전략을 세우는 데 있어서, 국민들의 적극적인 참여와 감시를 독려하는 이러한 시스템은 캐나다 외교 정책의 정당성을 높이기 위한 것일 뿐만 아니라, 국민 통합과 국가 정체성을 강화하려는 측면도 내포되어 있다(Henrikson, 2005: 67-87).

노르웨이의 외교부(Ministry of Foreign Affairs, MFA)는 문화, 공공외교, 의전국(Department for Culture, Public Diplomacy and Protocol)을 설치해 공공외교와 관련된 활동을 관할하고 있다. 이 부서에는 네 개의 하부 조직이 편성되어 있어서 구체적인 업무를 분담하고 있는데, 첫째는 외교관계과(Section for Diplomatic Relations), 둘째는 공식방문과(Section for Official Visits), 셋째는 문화과(Section for Cultural Affairs), 넷째는 공공외교와 넷 공보과(Section for Public Diplomacy and Web Information)이다.[9] 노르웨이 외교부는 해외에 대사관 87개, 영사관 312개, 기타 대표기관 3개를 두고 있어서, 총 402개의 재외 공관이 공공외

9 https://www.regjeringen.no/contentassets/df7b73610b2a47668ed67efb371fc8e8/orgkartud_february2015engelsk.pdf (검색일 2015년 2월 23일)

교를 수행하고 있다.[10] 그 밖에도 문화부(Ministry of Culture)가 노르웨이의 문화와 예술을 해외에 홍보하는 역할을 하고 있고, 혁신 노르웨이(Innovation Norway)라는 국영 기업을 설립하여 노르웨이의 무역과 관광, 지역 개발 등을 증진시키고자 힘쓰고 있다(Batora, 2005: 19-20).

노르웨이는 공공외교의 대상을 네 개의 집단으로 세분화하여 설정한 영국 문화원의 경험을 적용하려고 시도했다. 그중 첫 번째 대상은 '의사결정자(Decision-makers)'로 노르웨이가 대면 회의나 세미나를 통해 영향을 미치고자 하는 집단이다(Leonard & Small, 2003). 두 번째 대상은 '의견형성자(Opinion-formers)'로 노르웨이가 파티나 시상식과 같은 폭넓은 행사들을 통해 관계를 맺고자 하는 집단이다(Leonard & Small, 2003). 세 번째 대상은 '계승세대(Successor generation)'로 언론 보도나 행사 등을 통해 노르웨이의 공공외교 정책에 대한 공감을 심어주고자 하는 집단이다(Leonard & Small, 2003). 네 번째 대상은 '지성대중(Intelligent public)'으로 언론 보도나 광고 등을 통해 노르웨이에 대한 관심과 의식을 높이고자 하는 집단이다(Leonard & Small, 2003). 이처럼 노르웨이는 공공외교의 대상을 분명히 설정함으로써 중견국으로서 가지는 한계를 극복하고자 노력하고 있다.

4. 프로그램과 예산

나이(Nye, 2004: 107)는 미국의 공공외교 활동 및 프로그램을 크게 세 가지로 분류했다. 첫 번째는 매일 일어나는 커뮤니케이션(daily commu-

10 http://www.embassypages.com/norway (검색일 2015년 2월 23일)

nications)으로 미국의 국내 및 외교 정책 결정을 미디어를 통해 설명하고 위기 상황에 대한 대중들의 반응을 미리 대비하며 오보에 대응하는 것이다. 두 번째는 특정 주제에 대한 지원 계획(thematic outreach initiatives)으로서 미국과 이슬람 세계가 공유하는 가치 등과 같은 특정 주제를 널리 알리는 것이다. 세 번째는 장기적 관계 형성(long-term relationship-building)으로 풀브라이트 학술 교환 프로그램(Fulbright Academic Exchange Program)과 세계 차세대 지도자 프로그램(International Visitor Leadership Program) 등을 통하여 오랜 기간에 걸쳐 타국의 핵심적인 인물들과의 관계를 형성하는 것이다.

이러한 공공외교 활동과 프로그램들을 기획하고 추진하기 위하여, 미국은 '공공외교자원(Public Diplomacy Resource)'이라는 예산 항목을 따로 설정하여 막대한 양의 자본을 투입하고 있다(The Secretary of State, 2014: 16). 2013년도에는 약 11억 6,651만 미국 달러(The Secretary of State, 2014: 11), 원화로 환산하면 약 1조 2,569억 원에 이르는 예산을 실제로 공공외교 자원으로 집행했는데, 이는 2013년 미국 국무부 전체 예산인 약 123억 5,974만 미국 달러(The Secretary of State, 2014: 11), 원화로 약 13조 3,769억 원의 9.44%에 해당한다. 2014년도에는 약 12억 2,125만 미국 달러(The Secretary of State, 2014: 16), 원화로 약 1조 3,294억 원에 달하는 예산을 공공외교 자원으로 사용한 것으로 추산되는데, 이는 2014년 미국 국무부 전체 예산인 약 131억 1,526만 미국 달러(The Secretary of State, 2014: 11), 원화로 약 14조 1,946억 원의 9.31%에 해당한다. 2015년도에는 약 12억 2,155만 미국 달러(The Secretary of State, 2014: 11), 원화로 약 1조 3,298억 원에 이르는 예산이 공공외교 자원으로 요청된 상태인데, 이는 2015년 미국 국무부 전체 예산인 약 138억 6,233만 미국 달러(The Secretary of State, 2014: 11), 원화로 약 15

조 905억 원의 8.81%에 해당한다.

영국 정부는 크게 세 가지 예산 항목을 통해 공공외교와 관련된 활동 및 프로그램을 지원하고 있다. 첫째, '국제단체와 연성권력(International Institutions and Soft Power)'이라는 항목으로 2013-14년도에 약 6억 5,217만 파운드, 원화로 환산하면 약 1조 675억 원에 달하는 예산을 배정하여, 영국의 공공외교를 보다 효과적으로 수행하는 데 기여했다(Foreign and Commonwealth Office, 2014: 99). 둘째, 'BBC 국제 방송(BBC World Service)'을 지원하기 위해 2013-14년도에 약 2억 5,033만 파운드, 원화로 약 4,098억 원 상당의 예산을 할당하여 전 세계의 시청자들에게 다양한 언어로 영국의 뉴스를 전파했다(Foreign and Commonwealth Office 2014, 99). 셋째, '영국문화원(British Council)'을 지원하기 위해 2013-14년도에 약 1억 6240만 파운드, 원화로 약 2,658억 원에 이르는 예산을 책정하여, 다양한 문화외교 활동을 펼쳤다(Foreign and Commonwealth Office, 2014: 99). 세 가지 예산 항목을 모두 더하면 약 10억 6,490만 파운드, 원화로 약 1조 7,790억 원으로, 이 중 일부가 영국의 공공외교 예산으로 쓰인 셈이다.

영국 외무성은 장학금 프로그램(Chevening Scholarship)을 통해 110개 국가의 외국 학생들에게 대학원 과정의 학비를 지원하고 있다.[11] 이를 통해 글로벌 리더를 양성하고, 장기적으로 영국에 우호적인 세력을 확보하는 데 힘쓰고 있다. 윌튼 파크(Wilton Park)는 영국의 싱크탱크로 불리는 연구 기관으로 중요한 국제적 이슈들에 대하여 다양한 학술대회 및 행사를 개최하여 전 세계의 저명한 학자들과 전문가들로부터 의견을 듣고, 이를 반영하여 영국의 외교 정책을 수정 및 보완한다(김선

11 https://www.gov.uk/chevening-scholarships-for-students-from-overseas#history (검색일 2015년 2월 23일)

혁, 2011: 10). 영국문화원(British Council)은 전시회, 예술 공연, 교육 박람회, 축제 등을 통해 2013-14년도에 1160만 명의 전 세계 사람들이 영국과 관련된 행사와 프로그램에 참여하도록 만들었다(British Council, 2014: 13).

스웨덴의 가장 대표적인 공공외교 프로젝트로는 두 가지를 꼽을 수 있다. 첫 번째는 '스웨덴의 집(House of Sweden)'으로 2006년도에 미국의 수도인 워싱턴(Washington D.C.)에 야심차게 설립한 스웨덴의 대사관을 이르는 말이다.[12] 보다 투명하고 개방적인 스웨덴의 신공공외교 정책을 표방하여, 건물의 외벽을 안이 잘 들여다보이는 유리로 만들고, 방문자들이 쉽고 친숙하게 느끼도록 편안한 환경을 조성했다. 스웨덴의 집은 다양한 전시와 공연, 세미나, 연회 등을 주최하며 미국에서 스웨덴의 아름다움과 가치를 널리 알리고자 했다.

'두 번째 스웨덴의 집(Second House of Sweden)'은 첫 번째 프로젝트의 뒤를 이어 2007년에 시작된 혁신적인 커뮤니케이션 프로젝트이다.[13] 사이버 공간을 이용하여 스웨덴의 집을 가상으로 운영하는 것으로서 대중들이 보다 쉽고 편리하게 각종 정보를 이용할 수 있고 다양한 문화 행사에 참여할 수 있다는 이점이 있다. 2012년까지 약 5년에 걸쳐 실험적으로 시행된 공공외교 활동으로, 인터넷을 적극 활용하여 국내외 시민들과 보다 긴밀하게 상호작용을 할 수 있는 가능성을 보여준 사례이다.

스웨덴의 경우, 일반적인 차원에서 국가의 전략과 예산에 대한 정보가 공개되고 있으나, 구체적으로 예산이 어떻게 집행되고 있으며 정책이 어떤 과정을 통해 수립되는지 등의 세부 내용은 공개되지 않고 있

12 http://www.houseofsweden.com/ (검색일 2015년 2월 23일)

13 https://secondhouseofsweden.wordpress.com/ (검색일 2015년 2월 23일)

다(Pamment, 2013: 104). 그럼에도 불구하고 2013년도 스웨덴 외교부의 예산 제안서를 살펴보면, 외교부 전체 예산이 약 336억 8,324만 크로나로, 원화로 환산하면 약 4조 4,580억 원이 편성된 것을 알 수 있는데, 이중 크게 4가지 항목이 공공외교와 직간접적으로 연관되어 있다. 첫 번째는 '스웨덴 대외홍보처(Swedish Institute)'에 책정된 약 9,458만 크로나로, 원화로 환산하면 약 125억이 공공외교와 직접적으로 관련된 활동에 쓰인 것으로 나타났다. 두 번째는 '해외의 스웨덴에 대한 정보(Information about Sweden Abroad)'에 할당된 약 1,448만 크로나로, 원화로 약 19억 원이 스웨덴과 관련된 정보를 해외에 알리는데 쓰인 것으로 보인다. 세 번째는 '수출 진흥(Export Promotion)'에 편성된 약 2억 4,389만 크로나로, 원화로 약 323억 원이 스웨덴의 무역을 증진시키고 경제적 이익을 창출하기 위한 활동에 쓰인 것으로 나타나, 스웨덴이 지향하는 공공외교와 간접적으로 연관됨을 알 수 있다. 네 번째는 '투자 진흥(Investment Promotion)'에 책정된 약 5,788만 크로나로, 원화로 약 77억 원이 해외로부터 투자를 유치받기 위해 국가 이미지와 브랜드를 홍보하는 등의 간접적인 공공외교 활동과 연관된 것으로 추정된다.[14]

캐나다는 경제와 안보에 이어 문화를 외교 정책의 세 번째 기둥으로 설정하며 그 중요성을 크게 인식해왔다(Rudderham, 2008: 9). 다양한 예술 분야의 단체들과 전문가들을 지원함으로써 그들로 하여금 캐나다의 문화를 해외에 홍보하게 만들고, 더 나아가 캐나다의 외교 정책과 목표를 강화하려고 노력해왔다(Potter, 2002). 문화 외에도 교육 및 장학 프로그램들을 통해 캐나다에 대한 이해를 높이고, 관련 지식들을 전파하기 위해 힘써왔는데, '연방 프로그램(Commonwealth Program)', '캐나

14 http://www.government.se/content/1/c6/20/03/88/9927958a.pdf (검색일 2015년 2월 23일)

다 장학금 프로그램(Canada Awards Program)', '캐나다 해외 유학 프로그램(Canadian Studies Abroad Program)' 등이 바로 그 예이다(Rudderham, 2008: 9). 마지막으로 캐나다의 가장 핵심적인 공공외교 활동과 프로그램은 무역 진흥 및 투자 유치와 같은 경제적 이익과 관련된 것이다(Potter, 2004: 55-60). 1997년에 '주식회사 팀 캐나다(Team Canada Inc.)'를 설립하여 해외 시장 및 고객들과 관계를 구축하고, 수출을 장려하는 한편, 경제적 이익을 극대화하기 위하여 매력적인 국가 브랜드를 홍보했다(Potter, 2004: 55-60).

캐나다 외교부는 2014-15년도 계획 및 우선사항 보고서에서 외교부 전체 지출 계획을 약 54억 9,270만 캐나다 달러, 원화로 환산하면 약 4조 8,288억 원으로 표시했다.[15] 이 중 두 가지 예산항목에서 공공외교와 관련된 활동이 포함되는 것으로 명시되어 있는데, '양자외교 및 지역외교와 홍보(Bilateral and Regional Diplomacy and Advocacy)'와 '정상외교 및 다자외교와 홍보(Summitry and Multilateral Diplomacy and Advocacy)'가 바로 그것이다.[16] 캐나다 외교부는 2014-15년도에 양자외교 및 지역외교와 홍보에 약 1억 5,995만 캐나다 달러, 원화로 약 1,406억 원을 편성했고, 정상외교 및 다자외교와 홍보에 약 6,478만 캐나다 달러, 원화로 약 5,695억 원을 할당했다.[17] 그러나 이 두 가지 예산은 공공외교뿐만 아니라 공식 방문 및 기타 홍보 활동들을 모두 포함한 금액으로, 독립된 공공외교 예산은 파악할 수 없는 실정이다.

노르웨이 외교부는 공공외교 활동과 프로그램을 수행하기 위하여

---

15 http://www.international.gc.ca/department-ministere/plans/rpp/rpp_1415.aspx?lang=eng#s1 (검색일 2015년 2월 23일)

16 위의 자료.

17 위의 자료.

인터넷을 활발하게 이용하고 있다. 먼저, 외교부의 주요 외교 정책과 관련된 문서를 공식 웹 사이트를 통해 공개하고 대사관들 또한 주재하고 있는 각 지역의 언어로 폭넓은 정보를 공유하고 있다. 노르웨이의 문화부는 산하에 예술위원회를 두어 타국과의 문화교류 및 예술협력을 촉진하는 역할을 하고 있다(Arts Council Norway, 2014).

또한 노르웨이 현대예술 연구소(Office for Contemporary Art Norway, OCA)라는 국영기관을 통하여 노르웨이의 예술가들과 해외 연구자들을 지원하고 있다. 마지막으로 '팀 노르웨이(Team Norway)'는 대사관, 관광청(Norwegian Tourist Board), 수출협회(Norwegian Export Council), 해산물수출협회(Norwegian Seafood Export Council), 상공회의소(Chambers of Commerce), 주미 노르웨이정보부(Norwegian Information Service) 등과 함께 해외에 있는 노르웨이 기업을 지원하여 경제적 이익을 높이고자 공공외교 활동을 펼치고 있다(Leonard, 2002).

노르웨이 문화부는 2014년도에 약 1억 4천만 유로, 원화로 환산하면 약 1,756억 원의 예산을 편성 받아, 노르웨이의 문화와 예술을 개발하고 해외에 적극적으로 홍보했다(Arts Council Norway, 2014). 노르웨이 외교부는 인도적 원조, 기후변화, 인권 지원, 빈민국 교육 및 보건, 세계 평화 등의 분야에 막대한 예산을 투입하고 있다. 예를 들어 2015년도 인도적 지원 예산으로 약 33억 크로네, 원화로 환산하면 약 4,630억 원을 편성할 것을 제안했고, 녹색기후기금으로 약 2억 크로네, 원화로 약 283억 원을 할당할 것을 제안하여 온실 가스를 줄이고 기후 변화에 대응하는데 힘썼다(Norwegian Government, 2014). 뿐만 아니라, 2015년도에 빈민국 교육 지원금으로 약 24억 크로네, 원화로 약 3,367억 원을 편성할 것을 제안했고, 시리아나 이라크와 같은 분쟁지역의 인권을 보호하기 위해 약 3억 7,830만 크로네, 원화로 약 554억 원을 할

당할 것을 제안했다(Norwegian Government, 2014).

이러한 노르웨이의 문화부와 외교부의 예산은 간접적으로 공공외교 활동 및 전략에 부합하는 것이지만, 미국과 영국에 비해 너무 광범위하게 책정되어, 언급된 여러 항목들을 모두 공공외교 예산이라고 보기 어렵다. 따라서 현재 노르웨이의 정확한 공공외교 예산은 파악하기 어려운 상태이다.

5. 평가 시스템

미국의 정책 조정 위원회(Policy Coordinating Committee, PCC)는 공공외교 활동과 프로그램을 위한 세출을 정당화하기 위하여, 미국 정부기관들이 공공외교의 효과를 주기적으로 측정하고 평가해야 한다고 주장한다(PCC, 2007: 33-34). 이를 위해 평가 및 측정 전략을 제시하는데, 첫째는 정책 조정 위원회가 모든 공공외교 부서와 기관에 공통된 평가기준의 중요성을 알리고, 비교 가능한 데이터를 수집하도록 측정 문화를 조성하는 것이다. 둘째는 정책 조정 위원회가 일관성 있는 성과 측정 지표를 확립하는 것으로, 그에 따라 각각의 부서와 기관이 표준화되고 간소화된 평가 절차에 따라 공공외교의 효과성을 측정할 수 있도록 하는 것이다.

미국은 2001년 9·11 테러 사건 이후 더욱 심도 있고 다양한 평가 시스템을 개발하는데, 2004년에 부시 행정부가 예산 개혁 과정의 일환으로 추진한 '프로그램 평가 도구(Program Assessment Rating Tool, PART)'(Dull, 2006: 187-215), 국무부의 평가 측정 기구(Evaluation and Measurement Unit, EMU)가 2007-9년, 2011년에 시행한 '공공외교 영향력 증진(Advancing Public Diplomacy Impact, APDI)'[18] 프로젝트 등이 바로 그 예이다. 그 밖에도 미국 공공외교자문위원회(Advisory Commission on Public Diplomacy)의 지도하에 텍사스대학교 오스틴 캠퍼스(University of Texas at Austin)의 공공정책대학원(Lyndon B. Johnson School of Public Affairs)이 2010년에 개발한 '공공외교 수행 평가 모델(Public Diplomacy Model for the Assessment of Performance, PD-MAP)'(United States Advisory Commission, 2010)이 주목할 만하다. 이 모델은 타국의 일반대중, 엘리트, 정부 관료를 대상으로 하여, 미국의 문화·외교·안보·경제·기후변화 분야의 공공외교 정책과 프로그램의 결과를 양적으로 측정하고 있다. 이 밖에도 미 국무부 소속의 교육문화홍보처(Bureau of Educational and Cultural Affairs)와 공공외교자문위원회(Advisory Commission on Public Diplomacy)가 공공외교의 주요 행위자로서 평가 활동에 참여하고 있다.

공공외교 효과성 평가를 위한 지난 4-5년간의 노력을 바탕으로, 2008년도에 영국의 외무성과 문화원은 평가 시스템의 윤곽을 마련했다. 평가 방식의 두 가지 특징은 성과 측정(performance measurement)과 영향 측정(impact measurement)이다(Pamment, 2013: 80). 성과 측정은 크게 4단계로 이루어지는데 첫째는 직원들의 근무 시간 등을 포함한 단기적인 투입을 측정하는 것이고, 둘째는 매스컴의 보도량과 논조 등을 추적하는 것이며, 셋째는 단기적 기대치에 부합했는지 여부를 파악하는 것이고, 끝으로 공공외교 활동에 대한 결과(output)를 측정하는 것이다(Pamment, 2013: 80).

영향 측정은 크게 3가지 요소에 근거하여 공공외교의 중·장기적인

18 http://www.state.gov/r/ppr/emu/ (검색일 2015년 2월 23일)

결과를 측정하는 것으로, 첫 번째 요소는 보도의 성격과 어조에 변화가 있었는지 파악하기 위한 매스컴의 추적이고, 두 번째 요소는 반 구조적인 질적 인터뷰를 통하여 여론에 영향을 미치는 사람들의 의견을 파악하는 것이며, 세 번째 요소는 국제적인 환경 속에서의 객관적이고 구체적인 변화를 평가하는 것이다(Vinter & Knox, 2008).

스웨덴 대외홍보처(Swedish Institute)는 내부전산망에 'StratSI'라는 온라인 프로젝트 관리 및 회계 데이터베이스를 구축하고 있어서, 스웨덴 문화원과 관련된 모든 정보를 체계적으로 수집하고 분석한다(Pamment, 2013: 111). 그렇게 해서 얻은 결과는 스웨덴 대외홍보처의 활동들이 목표한 대상의 인식에 얼마나 영향을 미쳤는지, 목표한 대상과 친선 관계를 쌓는 데 얼마나 기여했는지 등을 평가하는 지표로 활용된다. 뿐만 아니라, 'Netigate'라는 온라인 도구를 이용하여 설문조사를 설계하고 배포하며 분석한다(Pamment, 2013: 111). 그 도구에는 스웨덴어와 영어로 준비된 질문들이 저장되어 있으며, 설문조사 시 관련 문항들로 활용된다. 질적 문항의 경우에는 5점 척도로 대답을 하게 되며, 그 결과는 StratSI의 평가 자료를 제공하는 데 쓰인다.

캐나다 외교부의 평가국(Evaluation Division)은 2005년도에 독립적인 컨설팅 회사인 'Universalia Management Group'를 통하여 캐나다의 공공외교 프로그램을 평가하는 보고서를 출간했다(Evaluation Division, 2005). 먼저, 서류 검토를 통해 공공외교 주제 및 프로젝트와 관련된 폭넓은 자료를 검토했고, 캐나다 정부로부터 보조금을 받은 시민사회 기관들(대학, 연구소, NGO, 문화기구 등)에 영어와 프랑스어로 제작된 인터넷 설문지를 이메일로 발송하여 설문 조사를 실시했다(Evaluation Division, 2005). 또한 캐내다 외교부의 이해관계자들 100명 이상에게 반구조적 인터뷰, 대면 인터뷰, 전화 인터뷰 등을 실시했으며, 공공외교 주요 대상 국가들(독일, 브라질, 프랑스 등)을 방문하여 공공외교 프로그램들이 어떻게 관리되고 실행되는지 평가했다(Evaluation Division, 2005). 마지막으로 캐나다 외교부로부터 가장 큰 지원을 받는 프로젝트들을 선별하여 서류 검토와 전화 인터뷰 등으로 그 효과성을 검토했다(Evaluation Division, 2005). 이처럼 캐나다 외교부는 종합적인 방식으로 공공외교 프로그램들의 성과를 측정했는데, 안타깝게도 이 평가는 일회성의 프로젝트로 끝나 2005년 이후로 업데이트가 이루어지지 않고 있다.

노르웨이는 조사위원회, 청문회, 외부 전문가들의 평가를 통해 공공외교의 효과성을 비공개로 측정한다(Gilboa, 2010). 그러나 이 같은 개별적이고 일반적인 평가 방법 외에, 노르웨이의 공공외교 성과를 보다 체계적으로 측정할 수 있는 평가 시스템은 없는 실정이다(Leonard & Small, 2003). 따라서 Anholt-GfK Roper 국가 브랜드지수 보고서를 통해 노르웨이의 전반적인 국가 이미지와 호감도를 파악하여 역으로 공공외교의 성과를 추정해보았다. 노르웨이는 국가 브랜드 순위에서 정치·경제적으로 중요한 역할을 하고 있는 50개국들 중 13위를 차지하며, 2008년도부터 줄곧 높은 국가적 명성을 이어오고 있다(Anholt, 2014: 3-5). 뿐만 아니라, 노르웨이는 매력적인 관광지로서 인식되고 있었으며 노르웨이 국민들은 열심히 일하고 정직하다는 이미지를 가지고 있다(Anholt, 2014: 11-12). 그러나 여전히 노르웨이의 역사와 문화는 낮은 평가를 받고 있어서, 공공외교의 한계점을 시사한다(Anholt, 2014: 6).

6. 분석틀에 따른 5개국 비교 요약

	미국	영국	스웨덴	캐나다	노르웨이
주체 (주요 행위자)	1. 국무부 (Department of State) 2. 대사관, diplomatic missions, 영사관을 포함하여 289개 3. 교육 문화 홍보국 (Bureau of Educational and Cultural Affairs) 4. 국제 정보 프로그램 부서 (Bureau of International Information Programs) 5. 공공외교자문위원회 (Advisory Commission on Public Diplomacy)	1. 외무성 (Foreign and Commonwealth Office): 주도적 행위자 2. 227개국에 대사관, high commission, trade and invest, 영사관 등 분포 3. 영국문화원 (British Council): 미국과 달리 대사관들보다 더 주된 공공외교의 수행자로서 역할을 담당 (100개 이상의 국가들에 분포되어 있음) 4. BBC: BBC World Service (국제적인 멀티미디어 방송사로 TV, 라디오, 인터넷을 통해 전 세계의 191만 명의 시청자들에게 32개의 언어로 주요 뉴스를 제공함) 5. 공공외교전략위원회 (Public Diplomacy Board): 실무 이행, 평가 6. Wilton Park: 외무성의 연구기관으로 중요한 국제 이슈들에 대한 학술대회를 개최함.	1. 외교부 (Ministry for Foreign Affairs): 중앙집중화 → Department of Press, Information and Communication (UD-PIK), Department for the EU Internal Market and the Promotion of Sweden and Swedish Trade (UD-FIM) 2. 대사관, representation, delegation, 영사관을 포함하여 104개 3. Swedish Institute: 실질적으로는 조직 간의 중요한 역할 분담 이루어짐 (3개 → 스톡홀름, 비스비, 파리) 4. Sweden's Council for the Promotion of Sweden (NSU) 5. 시민 외교관	1. 외교부 (Department of Foreign Affairs, Trade and Development) 2. 대사관, 영사관, high commission을 포함하여 186개 (대사관: 71개) 3. 공공외교운영위원회 (Public Diplomacy Steering Committee) 4. Secretariat of Public Diplomacy Program (CFDX) in Federal-Provincial-Territorial Relations (CFP) 5. International Cultural Relations Bureau (ACD) 6. 캐나다 교육원 네트워크 (CECN) : 대학, 어학연수 등과 관련된 캐나다의 교육정보 공유 (13개)	1. 외교부 (Ministry of Foreign Affairs) → Department for Culture, Public Diplomacy and Protocol: (1) Section for Diplomatic Relations (2) Section for Official Visits (3) Section for Cultural Affairs (4) Section for Public Diplomacy and Web Information 2. 대사관, 영사관, 대표부를 포함하여 402개 (대사관: 87개, 영사관: 312개, 대표부: 3개) 3. Innovation Norway: 통상관련부처, 관광관련부서, 지역적 개발협력 기금 등을 통합하는 국영기업적 성격을 갖는 공공외교 관련 기구 4. Team Norway: 경제 네트워크 확대, 경제교류 강화를 위해 90년대 중반 출범된 협력 체계. 노르웨이 대사관, 관광청, 수출위원회, 수산물위원회, 상공회의소로 구성

	미국	영국	스웨덴	캐나다	노르웨이
대상	1. 핵심적인 영향력을 행사하는 사람들(key influencers): 성직자, 교육자, 언론인, 기업 경영자, 노조 간부, 여성 리더, 정치적 리더, 과학자, 군인사 등 2. 취약 계층 (vulnerable populations): 젊은이, 여성, 사회적 소수자 등 3. 일반대중 (mass audiences): 텔레비전, 라디오, 신문과 같은 매스미디어를 통해 접촉할 수 있는 집단 4. 국외만 대상으로 하다 Smith-Mundt Modernization Act of 2012가 제정됨에 따라 국내도 대상으로 삼음	1. 의사결정자 (decision-takers) 2. 여론형성자 (opinion formers) 3. 광범위한 대중 (wider public) 4. 국외와 국내를 모두 대상으로 삼음	1. 여론주도층 2. 여론형성자 3. 미래에 대한 근본적인 믿음을 가진 주로 도시에 사는 진보적인 사람들 4. 스웨덴 국민과 외국인 모두가 대상	1. 국내시민사회 (최근 관심 집중) 2. 국제적 대중 (초기 주요 대상) 3. 해외에 있는 캐나다인 4. 타국의 정책결정자, 여론주도층 5. 특히 영향력이 있는 국가 대상의 공공외교 (중동이나 북아메리카는 주요 대상이 아님)	1. 투자를 유치할 해외기업 2. 국제적 대중 3. 경제, 안보, 정치적 중요도에 따른 전략적 협력국가: 미국, 영국, 프랑스, 독일, 일본, 러시아 4. 국내시민사회

	미국	영국	스웨덴	캐나다	노르웨이
목적 및 목표	1. 제1차 세계대전 이후: 냉전시대의 평화 구축 및 선전 (propaganda) → 타 국가들의 이해와 동조를 얻기 위해 타 국민들과 의사소통 → 국가의 이상, 목표, 가치, 정책 등을 홍보하는 데 주력함 2. 9/11 테러 이후: 연성권력을 적극적으로 활용하여 (1) 미국의 정책과 문화에 대한 이해를 증대시키고, (2) 미국에 대한 호의적인 의견을 증진시키며, (3) 미국의 세계적 영향력을 확대함	1. 영국에 대한 친밀도 높이기 2. 영국에 대한 긍정적인 인식과 이해 높이기 3. 타국과 우호적인 관계를 맺고, 폭넓은 분야에서 관계를 강화하기(관광, 학문, 교육, 통신, 무역, 과학 등)	1. 국가 브랜드를 구축하여 스웨덴을 부각시키기 2. 성장과 취업에 도움이 되도록 스웨덴에 대한 종합적인 홍보 펼치기 3. 수출 및 무역 증대를 통한 경제적 이익 획득 4. 문화와 교육 등을 이용한 공공외교를 통해 폐쇄적인 정치 시스템을 가지고 있는 국가들의 문호를 열고, 환경·무역과 같은 정치·경제적인 의제를 홍보	1. 캐나다의 가치와 문화를 전파 2. 캐나다 국민의 소속감과 정체성 확립 (국내적 단일화) 3. 소수계층에 대한 포용 (사회통합) 4. 대외적으로 통합된 캐나다를 홍보 2014-15 캐나다 외교 우선사항 1. 빠르게 성장 중인 국가들의 시장과 상업 관계를 확장 2. 미국과의 관계를 강화 3. 아시아 내에서의 경제, 정치적 관여를 높이는 것 4. 민주주의와 인권 관련 국제 안보 및 행정에 기여 5. 빈곤 퇴치 및 인도적 지원을 이끄는 것	1. 노르웨이의 비가시성 (invisibility)을 극복 2. 자국의 평판을 긍정적으로 유지 및 발전 3. 평화의 추구를 외교 정책의 목표로 하는 평화 조성자, 평등을 추구하는 사회 등을 골자로 하는 노르웨이의 이미지를 전파 4. 친환경주의적 이미지 전략을 추진

	미국	영국	스웨덴	캐나다	노르웨이
전략	9·11 테러 이후 신공공외교 정책 수립 1. 쌍방향 대화 2. 참여 3. 상호성 4. 신뢰구축	1. 1990년대 후반: 영국의 국가 브랜드 "Cool Britania" 추진을 본격적인 시작으로 하여 영국을 대외적으로 홍보 2. 문화 유산 국가라는 명성을 강화하기 위해 캠페인을 실시	1. 조용한 외교 (Quite Diplomacy): 공공외교 성과 측정 및 평가, 예산, 정책 제정 과정에 대한 정보를 공개하지 않음 2. 뉴스 포털인 Sweden Channel을 이용하여 해외 방송과 온라인 미디어들에서 다뤄지고 있는 스웨덴의 소식, 활동, 기업, 기관들에 대한 정보와 이미지를 모아서 제공	1. 틈새외교 (Niche Diplomacy) 2. 국제적인 선을 촉진하는 평화 유지, 지속 가능 발전, 인간 안보, 보호 책임 등의 이데올로기를 바탕으로 국제 사회에서 특별한 역할을 자처 3. 캐나다 국민들 간의 연결성 도모	1. 틈새외교 (Niche Diplomacy) 2. 수산업과 같은 산업 협력뿐 아니라 문화 교류와 협력을 위해 상이한 사람들 간의 교량 역할을 수행 3. United Outside Face: 중앙정부를 구심점으로 삼아 선택된 사안에 대해 단일 혹은 집중된 공공외교 전략을 구사

	미국	영국	스웨덴	캐나다	노르웨이
활동 및 프로그램	1. 문화 행사 개최: 공연, 전시 등 (대중 또는 엘리트를 대상으로 함) 2. 교육 프로그램 제공: 영어, 교환학생, 장학금 등 3. 팸플릿 제작 및 배포: 정보 보급 4. 정책 관련 포럼 개최	영국문화원은 3가지 우선순위를 강조 1. 이종 문화 간의 대화 촉진: 영국에 대한 신뢰도가 비교적 낮은 국가와 집단을 대상으로 함 2. 영국의 창조경제와 지식경제를 지원 3. 기후 변화 문제를 해결하는데 기여	4개 분야의 홍보 사업 1. 문화: 창의적이고 현대적인 문화 2. 사회: 개방성, 평등, 언론자유, 관용 3. 과학: 기술, 문화의 국경 없는 발전 4. 환경: 지속 가능성, 균형, 발전	외교부가 주도하는 4가지 활동 1. 온라인 정책 토론: 일반 대중들이 캐나다 외교 정책에 대한 의견을 웹사이트에 올리고, 이것을 관련 기관들이 반영함. 2. 캐나다 해외 홍보 이니셔티브 (Promoting Canada Abroad Initiative): Canada-Cool-Connected라는 슬로건 아래, 여섯 가지 테마를 특징으로 함(매혹적인, 시민의, 경쟁력 있는, 창의적인, 배려하는, 세계적인) 3. 문화외교: 저명한 또는 떠오르는 예술가들과 문화 단체들이 국제적으로 활동할 수 있도록 지원 4. 국제교육 프로그램: 대학원 장학금 지급, 학술 교류 지원 5. NGO그룹과의 활발한 교류 및 협력을 통해 국제적으로 주목을 덜 받는 구체적인 안건, 또는 국제적인 문제를 공략. (niche diplomacy)	1. 노르웨이 포탈 (Norway Portal): 외교정책과 활동에 대해 국민들의 이해 및 인지를 높이고 그에 대한 지지를 확보하기 위해 노르웨이 정부가 세계 각국에서 무슨 활동을 어떻게 벌이고 있는지 구체적으로 소개 2. 노르웨이 공공외교포럼 (Norwegian Public Diplomacy Forum): 응집력 있고 일관성 있는 공공외교 전략을 개발하기 위해 정부 당국, 기업 부문, 학계, 기타 유관 주체들 간의 토론과 대화를 촉진 3. 문화외교: 저명한 또는 떠오르는 예술가들과 문화 단체들이 국제적으로 활동할 수 있도록 지원

	미국	영국	스웨덴	캐나다	노르웨이
예산	1. Public Diplomacy Resource (2013 actual): USD 1,166,514,000 → 1조 2569억 원 2. Public Diplomacy Resource (2014 estimate): USD 1,221,246,000 → 1조 3,294억 원 3. Public Diplomacy Resource (2015 requested): USD 1,221,552,000 → 1조 3,298억 원 * 외교부 전체 예산: USD 12,359,736,000 → 13조 3,769억 원 (2013 actual), USD 13,115,259,000 → 14조 1,946억 원 (2014 estimate) USD 13,862,331,000 → 15조 905억 원 (2015 requested)	1. International Institutions and Soft Power (2013-14 outturn): GBP 652,168,000 → 1조 675억 원 2. BBC World Service (2013-14 outturn): GBP 250,334,000 → 4,098억 원 3. British Council (2013-14 outturn): GBP 162,400,000 → 2,658억 원 → 총 1조 7790억 원 중 일부가 공공외교와 관련된 것으로 나타남. (2013-14 outturn) * 외교부 전체 예산: GBP 2,502,643,000 → 4조 1,810억 원 (2013-14 outturn)	1. Swedish Institute (2013 budget proposals): SEK 94,584,000 → 125억 원 2. Information about Sweden abroad (2013 budget proposals): SEK 14,475,000 → 19억 원 3. Export promotion (2013 budget proposals): SEK 243,889,000 → 323억 원 4. Investment promotion (2013 budget proposals): SEK 57,878,000 → 77억 원 등이 공공외교와 관련된 것으로 추정함 (2013 budget proposals) * 외교부 전체 예산: SEK 33,683,242,000 → 4조 4,580억 원 (2013 budget proposals)	1. Bilateral and Regional Diplomacy and Advocacy (2014-15 planned spending): CAD 159,952,613 → 1,406억 원 2. Summitry and Multilateral Diplomacy and Advocacy (2014-15 planned spending): CAD 64,775,262 → 5,695억 원 → 총 7101억 원 중 일부가 공공외교와 관련된 것으로 나타남 (2014-15 planned spending) * 외교부 전체 예산: CAD 5,492,704,412 → 4조 8288억 (2014-15 planned spending)	공공외교와 관련된 세부 예산 파악이 어려움 The Ministry of Culture (2014) 1. Norwegian Cultural Sector: EUR 140 million → 1,707억 480만 원 The Main Elements of the MFA Budget (2015) 2. Education in poor countries: NOK 2.4 billion → 3,367억 2,000만 원 3. Humanitarian aid: NOK 3.3 billion → 4,629억 9,000만 원 4. Norway's contribution to the World Food Programme (WFP): NOK 212 million → 297억 4,360만 원 5. High North activities: NOK 3 billion → 420억 9,000만 원 등이 공공외교와 관련된 것으로 추정함 (2, 3, 4, 5는 2014년도에 발간된 2015 budget proposals) * 외교부 전체 예산: NOK 32,500,000,000 → 4조 6907억 원 (2015 budget proposal)

	미국	영국	스웨덴	캐나다	노르웨이
평가 시스템	1. PD-MAP (Model for the Assessment of Performance): 2010 → 정책 결과(outcomes)의 양적 측정 2. APDI (Advancing Public Diplomacy Impact): 2007-2009 → 공공외교의 영향력 측정, 프로그램 효율성 측정, 신뢰할만한 정보 제공 여부 측정 / 2011 → 측정 대상 세분화, 미래에 개발될 프로그램의 효율성 증대 방안 모색 3. Evaluation of ECA (Bureau of Educational and Cultural Affairs): 단기적, 중기적, 장기적 관점에서 다양하게 평가를 추진 / 방대한 규모의 다양한 주제들을 아우름 / 사례 연구를 항시 포함 / 양적 방법과 질적 방법 모두 사용	1. 성과 측정 (performance measurement): 단기적인 input, 매스컴의 보도, 단기적 기대치에 부합했는지에 대한 피드백, 계획이나 활동의 결과가 긍정적이었는지에 대한 output 2. 영향 측정 (impact measurement): 중장기적인 결과, 보도의 성격과 어조에 변화가 있었는지 매스컴 추적, 반구조적인 인터뷰를 통한 여론 주도층의 의견, 국제 환경에 따른 객관적이고 구체적인 변화 → 각 단계는 추적(tracker)과 함께 전개 → 이후 정보와 내용의 수집을 위해 영국 기반 민간 기업들로 아웃소싱	1. StratSI: Swedish Institute의 인트라넷 상의 온라인 프로젝트 관리이자 회계 데이터 베이스 (체계적인 정보 수집 및 분석) → 인지도, 친선, 호감도를 백분율로 나타냄 2. Netigate: 설문조사를 설계, 배포, 분석하기 위한 온라인 도구로 StratSI의 평가 자료를 제공 → 질적 문항들은 5단위 등급으로 답함 3. 미디어 모니터링: Swedish Institute, 대사관, 기업 등을 이용하여 수시로 해외 미디어에 나타나는 스웨덴의 국가 이미지를 감독하고, 그 정보를 수집 4. 설문조사: Swedish Institute가 1년, 3년, 5년 단위로 스웨덴에 대한 해외 국민들의 현재 인식을 분석	1. 외교부의 Evaluation Division 은 캐나다의 공공외교가 효과적인지를 평가하기 위해 2004-2005년 FAC (Foreign Affairs Canada)가 당시 진행중이던 공공외교 관련 4가지 프로그램에 대한 독립적인 평가를 기획 → 컨설팅 회사인 Universalia는 이를 진행, 보고했음 2. 이를 위해 평가단은 서류 검토, 설문, 인터뷰, 현장 방문, 프로젝트 검토 등 종합적인 방식을 이용해 1차 데이터를 수집 3. 평가 과정에서는 프로그램의 실효성, 중요성, 그리고 효율성 등을 살핌 → 컨설팅 업체의 교훈 및 권고로 마무리함 4. 그러나 이 평가는 2005년 이후 업데이트가 되지 않고 있는 상황임	서류검토, 설문, 프로젝트 검토, 인식 분석 등 종합적인 방식으로 평가

	미국	영국	스웨덴	캐나다	노르웨이
평가 시스템	4. 임무수행추적기(Mission Activity Tracker, MAT): 2007 → 정책, 계획 및 자원 부처(Office of Policy, Planning and Resources)에서 15가지 성과 측정 방법을 구축하여 → 전 세계 공공외교 활동들이 MAT를 통해 결집되어 보고되도록 만듦 → 수량화할 수 있는 정보를 수집하는 데 성공 5. 공공외교효과성프로젝트(Public Diplomacy Impact (PDI) Project): 2007 → 정책, 계획 및 자원 부처에서 고안하여, 정책집행(output) 정보를 성과측정과 연결시킴 → 중요한 질적 정책 기획(input) 제공	* 인식 분석: 초반에 중요성을 두고, 타국이 인식하는 영국의 이미지 측정 → 큰 영향을 미치지 않는다는 것을 알게 됨 → 국가 브랜드수치로 대체		5. 이 외에도 외교부는 자체적으로 매해 가을에 1년 동안의 계획 및 우선사항, 그리고 전년도의 계획 및 우선사항을 평가한 상세한 리포트를 발표 → 그러나 이는 외교부 전반의 리포트이며, 공공외교에 초점을 맞춘 것은 아님	

7. 결론과 시사점

1) 5개국 공공외교의 비교분석을 통한 시사점

본 장에서 조사된 5개국의 공공외교 전략과 수행은 국가의 크기와 재정 등에 따라 평가 방식에 차이점과 공통점이 존재했다.

(1) 미국은 다섯 국가 중 유일하게 '공공외교자원(Public Diplomacy Resource)'이라는 항목의 예산을 따로 분리해서 책정하고 있으며 그 예산의 규모에 걸맞게 가장 발달한 평가 시스템에 대한 연구를 수행해왔다. 그러나 평가 시스템이 실용적으로 정착되지는 못한 단계로 보인다.

(2) 영국은 비교적 명확한 형태로 공공외교와 관련된 세 가지 예산을 편성하고 있는데, 첫째는 '국제단체와 연성권력(International Institutions and Soft Power)', 둘째는 'BBC 국제 방송(BBC World Service)', 셋째는 '영국문화원(British Council)'이다. 이를 감독하기 위해 국민의 대의기관인 하원의 공공외교위원회를 통해 그 성과를 상시적으로 평가하고 있다.

(3) 스웨덴은 '스웨덴 대외홍보처(Swedish Institute)', '해외의 스웨덴에 관한 정보(Information about Sweden abroad)', '수출 진흥(Export Promotion)', '투자 진흥(Investment Promotion)' 등의 외교부 예산이 공공외교와 직간접적으로 관련된 것으로 추정되나, 그 금액이 매우 작은 실정이다. 따라서 온라인을 적극 활용하여 공공외교 프로젝트들을 관리하고 평가하고 있다.

(4) 캐나다는 '양자외교, 지역외교, 정책외교(Bilateral and Regional

Diplomacy and Advocacy)', '정상외교, 다자외교, 정책외교(Summitry and Multilateral Diplomacy and Advocacy)'라는 두 가지 예산 항목의 일부를 통해 공공외교 활동을 지원하고 있으나, 긴축재정으로 인해 그 규모가 줄어들고 있는 실정이다. 따라서 외교부에 평가국(Evaluation Division)을 두고 있으나 2005년 이후로 정보가 업데이트되지 않고 있다.

(5) 노르웨이는 문화·교육·인도적 지원·세계 보건·인권·기후 변화 등에 막대한 예산을 편성하고 있어서, 간접적으로 국가 이미지와 영향력을 높이는 데 기여하고 있으나, 공공외교와 직접적으로 관련되는 예산 편성은 이루어지지 않고 있었다. 평가에 있어서도 청문회와 같은 일반적인 방법 외에 체계적인 공공외교 평가 시스템이 없는 상태이다.

이처럼 미국과 영국과 같은 전통적인 공공외교 강국들은 예산이 보다 구체적이고 명확하게 편성되어 있으며 비교적 잘 발달된 평가 시스템을 갖추고 있다. 반면 스웨덴, 캐나다, 노르웨이와 같은 중견국들은 공공외교를 위한 뚜렷한 예산이 구분되지 않고 결과적으로 평가 체제도 덜 발달된 모습을 보인다. 그럼에도 불구하고, 이들 국가가 국제 사회에서 우수한 국가 브랜드를 지속적으로 보유하고 있다는 사실은 중견국가로서 이들이 갖는 전략의 우수성과 공공외교의 강점을 시사한다. 즉, 강대국이 갖지 못하는 중재적이고 평화지향적인 국가 이미지와, 틈새외교를 통한 효율적이고 창의적인 자원 활용을 통해 국제 사회에서 자국의 인지도와 영향력을 높이고 있는 것이다.

평가 시스템의 구축은 공공외교의 역사도 깊고 예산도 방대하며 체제도 잘 갖추어진 영미 국가에서만 발견된다. 즉, 평가 시스템의 구축은 공공외교의 체제를 단적으로 보여주는 지표가 되기도 한다. 그러나 평가 시스템이 있다고 반드시 공공외교에 성공하는 것은 아니라는 점을 노르웨이나 캐나다는 보여주고 있다. 자칫 어설픈 평가 시스템의 도입은 실무자의 업무를 과도하게 증가시키며 불필요한 평가로 인해 업무의욕이 저하될 수도 있다. 한국 정부가 평가에 관심을 갖는 것은 그만큼 우리의 공공외교가 주목을 받게 되었다는 점에서 바람직한 일이라고 할 수 있다. 하지만 자칫 평가를 위한 평가를 통해 업무를 마비시키는 주객이 전도되는 상황을 초래해서는 곤란하다는 시사점을 각국의 사례로부터 얻을 수 있다.

2) 한국의 공공외교 예산과 평가

한국 외교부는 공공외교와 직접적으로 관련된 네 가지 예산 항목을 통하여 공공외교 활동을 적극적으로 펼치고 있다. 첫째, '공공외교 역량 강화'라는 항목으로 2013년에 67억 원, 2014년도에 90억 원을 배정했다(외교부, 2014: 7). 둘째, '선진문화국가 이미지 제고'라는 항목으로 2013년도에 11억 원, 2014년도에 10억 원을 할당했다(외교부, 2014: 7). 셋째, '외교관계 수립 기념사업'이라는 항목으로 2013년도에 27억 원, 2014년도에 24억 원을 편성했다(외교부, 2014: 7). 넷째, '한국국제교류재단'이라는 외교부 산하기구가 2013년도에 424억 원, 2014년도에 463억 원을 정부로부터 지원받아, 가장 큰 규모의 예산을 직접 운영하며 공공외교 활동을 수행했다.[19] 이들 중 '공공외교 역량 강화'에 배정된 예산은 2013년과 2014년 사이에 23억 원, 즉 34.3%가 증액되어 괄

19 http://www.kf.or.kr/?menuno=468 (검색일 2015년 2월 23일)

목할 만하다.

네 가지 예산 항목들을 모두 더하면, 2013년에는 529억 원으로 동년 한국 외교부 전체 예산인 1조 9,809억 원(외교부 2014, 1)의 2.67%에 해당하고, 2014년에는 587억 원으로 동년 한국 외교부 전체 예산인 1조 9,923억 원(외교부, 2014: 1)의 2.95%에 해당한다. 이는 한국의 외교부 전체 예산 대비 공공외교에 할당되는 예산의 비율이 상승하고 있음을 보여준다. 우리나라는 2015년도에 처음으로 2조 원이 넘는 예산을 외교부에 편성했고, 그중 '공공외교 역량 강화'에 131억 원을 책정하여[20] 2014년 대비 41억 원, 즉 45.56%을 증액했다. 2013년도에 처음으로 '공공외교 역량 강화' 예산을 편성한 이후 2년 만에 64억, 즉 95.52%가 증가되었다는 점은 한국 정부가 그만큼 공공외교 분야에 역점을 두고 외교부 조직을 운영하고 있다는 의미이다. 이처럼 한국 외교부는 탄탄한 예산 구조를 바탕으로 공공외교 분야에서 빠른 속도로 성장해가고 있다.

이에 걸맞게, 한국 외교부는 구체적이고 세분화된 공공외교 평가 시스템 또한 갖추고자 노력하고 있다. 외교부 내에서 공공외교를 담당하고 있는 문화외교국은 총 여섯 가지 평가 지표를 통해 다양한 공공외교 사업과 프로그램들을 평가받고 있다. 먼저, 기획재정부에서 매년 시행하여 예산에 반영하는 '예산 성과 평가'와 '결산 보고서의 성과 평가'가 있고, 동 기관에서 3년마다 시행하여 예산에 반영하는 '재정 사업 자율 평가'가 있다. 국무조정실에서는 성과급에 반영하는 과 단위 및 개인 평가인 '자체 평가'를 시행하고 있고, 총리지침에 반영하는 '국정과제·브랜드과제 평가'를 실시한다. 마지막으로 외교부가 공관 및 공

---

20 http://mofakr.blog.me/220142693384 (검색일 2015년 2월 23일)

관장 성과급에 반영하는 재외 공관장 평가가 있다. 각 성과 지표는 정무, 경제 업무와 구분되는 매우 정확한 목표를 제시하고 있으며, 이를 달성하기 위한 다양한 활동들과 수용자를 고려한 국별 맞춤형 공공외교 사업들을 평가 지표에 반영하고 있다.

3) 한국의 공공외교에 대한 제언

한국, 스웨덴, 캐나다, 노르웨이와 같은 수출이 경제에 중요한 영향을 미치는 중견국가들에게는 대외 이미지와 국가 브랜드가 전략적으로 매우 중요하다. 그러나 현실적으로 강대국에 비해 공공외교에 투자할 수 있는 자원과 네트워크는 한정되어 있기 때문에, 더욱 효율적인 선택과 집중이 필요하다. 노르웨이와 캐나다의 사례에서 알 수 있듯이, 틈새외교 전략을 통해 강대국이 가질 수 없는 독특하고 매력적인, 그리고 합리적인 국가 이미지를 구축하는 것은, 중견국가들이 치열한 국제 정치 속에서 보다 높은 인지도와 영향력을 발휘할 수 있는 좋은 밑거름이 된다. 따라서 한국도 다른 국가들과 차별화되는 고유한 국가 가치와 이미지를 창출해내는 것이 필요하다.

예를 들어, 남북한이 분단되어 있는 상황을 역으로 이용하여, 한국의 평화적인 리더십을 국제 사회에서 발휘할 수 있도록 '통일외교(Unification Diplomacy)' 전략을 공공외교의 한 축으로 삼을 수 있을 것이다. 또한 한국의 대중문화를 중심으로 형성되어 있는 한류 현상을 한국의 전통 문화와 순수 예술로 그 저변을 확대하여, 보다 지속적이고 독창적인 공공외교의 자원으로 적극 활용한다면, 장기적으로 한국이 세계 속에서 문화강국으로 자리매김할 수 있을 것이다.

한국의 공공외교 평가 시스템은 캐나다나 노르웨이와 같은 중견국들에 비해 비교적 잘 발달되어 있는 편이다. 이는 탄탄한 공공외교의 예산을 기반으로 하여, 정부가 평가의 중요성을 선제적으로 인식하고, 공공외교의 효율성을 높이기 위해 인적·물적 자원을 투자하고 있다는 반증이다. 그러나 공공외교 평가 시스템이 비교적 잘 발달되어 있는 미국과 영국의 사례에서 알 수 있듯이, 여러 기관들 사이의 서로 다른 평가 방식과 지표, 데이터로 인해 다소 산만하고 비효율적인 평가 체제가 운영되고 있는 실정이다. 따라서 다양한 민·관 조직들 간의 유기적인 연결성이 더욱 필요하고, 평가 방식을 표준화하는 작업이 시급하다. 뿐만 아니라, 스웨덴이 온라인을 이용한 체계적인 데이터 수집 및 분석을 통하여 적은 예산으로 효과적인 평가 활동을 펼치고 있는데 착안하여, IT강국으로서 한국이 갖는 우수한 인프라와 기술을 적극 활용하여 디지털 외교 및 평가 시스템을 개발할 것을 제안한다.

무엇보다 중요한 것은 평가 시스템이 공공외교 초기 단계부터 명확한 목표와 전략 수립, 타겟 설정 등을 통해 체계적으로 기획하는 것을 유도하는데 사용되어야 한다는 점이다. 또한 해마다 이루어지는 정기평가도 중요하지만 공공외교의 결과 평가가 중요하다는 점을 고려한다면 3년이나 5년 단위의 중장기 평가가 더 중요하다고 하겠다. 이러한 중장기 평가는 정부기관이 아닌 독립적인 위원회나 연구기관에서 평가하는 것이 보다 신뢰성을 높이고 발전적이며 미래지향적인 대안을 제시하는 데 도움이 될 것이다.

3장

공공외교 효과 평가를 위한 이론적 프레임워크

차희원·여선하

1. PR 효과 평가

1) 정책 평가 모형

'정책 평가 모형'은 정책 평가를 위한 구조(변수와 평가 지표)를 의미한다. 즉, 정책 관련 요인들에 대한 종합적 평가를 해줄 변수를 개발하고 확정하는 것이다. 여기에는 변수들 간의 관계 정립, 각 변수를 측정하는 측정 지표 개발 등이 포함된다.

의미 있는 평가 결과 도출을 위해서는 다양한 평가 방법 활용 및 타당성 있고 신뢰성 있는 정책 효과 평가가 필요하다(노화준, 2000). 정책 평가 모형은 이용자의 목적에 따라 그 종류가 다양하며, 유형별로 목적 달성 평가 모형(goal attainment evaluation), 부수 효과 평가 모형(side-effect evaluation), 의사 결정 평가 모형(decision-making evaluation), 효율성 평가 모형(경제성 모형), 이해관계자 평가 모형(stakeholder evaluation), 종합적 평가 모형(comprehensive evaluation), 고객지향적 평가 모형(client-oriented evaluation), 국정 평가 모형 등으로 구분된다.

동 모형들은 대부분 정책 기획(Input)-정책 집행(Output)-정책 결과

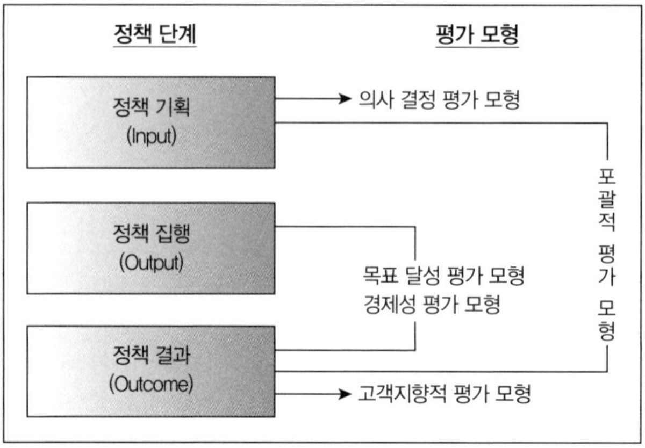

〈그림 3-1〉 정책 단계와 주요 평가 모형(이진주, 1998)

(Outcome) 등 3개의 정책 단계를 고려하고 있다. 다만, 목적에 따라 평가 구성 요소를 다르게 제시하고 있다. 그리고 구성 요소에서 대부분의 모형들이 공통적으로 제시하는 것으로는 평가 목적, 평가 대상, 그리고 평가 결과 등이 있다.

2) 정책 평가 차원에서의 PR 효과의 목표 및 평가 모델 검토[1]

정책 평가 연구 결과를 통해 볼 때, 정책 평가 차원에서의 PR(Public Relations) 효과 평가는 PR의 목표(정책적 목표 및 세부 프로그램 목표), PR 효과 평가의 대상(사업 결과 또는 프로그램 결과 등), PR의 결과(대상 집단의 만족도, 성과 달성 여부 등)를 중심으로 논의되어야 할 것이다.

이를 위해 PR 효과의 개념을 논의한 연구 결과들을 시기적 흐름에 따라 검토하여, PR 효과 평가의 목표를 밝혀내고자 한다. 그리고 그 다

1 이 부분은 차희원·김영욱·신호창(2005)의 논문 일부를 발췌하여 내용을 수정 보완한 것임.

음으로는 실제 PR 효과 평가를 위해 활용되어온 모델들을 검토하여, 각각의 PR 평가 수단 및 대상을 정리하고자 한다.

(1) 시기적 흐름으로 살펴본 PR 효과의 목표

'PR 효과 평가'라는 용어의 의미와 관련, 지금까지 다양한 해석과 혼동이 있어왔다(Watson, 1997). 시기적 흐름으로 볼 때 PR 효과 평가의 의미는 크게 4단계로 구분할 수 있다.

가. 1단계 (1960~1970년대)

1단계는 1960년대부터 70년대까지인데, PR 실무자의 직관적 경험, 주관적 판단, 직관 등에 의거하여 PR 효과 조사를 추진한 시기로(Grunig & Hunt, 1984), PR 목표 설정 및 공식적 PR 효과 조사가 부족했던 때였다. 이는 PR 활동을 단순하게 언론 보도 활동 또는 여러 PR 프로그램으로만 인식한 데에서 비롯된 것이다. 패브릭(Pavlik, 1987)은 절반 이상의 PR 실무자가 '측정당하는 것에 대한 두려움'을 갖고 있다고 지적한 바 있다.

나. 2단계 (1980년대)

1980년대는 공중에 초점을 맞춰 미디어 효과 및 커뮤니케이션 효과를 측정한 시기다. 당시 PR의 목표는 언론 보도 활동, PR 프로그램 등을 통한 호의적 조직 이미지 구축이었으며, PR 효과 평가를 연구해온 학자들은 주로 PR 프로그램 평가 및 공중과 관련한 효과 측정에 주목했다(Broom & Center, 1983; Broom & Dozier, 1983; Reeves, 1983). 그래서 유형적(tangible) PR 활동, 프로그램 산출물(언론 보도 효과 등), 결과물(타겟 공중 의견, 인지 정도, 태도, 행동 등)에 초점을 맞춘 평가 모델 및 측정 방법들이 주로 연구되었다. 혼(Hon, 1998)은 프로그램 중심 모델의 한계점을 지적하였다. 첫 번째 한계점은 효과적인 프로그램의 조직 목표 달성 기여 여부에 대한 평가의 어려움이며, 두 번째 한계점은 성공적인 PR 프로그램 덕분에 예방 가능했던 요소들에 대한 측정의 어려움이다. PR의 중요한 예방적 요인(prevention factor)에 주목하게 되면서, 단순히 프로그램 차원에서 PR 효과를 평가하기보다는 조직 차원에서 PR 효과를 평가해야 한다는 논의가 일기 시작했다.

다. 3단계 (1990년대)

1990년대로 접어들면서 PR의 목표는 조직의 성과 목표의 효과적 달성으로 바뀐다. 그루닉(Grunig 1992)의 우수 이론의 영향으로 PR 효과의 성과적 가치는 프로그램 효과 차원을 넘어 조직의 이익 및 편익과 연관된 보다 큰 개념으로 발전했다. 조직 목표와 연계된 PR 평가 및 책임성 문제가 집중 논의되기 시작한 것이다. 그리하여 1990년대는 PR 효과척도 모델, 지속형 평가 모델, 통합 평가 모델, 피라미드 모델 등 다양한 PR 효과 평가 모델이 집중 개발되었다.

한편 동시대는 수익성 창출에 대한 기여도 평가 역시 수행된 시기인데, PR 실무자들은 주로 예산과 관련된 판단 기준을 중심으로 '순이익(bottom-line)' 차원의 평가를 추진했다. 그 결과 '예산소비 정당화' 개념이 중시되었다. 혼(Hon, 1998)은 PR 활동의 목표가 조직의 우선순위를 반영한다는 점과, CEO들의 궁극적 PR 목적이 조직 이미지에 대한 커뮤니케이션임을 믿는다는 사실을 발견했다. 그는 PR 효과에 대한 개념정의가 다양하게 이루어진다 하더라도, 커뮤니케이션 목적 달성 시 비로소 효과적인 PR이 발생하며, PR 목적은 조직의 미션·목적·목표에서 출발한다고 보았다. 왓슨(Watson, 1997) 역시 PR 효과를 다음과 같이 세 가지 영역으로 구분할 수 있다고 주장했다. 첫째는 예산 소비를 정당화하는 '광고 차원 효과'이며, 둘째는 프로그램이 산출물 차원에서 잘 수행되었는지 여부를 확인하는 '단순 효과성'이다. 그리고 세 번째는 프로그램의 바람직한 목표 달성 또는 효과 창출 여부를 확인하는 '목표 중심의 효과성'이다.

라. 4단계 (2000년대)

앞에서 살펴본 것처럼 PR 효과 평가는 조직미션 또는 목표 달성 기능을 중심으로 이루어지는데, 이는 조직 중심의 기능주의 패러다임[2]에 기반한 것이다. 즉, 모든 PR 활동과 프로그램은 궁극적으로 조직 목표 달성에 기여하는 것이어야 하며, PR 부서나 실무자의 역할 역시 조직 목표 달성과 연관된 것이어야 한다고 믿은 것이다. 그러나 이에 대해 혼(Hon, 1998)은 PR 효과 평가가 PR 실무자 개인에 대한 효과 수준, 프로그램 차원의 효과 수준, 조직 차원의 효과 수준, 그리고 사회 차원의 효과 수준 등 네 가지 수준에서 실행되어야 한다고 반박했다.

그리하여 4단계인 2000년대에 들어서면서 프로그램이나 조직 차원에서의 PR 효과 평가를 넘어서, 거시적 차원에서 PR의 사회적 효과 및 영향력 평가의 필요성이 논의되었다. 이는 PR이 민주 사회 형성에 긍정적 역할을 한다는 관점에서 비롯된 것이다. 그러나 PR의 부정적 효과에 대한 논의도 동시에 전개되었다. 즉, PR 행위가 민주적 과정에 오히려 부정적 결과를 갖고 오기도 한다고 시각인데, 이는 PR이 힘이 약한 집단에 대해 지배 그룹의 시스템을 유지하도록 도울 수도 있고, 공중을 조작하는 설득적 전략을 사용할 수도 있기 때문이다(Dozier &

---

2 조직 중심의 기능주의 패러다임은 조직이 자신을 둘러싼 환경과 개방적 체계를 유지할 때 가장 이상적이라고 생각함.

Lauzen, 2000; Hon, 1998).

한편 2000년대는 조직-공중 관계성 등 무형적 PR자산에 대한 평가 필요성이 대두 된 시기이기도 하다. 조직-공중 관계성에 대한 논의는 플로리다 대학교 퍼거슨(Ferguson) 교수로부터 출발했다고 볼 수 있다. 1984년 그녀는 PR이 조직-공중 관계에 보다 초점을 맞춰야 한다고 지적하면서 PR의 정체성을 찾기 위한 새로운 관계관리 패러다임을 제시했다. 기존의 PR 패러다임은 기업 이미지 증진 및 여론 변화를 위한 언론 관계 활동 등 저널리즘적 성격이 강했지만, 이 패러다임은 조직-공중 관계를 수립하고 증진시키며 유지하는 데 초점을 맞춘 새로운 패러다임이라고 할 수 있다. PR이 조직-공중 관계성에 초점을 맞추면서 여러 학자들이 이를 측정할 수 있는 지수개발연구에 주력해왔다(Ledingham & Brunig, 2000). 그리고 PR의 본질에 대한 논의 및 조직-공중 관계성에 대한 연구가 진전되면서, 관계성 측정을 통해 조직들은 각각의 PR 고유의 목표를 설정할 수 있게 되었다.

참고로 '관계관리 차원에서의 PR 연구'를 추진하기 위해서는 매스미디어, 대인 커뮤니케이션, 조직간 행동, 사회심리학, 마케팅, 관리 영역 등으로부터 다양한 개념들을 종합하는 작업이 필요했다. 그리고 특히 대인 커뮤니케이션과 사회심리학, 마케팅 영역으로부터 주요 속성이 연구되었으며, 최근은 관계마케팅 이론이나 사회교환 이론의 새로운 개념도 접목되어 연구되고 있다.

PR 효과 평가의 흐름을 고찰해본 결과, PR 효과 평가를 위해 'PR은 무엇인가?'와 '효과적인 PR은 무엇이어야 하는가?' 라는 본질적 문제에 대해 논의와 성찰이 많은 학자들에 의해 다양하게 있어왔음을 볼 수 있다. PR 활동의 대부분을 단순한 퍼블리시티 활동이나 다양한 PR 프로그램으로 받아들이고 PR 목표를 PR 활동을 통한 호의적인 조직 이미지 구축으로만 보았던 1960년대 및 1970년대와 달리, 1990년대에는 PR 목표가 조직 성과 및 조직 목표의 달성을 도와주는 것으로 조정되었다. 다양한 PR 효과 평가 모델이 개발되기 시작했으며, 조직의 수익성 창출에 기여하는 책임성 및 측정 개념 등이 PR 목표의 중요한 부분으로 여겨지게 되었다. 2000년대부터는 PR의 본질에 대한 논의와 조직-공중 관계성에 대한 연구가 진전되면서 관계성 측정을 통해 PR 고유의 목표를 설정하고 이를 통하여 PR 효과를 평가해야 한다는 주장이 전개된다. 또한 보다 거시적 관점에서 PR의 사회적 효과나 영향력에 대한 평가도 이루어져야 한다는 지적과 함께, 비판적 학자들 사이에서는 PR의 부정적 효과에 대해서도 논의가 전개되었다.

이처럼 시기적 흐름에 따라 효과적인 PR이 무엇이며, PR 효과 평가가 어떻게 이루어져야 하는지에 대한 논의가 다양하게 변화해왔다. 그러므로 다차원적 측면에서 PR 효과가 평가되어야 할 것이다. 그렇다면 PR 효과 평가의 내용을 구체적으로 검토하기 위해, 1990년 이래 등장한 다양한 PR 효과 평가 모델들을 다음과 같이 살펴보고자 한다.

(2) PR 효과 평가 모델의 종류 및 특징

PR 효과 평가를 위한 모델 개발은 1985년 커틀립, 센터와 브룸(Cutlip, Center & Broom, 1985)의 PII 모델을 시발점으로 1990년에 들어서서 가속화되었다. 그리고 2016년 현재까지 국가 차원에서, 기관 차원에서, 학자 개인 차원에서 다양한 PR 효과 평가 모델들이 연구 및 개발되고 있다. 다음은 지금까지 개발된 주요 모델들을 소개한 것이다.

가. PII모델 (Preparation, Implementation and Impact Model, 1985년)

PII모델은 1985년 커틀립, 센터와 브룸(Cutlip, Center & Broom, 1985)

〈표 3-1〉 PII 모델 (Cutlip, Center & Broom, 1985)

단계	차원
준비	프로그램 설계를 위한 배경 정보의 정확성
	메시지와 활동 내용의 적합성
	메시지와 활동 소개의 질적 수준
실행	미디어에 보내진 메시지와 고안된 활동의 수
	게재된 메시지와 실행된 활동의 수
	메시지와 활동을 접한 사람의 수
	메시지와 활동에 참여한 사람의 수
영향	메시지 내용을 습득한 사람의 수
	의견을 바꾼 사람의 수
	태도를 바꾼 사람의 수
	바라던 대로 행동하는 사람의 수
	반복해서 행동하는 사람의 수
	사회 문화적 변화

에 의해 처음으로 개발되었다. 제목에서 짐작할 수 있듯이 PII모델은 준비 평가(Preparation), 실행 평가(Implementation), 영향 평가(Impact)의 3단계 모델로 구성되어 있으며, 13개의 요소를 통해 각각의 단계를 측정하여 그 효과를 파악하도록 되어 있다. 1단계 준비 평가 단계에서는 전략적 기획 및 정보 수집에 대한 평가를, 2단계 수행 평가에서는 전술 및 PR 수행 과정에 대한 평가를, 3단계 효과 평가에서는 PR 결과 및 피드백에 대한 평가를 진행한다. 메시지 유통 상황 및 메시지로 인한 공중 인식변화에 초점을 맞춘 동 모델은 PR 활동의 특정 단계를 분절적으로 고려하지 않고 PR 활동의 모든 단계를 순차적으로 살피고 있다는 점이 특징이라 할 수 있다(조용석 외, 2007). 또한 집행(Output)을 결과(Outcome)와 분리해서 투입(Input), 산출(Output), 결과(Outcome)의 3단계 모델의 틀을 구축한 선구자적 PR 평가 모델로 평가받고 있다.

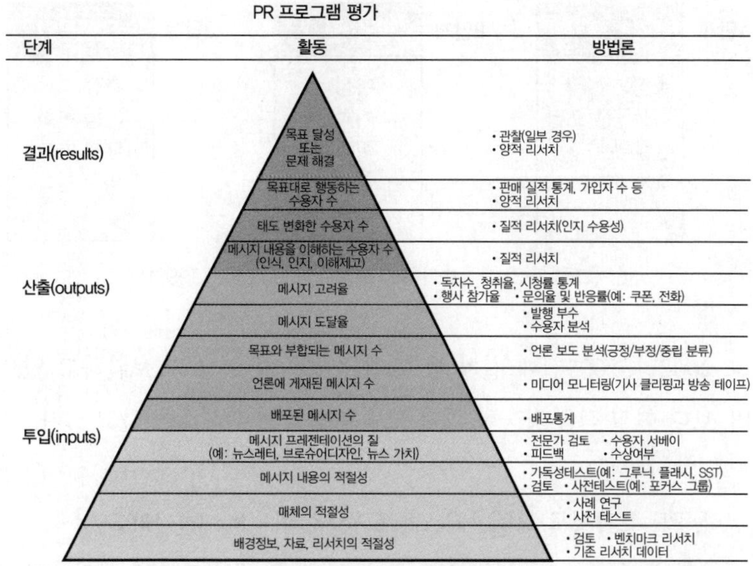

〈그림 3-2〉 맥나마라의 피라미드 모델 (Macnamara, 1992; 김현희 외 번역, 2005)

나. 피라미드 모델 (Pyramid Model, 1992년)

피라미드 모델은 1992년 맥나마라(Macnamara)에 의해 개발된 3단계 평가 모델이다. 1단계 투입단계(Inputs Stage) 평가에서는 매체 선택(예: 이벤트, 퍼블리케이션, 웹 등), 콘텐츠 선택(예: 텍스트, 이미지 등), 포맷 등 커뮤니케이션 프로그램에 대한 평가와 더불어, 프로젝트의 전략적 요소 및 시각화된 요소에 대한 평가가 이루어진다. 2단계 산출단계(Outputs Stage) 평가에서는 PR 활동의 결과 평가(예: 미디어 퍼블리시티, 메시지의 수, 메시지를 받은 사람 수) 등이 추진된다. 그리고 마지막 3단계 결과단계(Results Stage) 평가에서는 수용자의 태도 및 행동의 커뮤니케이션 효과가 측정된다. 동 모델은 각 단계별로 적용 가능한 평가(측정) 방법론을 구체적으로 제시하고, 명확하고 객관적인 평가 방법을 갖고 있다는 점에서 매우 현실적인 모델로 평가받고 있다. 맥나마라는 1999

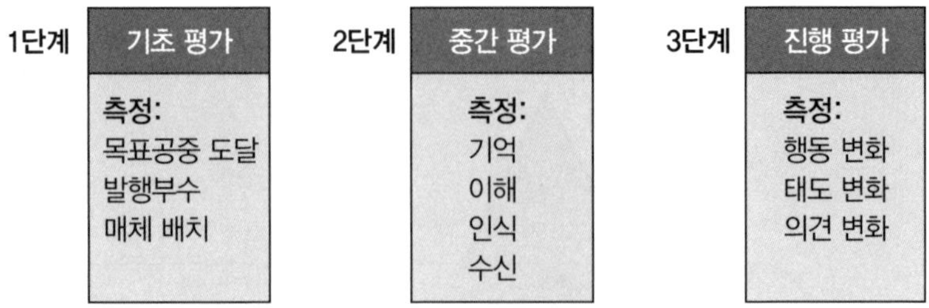

〈그림 3-3〉 PR 효과척도 모델 (Lindenmann, 1993)

년, 2002년, 2005년에 걸쳐 동 모델을 꾸준히 수정 및 보완하고 있으며, 보다 현실 적용 가능한 평가 모델을 만들기 위해 노력하고 있다.

다. PR 효과척도 모델 (Effective Yardstick Model, 1993년)[3]

린덴만(Lindenmann)에 의해 개발된 PR 효과척도 모델 또한 3단계 모델로 구성되어 있다. 1단계 기초 평가(Basic Evaluation)에서는 매체 배치(Media Replacement), 발행부수(Impression), 목표공중 등 PR 산출(Output)을 측정함으로써, PR 실무자들이 공중에게 어떻게 비춰지며, 주어진 PR 활동/이벤트를 어떻게 다루었는지를 평가한다. 2단계 중간 평가(Intermediate Evaluation)에서는 기초 평가보다 정교한 평가가 이루어진다. 목표 공중의 메시지 수신·인식·이해·기억 등을 측정하며, 질적 연구와 양적 연구가 함께 사용된다. 그리고 마지막 3단계 진행 평가(Advanced Evaluation)에서는 공중의 의견·태도·행동의 변화 등 PR 결과(Outcome)에 대한 측정이 진행된다. 동 모델은 투입(Input) 단계를 생략하고, 목표 공중의 인식 및 태도 변화에 주목함으로서 중간 평가와

---

3 Lindenmann은 PR 효과 측정을 위해서는 PR 측정 단계를 결정하기 이전에 타깃 공중, 커뮤니케이션 채널(예: 미디어, 구전 효과, Direct Mail 등), 메시지 등 PR 프로그램의 목적 혹은 목표를 결정하는 '목표 설정 단계'가 필요하다고 주장했음.

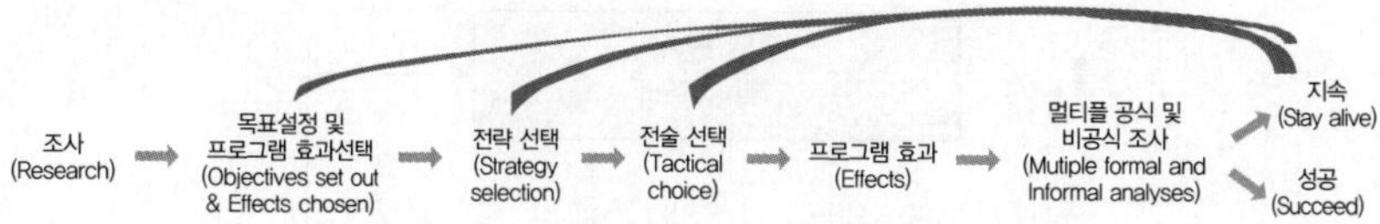

〈그림 3-4〉 지속형 평가 모델 (Watson, 1997)

진행 평가로 측정 수준을 정교화시켰다는 점이 주요 특징이다.

라. 지속형 평가 모델 (Continuing Model, 1997년)

왓슨(Watson)이 개발한 지속형 평가 모델은 평가 결과가 다음 PR 활동 준비에 영향을 끼치기 때문에, 평가는 계속적으로 순환 반복적으로 추진되어야 한다는 주장에 근거한 모델이다. 다이나믹하고 지속적인 평가 모델로 평가받고 있는 동 모델은 조사(research), 목표 설정 및 프로그램 효과 선택(objectives set out & Effects chosen), 전략 선택(strategy selection), 전술 선택(tactic choice), 프로그램 효과(effects), 공식 및 비공식 조사(formal and informal analyses) 등의 단계로 구성되어 있다. 즉, 연구의 첫 단계로서 목표를 설정하고, 프로그램의 효과를 분석한 후, 전략과 전술을 선택하여 프로그램을 진행한 후, 프로그램의 효과를 다양한 공식 및 비공식 조사를 통해 분석한다는 것이다. 그리고 프로그램의 성공 여부는 동 분석을 통해 판단할 수 있다.

마. 통합평가 모델 (Unified Evaluation Model, 1999년)

통합평가 모델은 노블과 왓슨(Noble & Watson, 1999)에 의해 개발되었다. 이 모델은 4단계 평가 모델이며, 1단계 투입(Input), 2단계 산출(Output), 3단계 영향(Impact), 4단계 효과(Effect)로 구성되어 있다. 동 모델의 특징은 PR에 대한 결과 측정이 목표 공중의 '인식변화(효과/

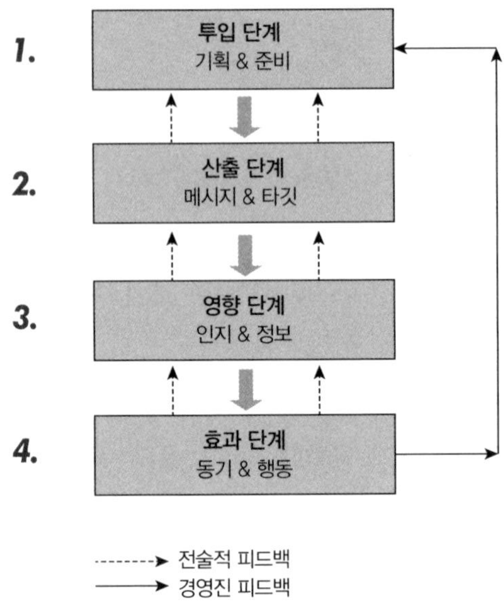

〈그림 3-5〉 통합 평가 모델 (Noble & Watson, 1999)

Impact)' 및 '행동변화(결과/Effect)' 두 단계로 분리했다는 점이다. 참고로 노블과 왓슨은 PR 활동의 평가는 상황·케이스·연구 문제 등에 따라 달라져야 한다고 언급하면서, 방법론에 있어 보편적 법칙이 아닌 케이스별 접근이 이뤄져야 한다고 주장한다.

바. PR프로그램과 활동의 효과를 측정하기 위한 가이드라인 (Guidelines for Measuring the Effectiveness of PR Programs and Activities, 1999년)

1999년 미국 PR연구소(The Institute for Public Relations)는 PR 프로그램과 활동의 효과를 측정하기 위한 가이드라인을 제시한 바 있다. 주목할만한 점은 단기성과 및 장기 성과를 모두 측정할 수 있다는 사실이다. 우선 단기 PR 성과는 미리 설정된 프로그램 목표의 발생물·중간결과·결과물을 측정함으로써 평가된다. 1단계 산출물(Output)에서는 미디어 커버리지의 양, 특정 메시지의 노출 정도 등 단기 및 표면적으로 보이는 결과물이 측정되며, 2단계 중간 결과(Outtake)에서는 목표 공중 대상으로 특정 PR 메시지 수령 여부, 메시지 주목 및 이해 여부, 메시지 기억 여부 등이 측정된다. 3단계 결과물(Outcome)에서는 PR 프로그램 및 활동이 의견 변화, 태도 변화, 행동 변화에 미친 영향력을 측정한다. 한편 장기 PR 성과는 조직과 핵심 공중간의 관계성 향상을 목표로 한 보다 더 광범위한 PR 활동의 성공 및 실패 여부가 측정된다.

사. IPR PRE 모델 (Planning Research and Evaluation Model, 2001년)

영국 PR협회(British Institute of Public Relations) 또한 PR 프로그램과 활동의 효과를 측정하기 위해 다양한 노력을 기울였다. 그 결과 2001년 5단계의 IPR PRE 모델을 발표한다. 동 모델은 1단계 오딧(conducting an audit to review)에서는 데이터분석, 기존 커뮤니케이션 평가, 공중의 태도 연구/충성도 연구, 미디어 평가, 기록·통계관련 조

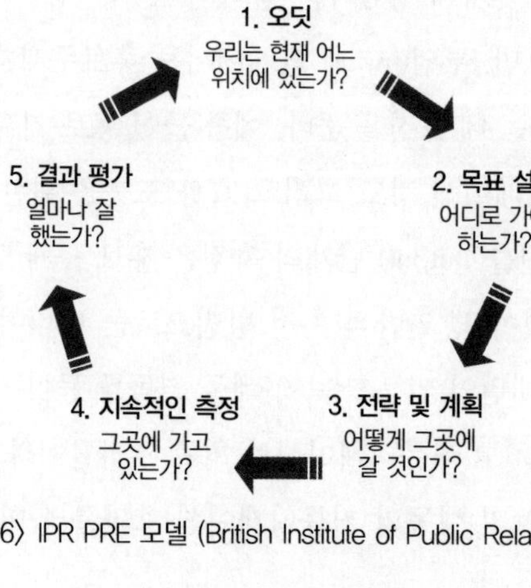

〈그림 3-6〉 IPR PRE 모델 (British Institute of Public Relations, 2001)

사 등이 실행된다. 그리고 2단계 목표 설정(setting objectives)에서는 전략적 목표와 PR간의 조정, 사전 검사 실시 등으로 PR 목표를 세부적으로 측정 가능하도록 분할한다. 3단계 전략 및 계획 수립(developing a strategy and plan)에서는 전략 결정, 전술 결정, 산출(Output)/중간 결과(Outtake)/결과(Outcome) 측정을 위한 연구종류/연구 수준 등이 결정된다. 4단계 지속적인 측정 수행(conducting ongoing measurement)에서는 미디어 콘텐츠 분석, 대상 조사, 설문 조사, 인터뷰 등이 추진되며, 마지막 5단계 결과 평가(evaluating results)에서는 결과 평가, 교훈 얻기, 전략 재검토 등이 이루어진다.

아. IOO 모델 (Input-Output-Outcome Model, 2008년)

고용노동부의 정책 홍보 효과를 측정하기 위해 2008년 중앙대학교 산학협력단이 개발(이명천 외, 2008)한 IOO모델은 투입(Input), 산출(Output), 결과(Outcome)의 영문 첫 글자를 따서 모델명이 만들어졌다. PR 커뮤니케이션의 효과를 현실적이고 입체적으로 측정하기 위해 해외의 6가지 PR 효과 측정 모델을 연구하고 핵심적인 부분을 종합하여 우리나라 실정에 맞게 수정했다는 점이 주요 특징이다. 각 단계별 측정 내용을 살펴보면, 투입(Input) 단계에서는 홍보주체자의 기획 의도 및 과정을 분석하는 데 초점을 둔다. 예를 들어 홍보 기획의 적절성, 추진 과정의 커뮤니케이션 정도 그리고 효과 도출을 위한 노력 등이 여기에 포함된다. 산출(Output) 단계의 측정은 홍보 주체 입장의 실적 정도를 분석하는 것이다. 일반적 측정 방법으로는 미디어 영향, 게재된 기사, 연설참여, 대변인 인용횟수, 인쇄물 열독률 등이 사용된다. 결과(Outcome) 단계는 PR 커뮤니케이션의 최종 결과물이라 할 수 있는데, 대상 공중의 태도 및 행동의 커뮤니케이션 효과를 의미한다. 예를 들면, 인식이나 태도, 그리고 행동의 변화 등을 의미한다. 참고로 전체 PR 활동을 10이라 봤을 때 Input, Output, Outcome을 각각 1:5:4의 비율로 측정하는 것이 가장 적당하다.

자. 호주 PR 평가 모델(Australian PR Evaluation Model, 2013년)

2013년 호주PR협회(Public Relations Institute of Australia, PRIA)의 측정·평가 위원회(Measurement and Evaluation Committee)는 호주 PR 평가 모델을 개발한 바 있다. 모델은 모니터링(Monitoring), 측정(Measurement), 두 번의 평가조사(Evaluative Research), 그리고 보도(Reporting)로 구성되어 있다. 모니터링(Monitoring)은 신문·잡지·방송 매체와 우호적 관계 맺기, 홍보물 배포, 이벤트 추진 등과 같은 PR 활동 수행 단계를 의미한다. 그리고 측정(Measurement)은 수용자 도달도(Audience Reach), 커뮤니케이션 억양 및 감정, 주요 메시지, 경쟁사 벤치마킹 등 PR 성과 분석을 의미한다. 한편 평가조사는 두 개로 나뉘는데 하나는 메시지 상기, 지속적인 메시지 유지, 응답, 고려사항, 피드백, 참여 등 PR 중간 결과(Outtake)에 대한 분석이며, 다른 하나는 수용자의 인식도·이해도·태도·행동 외 관계성 및 명성 등 PR 결과물

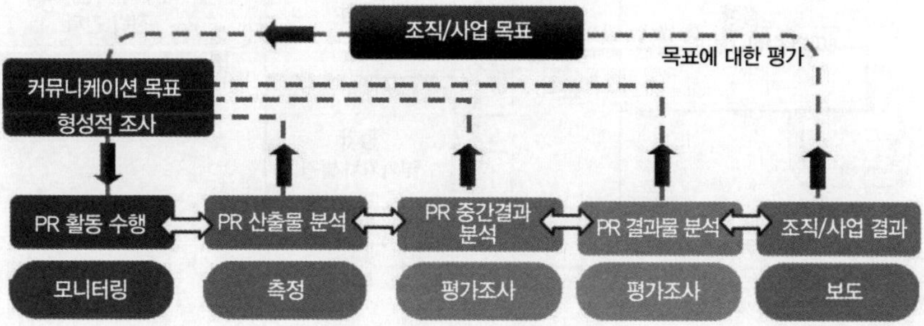

〈그림 3-7〉 호주 PR 평가 모델

(Outcome)에 대한 분석이다. 마지막 보도(Reporting)는 브랜드 포지셔닝, 이익, 시장 점유율, 기부, 고객/직원 유지 등 조직 관련 성과 및 사업성과에 대한 분석을 일컫는다.

차. MAIE 모델(MAIE Model, 2014년)

피라미드 모델을 개발한 맥나마라(Macnamara, 2014)는 2014년 여름 국제 커뮤니케이션의 측정·평가협회(International Association for the Measurement and Evaluation of Communication, IAMEC)에서 주최한 Measurement Summit에서 그의 새로운 MAIE 모델(Measurement, Analysis, Insights, Evaluation)을 소개했다. 동 모델의 가장 큰 특징은 과거 성과에 대한 소급적 검토에 불과했던 백미러 접근법(rear view mirror approach)의 한계를 지적하고 미래 전략 형성의 중요성을 강조했다는 점이다. 또한 개념적으로나 방법적으로 볼 때 분명히 구분되는 '측정' 및 '평가'를 기존 모델들처럼 하나의 프로세스로 흐려 놓던가, 두 개를 광범위하게 동일한 개념을 보지 않고 분명히 구분시켰다.

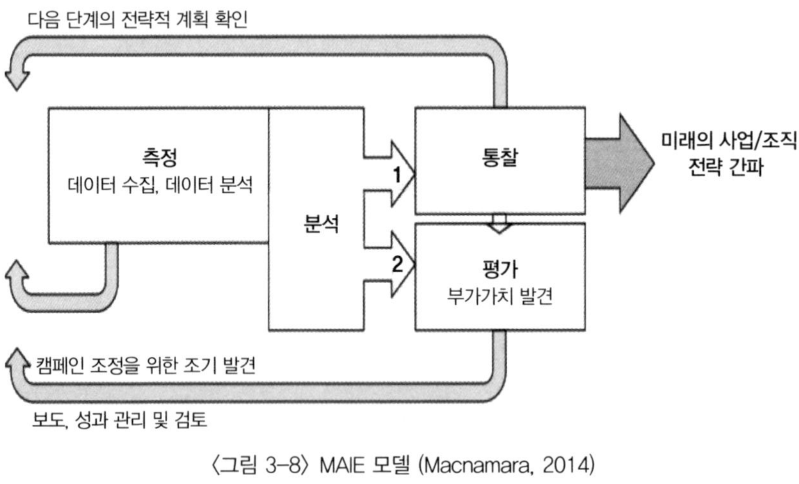

〈그림 3-8〉 MAIE 모델 (Macnamara, 2014)

MAIE 모델은 4단계 평가 모델로 구성되어 있다. 1단계 측정(Measurement)에서는 의미 있는 패턴을 함축한 통계 자료/분석 자료 등 데이터를 수집하도록 되어 있는데, 여기서 질적 데이터 및 양적 데이터가 모두 필수적으로 수집되어야 한다. 2단계 분석(Analysis)에서는 수집된 데이터에 대한 심층적 분석 이외에도 공개 도메인에 게시된 연구 보고서처럼 측정 데이터와 밀접하게 관련 있는 외부 데이터에 대한 심층적 분석도 이루어진다. 그간 데이터 분석에 있어서 본래 측정 활동(Measurement Activity) 단계에서는 수집된 데이터에만 초점을 맞추었지만 MAIE는 외부데이터에 대한 접근 및 검사의 필요성도 중시하고 있다. 그리고 평가가 이루어지기 이전에 통찰(Insights)이라는 단계가 2단계 바로 다음에 이어진다. 3단계 통찰(Insights)에서는 미래의 조직 전략을 간파하도록 되어 있다. 그래서 미래 전략에 대한 예측, 추론, 제안 등이 동 단계에서 함께 다루어진다. 4단계 평가(Evaluation)가 시작되기 이전에 새로운 견해를 발견하고, 제시하고, 이를 적용하는 절차가 이루어지면서, 평가단계에서는 진정한 부가가치의 발견이 가능해진다.

2. 공공외교 효과 평가

지금까지 시기적 흐름에 따라 PR 효과 평가의 목표 및 그간 PR 효과 평가에 활용되어온 주요 모델들을 살펴보았다. 그렇다면 공공외교(Public Diplomacy, PD)의 효과는 그간 어떻게 평가되었는지 미국을 중심으로 살펴보고자 한다. 아울러 지금까지 개발된 주요 PD 평가 모델들을 함께 살펴보고자 한다.

1) 행정 평가 차원에서의 공공외교 효과 평가 시대별 정리 (미국 중심으로)[4]

(1) 1단계 (1910~1930년대)

미국은 제1차 세계대전 당시 공보위원회(Committee of Public Information)를 1917년부터 출범하여 처음으로 정부 차원에서 대규모 해외 홍보 활동을 추진했다(Creel, 1920). 비록 28개월 만에 해체되었지만, 미국의 전쟁 목표를 약화시키려는 외국의 시도에 대항하고 미국 공중들의 전쟁참여를 독려하기 위해 모든 매체를 동원했다는 점은 주목할 만하다. 아쉽게도 당시 추진된 해외 홍보 활동에 대한 평가는 별도로 이루어지지 않았다. 1930년대에 접어들면서 비로소 미국 정부의 외교 정치를 지지해주거나 설명해주는 글들에 대한 양적 조사가 실시되었다. 브랜든 베츨러(Brandon Batchelor)가 1938년에 남긴 글에 의하면, 루즈벨트 행정부는 홍보물 보급에만 신경을 쓴 것이 아니라 홍보물을 받고 그 내용을 본 공중들의 태도에도 큰 관심을 가졌다고 진술하고 있다. 아쉽게도 브랜든 베츨러의 글은 루즈벨트 행정부가 홍보에 대한 평가를 어떻게 추진했는지는 수록하고 있지 않다(Watson, 2011). 그러나 다른 기록들을 살펴보면 기사량을 중심으로 PD 성과가 인치(inch) 기준으로 단순 측정되었음을 알 수 있다. 한편 1938년에는 미국 문화 담당 국무부(State Department's Department of Cultural Affairs)에서 미국과 라틴아메리카 간 학술 교류 성과를 평가한 바 있다. 그러나 수치적 환산이 어려운 문화 교류의 성과는 질적 방법으로만 측정되었다. 이처럼 1910년대부터 1930년대까지는 PD 효과가 단순 측정되거나 부분적

4 U.S. Advisory Commission on Public Diplomacy, 2004 참조.

으로만 측정된 시기라 할 수 있겠다.

(2) 2단계 (1940년대)

PD 효과가 양적 및 질적으로 모두 측정된 시기는 1940년대이다. 이 때부터는 자국에 대한 외국 공중들의 전반적 인식도 조사도 추진되었는데, 1942년 Voice of America(VOA)에서는 제2차 세계대전 기간 동안 해외공중에게 전달한 미국 정부의 메시지에 대한 평가를 실시한 바 있다. 평가 방법은 양적 측정과 질적 측정으로 구분되며, 측정 항목에는 전체 방송 시간, 방송 언어 개수, 추진한 프로그램 수량(양적 측정) 및 미국정부가 보낸 메시지에 대한 소련의 반응(질적 측정) 등이 포함되어 있다. 한편 1947년에는 미국 국무부(US State Department)가 공산주의 확산을 막기 위해 유럽부흥계획(Marshall Plan)을 추진했는데, 유럽부흥계획에 대한 유럽 공중들의 전반적인 인식도를 조사함으로써 동 계획의 성과가 평가되었다. 평가 항목으로는 유럽부흥계획에 대한 유럽인들의 기본적인 이해 정도, 유럽부흥계획에 대한 세부 내용에 대한 이해 정도 등이 포함되어 있다.

(3) 3단계 (1950년대)

PD 효과 측정에 대한 업무가 1950년대부터는 전문가에게 위탁되기 시작했다. 예를 들어 1951년 미국 정보조사국(The Office of Intelligence Research, OIR)에서는 지능형 분석가(intelligent analyst)를 고용하여 미디어 반응 연구(media reaction study), 여론조사(public opinion polling), 사회주의 프로파간다 지지활동에 대한 추적 등을 의뢰했다(ADST 1998). 그리고 세계 2차 대전 종료 후 외국 공중 대상으로 실시된 이념 재교육과 관련, 독일 소재 미국 고등판무관(State Department High

Commissioner of Germany)에서는 1952년 독일 공중 대상으로 성과 평가를 실시했다. 당시 독일인들이 가장 신뢰하는 미국관련 정보는 어떤 통로를 통해 유입되는지가 조사되었는데, 결과상 미국을 방문한 적이 있는 자국민의 말을 가장 신뢰하는 것으로 밝혀졌다. 동 평가 결과에 근거하여 미국정부는 독일국회의 31%, 독일의회의 53%, 독일 행정부의 70%를 미국과의 교환프로그램을 통해 초청했다. 그리고 동 해외 리더 초청사업은 후에 국제초청방문자프로그램(International Visitor Program, IVP)으로 자리를 잡는다.

한편, 1948년에는 제정된 스미스-문트법(Smith-Mundt Act)에 근거하여 기존의 자료실, VAO, 전쟁정보국, 풀브라이트 프로그램이 통합된다. 그리고 1953년에는 대통령 직속기관으로 미국 해외정보국(United States Information Agency, USIA)이 출범하는데, 이때 아서 닐슨(A.C. Nielsen)[5], 조지 갤럽(Georges Gallup)[6] 등 외부 전문가들이 USIA 위원회로 임명되어 USIA의 활동 성과를 평가하는 데 일조한다.

(4) 4단계 (1960~1970년대)

1960년대는 제2차 세계대전과 매카시즘이 휩쓸던 위기의 시기에 언론인들이 PD프로그램의 제작 및 활동에 직접 동참한 시기이다. 1961년 케네디 대통령 지명으로 저명한 언론인 에드워드 머로(Edward R. Murrow)는 USIA 처장으로 임명되는데, 그는 1964년까지 재직하면서 라디오 및 TV 프로그램을 통해 언론인 특유의 자질을 PD에 적용한 대

5 고객들에게 마케팅 및 판촉 프로그램의 효과에 대해 보다 정확하고 객관적인 정보를 제공하고자 세계최초로 1923년 TV 시청률/신문 구독률 조사회사를 설립함.

6 1936년 일반 공중의 견해 및 태도를 조사하는 세계 최초의 여론조사 기관을 미국에 설립함.

표적인 기자로 꼽히고 있다. 에드워드 머로는 1970년에 개국한 미국 공영방송(The US Public Broadcasting Service, PBS) 설립에도 참여하는데, 당시 CBS 뉴스 국장이었던 프레드 프렌들리(Fred W. Friendly)가 1966년까지 PBS설립과 관련 중대한 역할을 수행한 것으로 전해지고 있다.

엄밀하게 보면 1960년대 및 1970년대는 장기적 관점에서 PD 지표를 설정하기 시작한 시기라고도 할 수 있다. 미국정부는 1970년 이집트의 3대 대통령으로 선출된 이집트의 안와르 사다트(Anwar Sadat)를 이미 1966년에, 그리고 1979년 영국 총리가 된 마거릿 대처(Margaret Thatcher)를 이미 1967년에 미국으로 초대한 바가 있다. 여기서 International Visitor Program이 큰 역할을 하는데, 미국에 대한 우호적인 인식이 자국의 정책 및 사업을 추진함에 있어 파생적 이익을 창출할 것이라는 장기적 맥락에서의 기대감이 바탕에 깔렸다고 할 수 있겠다. International Visitor Program에 대한 지원은 미국 교육문화공보처(Bureau of Educational and Cultural Affairs) 차관으로 존 리차드슨(John Richardson)이 임명되면서 한층 더 강화된다(Gibson, 1997). 그리고 1978년 미국 국제교류청(US International Communication Agency, USICA)이 설립되면서 International Visitor Program 업무는 독립 기관으로 이전하게 된다. 참고로 그간 International Visitor Program을 통해 미국정부 외 USIA의 해외 지국인 USIS[7] · USICA 등이 초청한 단기 외국 손님은 약 10만 명이 넘는 것으로 집계되고 있다.

(5) 5단계 (1980년대)

1980년대에 들어서면서 기술 발달로 인한 다양한 미디어들이 출현

---

7 United States Information Service(미국 대사관의 공보원).

하는데, 그로 인해 PD 평가 방법도 다양하게 진화한다. 1981년 넓은 인맥의 할리우드 프로듀서 찰스 위크(Charles Z. Wick)는 1981년부터 USIA에서 두 차례에 걸쳐 수장으로 지낸다. 국제 교류를 옹호했던 그는 신기술을 활용하여 WorldNet이라는 국제위성 TV를 신설함으로서 미국에 대한 호의적인 이미지를 해외에 적극 구축하는 데 기여한다(Alan, 2003). 비록 초기에는 WorldNet이 얼마나 많은 해외 공중들에게 영향을 미치는지, 그 효과에 대한 평가가 쉽지가 않았다. 그러나 끊임없는 연구를 통해 미국의 입장과 사상에 대한 끊임없는 소개 및 노출이 동구 유럽 및 소련 공중들의 생각을 바꾸는 데 일조한 것으로 1989년에 밝혀진다.

(6) 6단계 (1990년대)

1992년 Office of Policy and Evaluation이라는 새로운 부서가 미국 교육문화공보처(Bureau of Educational and Cultural Affairs)에 설립된다. 그리고 그 이듬해 비효율적인 미국정부의 프로그램 관리문제를 해결하기 위해, 정부 성과 결과법(GPRA: Government Performance Results Act)이 미국 의회에 의해 제정된다. 이를 통해 미국 정부는 실질적인 결과에 초점을 맞추고, 성과를 예산과정과 연계함으로써 정부 운영을 개선시키고자 노력했다. 성과결과법이 제정된 후 실질적으로 평가 결과가 사업계획에 큰 영향을 미치기 시작했는데, 1995년 Government Accounting Office이 Office of Policy and Evaluation의 평가 결과를 기준으로 프로그램 폐쇄 여부를 결정한 것이 하나의 사례로 꼽힐 수 있다.

(7) 7단계 (2000년대)

2001년 9·11 테러를 계기로 PD 활동/프로그램에 대한 진지한 모니터링 및 평가의 필요성이 제기되기 시작했다. 그리하여 미국 관리예산처(Office of Management and Budget, OMB)의 지시에 따라 현행되고 있는 PD 활동에 대한 평가가 2006년에 이루어졌다. 2007년에 발표된 평가 보고서에 따르면, 전략적 기획에 대한 노력은 엿보이나, 공중과의 소통 방법 및 관계 맺기 방법에서는 담당자들이 경험 또는 직감을 따르고 있음이 밝혀졌다. 결국 연구 조사를 기반으로 하는 목표 식별 방법의 필요성이 제기가 되었고, PD 평가 항목으로 '정부의 커뮤니케이션 능력 평가'가 추가된다. 한편 미국이 기울인 PD 활동 노력을 전반적으로 평가하기 위해 2007년 Advancing Public Diplomacy's Impact(APDI)라는 이름 아래 평가 프로젝트가 계획된다. 그리고 2009년 미국 역사상 가장 방대한 양의 PD 평가서가 발간된다. 2010년에는 국무부 국제정보프로그램국(The International Information Programs Bureau's Office, IIP)[8]이 새로 설립되는데, 시청률 조사 및 측정(Audience Research and Measurement, ARM)이 주요 업무이다. IIP는 현재도 실시간 인터넷을 통해 공중들에 대한 다양한 정보를 수집하고, 각종 캠페인의 영향력을 측정하며 PD의 성과를 평가하고 있다.

이처럼 미국에서 PD에 대한 평가는 1930~40년대에 이미 실시되었으나, 1950년대로 접어들면서 정부에서 정치적·행정적 역할을 담당하고 있는 사람들이 사업 평가의 중요성을 인식하기 시작했다. 현재 연방정부기관들은 독자적인 평가담당기구(evaluation units)를 확보하고 있으며, 주정부 및 여러 지방정부들 역시 평가를 전담하는 부서를

---

8 현재는 the Analytics Office(IIP/Analytics)로 부서 명칭이 바꿈.

조직적으로 구축하고 있다.

2) 공공외교 효과 평가 모델의 종류 및 특징

공공외교의 가치를 재인식시켜준 9·11 사태를 겪으면서 미국은 자국에 적용시킬 수 있는 효율적인 공공외교를 수립하기 위해 PD 효과 평가 모델 구축을 위한 다양한 노력을 기울이고 있다. 다음은 PART (Program Assessment Rating Tool), APDI(Advancing Public Diplomacy Impact) 등 지금까지 미국에서 개발된 대표적인 PD효과 평가 모델들을 소개하고자 한다. 또한 영국의 대표적인 공공외교 기관인 영국문화원(British Council)의 British Council Performance Measurement도 함께 다루었다.

(1) PART (Program Assessment Rating Tool, 2004년)[9]

PART는 부시(George W. Bush) 대통령의 예산 개혁(Budget reforms) 과정의 일환으로 추진(Dull, 2006: 187)된 광범위한 평가제도[10]로, 미국의 과거 재정사업 평가제도가 가진 문제점을 보완·정비했다는 점이 특징이다. PART는 연방정부 전체의 사업들을 평가(rating)하는 하나의 일관성 있는 접근 방법(consistent approach)을 제공하기 위해 고안된 일련의 질문서이다. 그리고 객관적인 자료에 기초한 하나의 진단 도구(diagnostic tool)로서, 성과와 관련된 폭넓은 항목들로 사업들을 평가하

---

9 감사원 평가연구원, 미국 PART제도 정착과정과 효과(2006.9) 및 Strategies, Government Performance Management and Budgeting 참조.

10 Bush 정권시대 당시(2004 ~ 2008년) 1,000여개의 미국정부 프로그램에 적용되었음. 현재 Obama 정부에서는 활용되지 않은 평가 모델임.

여 증거에 기초한 판단(evidence-based judgements)을 할 수 있도록 해 준다(OMB, 2002a: 2).

백악관 관리예산처(OMB)에서 개발된 PART는 4가지 섹션으로 구분된다. 첫 번째 섹셔 '프로그램 목적 및 구도(Purpose and Design)'에서는 프로그램의 추진의도 및 디자인의 확실성과 타당성을 검토하게 된다. 두 번째 섹션 '전략기획(Strategic Planning)'에서는 프로그램이 장기적으로 매년 활용할 수 있는 유효한 방안을 구축하는지, 그리고 프로그램이 장기적 차원에서 유효한 목표 청중을 구축하는지를 확인하게 된다. 세 번째 섹션 '사업관리(Program Management)'에서는 재정 관리, 프로그램 향상 노력 등 프로그램 관리에 대한 평가가 이루어지고, 마지막 섹션인 '사업 성과(Results/Accountability)'에서는 전략적 기획 측면에서 그리고 여러 다른 평가 등을 통해 검토된 방안(measure) 및 목표 청중(target)을 통해 프로그램 수행 실적을 평가하게 된다.

참고로 섹션 1부터 3은 Yes와 No로 평가가 되며, 섹션 4는 Yes, Large Extended, Small Extended, No로 평가된다. 그리고 평가 비중은 섹션별로 20%, 10%, 20%, 50%가 적용된다. 마지막으로 질문 항목 점수에 따라 사업성과는 '높은 성과 있음(Effective, 80~100점)', '보통의 성과 있음(Moderately Effective, 70~84점)', '성과 있음(Adequate, 50~69점)', '성과 없음(Ineffective, 0~49점)'으로 평가된다. 만약 사업의 성과 정보 또는 성과 지표가 충분치 못하거나 적절하지 못하다고 판단될 때는, 관리예산처는 '결과를 알 수 없음(results not demonstrated)'이라는 5번째 등급을 부여한다.

(2) APDI 2007~2009 (Advancing Public Diplomacy Impact, 2007~2009년)[11]

APDI는 미국정부의 PD가 외국공중들에게 미치는 영향력을 측정하고, PD 프로그램 효과를 검토하고, 이해관계자들에게 신뢰할만한 정량화된 정보 데이터의 제공 여부를 측정하기 위해 State Department's Evaluation and Measurement Unit(EMU)에 의해 2007년에 실시되었다. APDI는 표적집단(Focus Group) 및 설문 조사로 구성된 준실험설계(Quasi-experimental Design)를 채택하고 있다. PD 참여자 및 PD 비참여자 간의 차이점 및 공통점 비교를 위해 조사 대상에 미국 PD 프로그램 참가자, 미국 학교 동문·동창생, 외교 분야 종사자, 현지 미국 대사관과 교류가 전혀 없는 일반 대중(7개국 중심) 등이 포함되었다.

측정항목은 총 10개이며, 그 내용은 다음과 같다. ① 미국에 대한 전반적 비호감도 감소 여부, ② 미국의 사회·정치·가치에 대한 전반적 이해 증진 여부, ③ PD 프로그램 참여 후 미국의 특정 정치적 입장·가치·관점에 대한 이해 증진 여부, ④ 국내 주요 기관에 미국이 배포한 정보자료 비치 여부, ⑤ PD 프로그램에 대한 전반적 만족도, ⑥ IIP 출판물 (IIP[12] Publication: International Information Programs Publication)에 대한 만족도 증가 여부, ⑦ 지역 조직 및 지역 커뮤니티에 대한 IIP 참여자들의 긍정적 변화 진행 여부, ⑧ 지역 조직 및 지역 커뮤니티에 대한 PD 참여자들의 긍정적 변화 진행 여부, ⑨ 미국의 사회·정치·가치에 대한 호감도 상승 여부, ⑩ IIP 참여 후 미국의 특정 정치적 입장·가

11 U.S. Advisory Commission on Public Diplomacy(2004) 및 Hybl과 Olson (2010) 참조.

12 국제 정보 프로그램 (IIP, www.state.gov/r/iip/)은 미국의 정책 우선 순위에 맞춰 외국 대중과 인적 대화를 지원하고 있음. 동 임무를 수행하기 위해 IIP는 전통 미디어부터 새로운 디지털 통신 기술을 모두 활용함.

치·관점에 대한 이해 증진 여부.

(3) United State Government Public Diplomacy as a Frame Production System, 2007 (Egner, 2010)

미국 PD 캠페인의 설계 및 평가에 대한 분석적 약점을 보완하는 방법을 모색한 The Pardee RAND Graduate School은 프레임 기반 평가 방법론에 기초한 USG Public Diplomacy as a Frame Production System을 개발했다. 동 시스템의 특징은 PD를 서로 다른 소규모 프로그램들의 집합으로 바라보지 않고, 구체적인 프레임들(specific frames)을 생산하는 조정 시스템(coordinate system)으로 바라보았다는 점이다. 그리고 이 특별한 프레임들이 미국 및 미국 정책에 대한 지지를 구축한다고 보았다.

세부 프레임은 'PD 관련 정책 목표 설정하기'로 시작된다. 그리고 '프레임의 잠재적 효과 평가하기'가 이어지는데, 사전 캠페인(pre-campaign)에 대한 외국 대중들의 태도 평가, 미국의 정치를 옹호하는 효과적 프레임에 대한 식별, 캠페인 성공에 영향을 줄 외부 요인(지역 정치 환경 등)의 중요성 측정 등이 여기에 속한다. 그 다음 프레임은 '국제 미디어 보도 관련 미국 정책과 연관된 프레임 추적하기'이다. 여기서는 친미(親美) 프레임의 형성 여부가 지역 지도자 때문인지, 아니면 미국의 관리 때문인지를 검토하게 되며, 지역 지도자에 의해 강조된 프레임이 타 프레임과 비교할 때 지역 언론에 의해 더 강조되는지도 확인된다. 아울러 반미 프레임과 같이 미국 정치에 대한 우려를 강조한 특정 프레임들이 친미 프레임에 의해 충분히 대응 및 반박되고 있는지도 검토된다. '관객 수용에 미치는 미디어 프레이밍 영향 측정하기'에서는 여러 프레임들의 공명(resonance)들이 평가된다. 즉, 언론보도 관

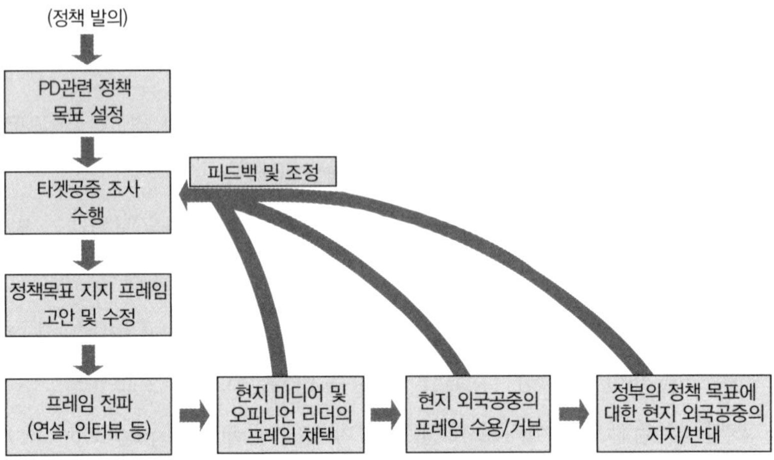

〈그림 3-9〉 프레임 생산 시스템으로서의 미국 정부 PD (Egner, 2010)

련 공명이 국가적 수준(country-level)에 상응한 프레이밍인지 조사를 하고, 정치적 성숙도 및 프레임과 공명간의 관계를 완화시켜주는 정체성 이념(self-identified ideology)의 주요 요소들을 측정한다. 마지막 프레임은 '미국 정책과 연관된 프레임에 대한 공공의 수용(public acceptance)과 미국 정책에 대한 공중의 지지(public support) 간의 유대관계 평가'이다. 여기서는 프레임 공명(frame resonance)이 미국 정책 지지로 전환되는 데 있어 발생하는 문제점들이 진단되며, 발견된 문제점들을 완화시킬 수 있는 메시지 전략(messaging strategy)에 대한 논의들이 이루어진다.

(4) APDI 2011 (Advancing Public Diplomacy Impact 2011)

APDI 2007~2009에 대한 결과를 발표한 후 State Department's Evaluation and Measurement Unit (EMU)는 평가 내용을 한층 더 보완시킨 APDI 2011을 새로 발표한다. APDI 2007~2009와 APDI 2011의

가장 큰 차이점은 우선 평가 목적에서 발견할 수 있다. APDI 2007~2009의 평가 목적이 PD의 영향력 측정·프로그램 효율성 측정·신뢰할만한 정보제공 여부 측정이었다면, APDI 2011에서는 '추후 개발될 프로그램의 효율성 증대 방안 모색'이라는 새로운 평가 목적이 추가된다. 그래서 자연스럽게 측정 대상자도 보다 확대가 된 것을 볼 수 있다. 현행 프로그램에 대한 평가는 예전과 변함없이 PD 참여자 및 PD 비참여자 중심으로 이루어지며, 추가적으로 추후 개발될 프로그램에 대해 일반 공중 대상으로 시장조사(market research)도 실시가 된다. 그 외 설득 가능한 고객(persuadable audience), 영향력 있는 고객(influential audience) 등 측정 대상이 과거보다 한층 더 세분화되었다는 점도 보완된 부분이라 할 수 있겠다. APDI 2011는 현재 진행하고 있는 프로그램을 평가할 뿐만 아니라, 미래에 개발될 프로그램에 대한 고민도 함께 한다는 점에서 긍정적 평을 받고 있다.

(5) Evaluation of ECA (US Bureau of Educational and Cultural Affairs)[13]

미국 교육문화공보처(Bureau of Educational and Cultural Affairs, ECA)는 미국 정부 및 교육문화공보처의 성과 결과(Outcome Achievement) 및 장기적 관점에서의 영향력(Long-term Impacts)을 평가하기 위해 평가부서(Evaluation Division)를 별도로 구축하고 있다. ECA는 단기적/중기적/장기적 관점에서 다양하게 평가를 추진하는데, 중·장기적 관점에서 ECA가 주목하는 것은 두 가지이다. 하나는 미국에 대한 외국인들의 태도 변화이며, 다른 하나는 미국 가치에 대한 이해(Understanding of

13 US Bureau of Educational and Cultural Affairs 홈페이지(http://eca.state.gov/impact) 참조.

American Values) 향상이다.

ECA의 평가 특징은 다음과 같이 정리할 수 있겠다. 우선 앞서 언급했듯이 성과 결과를 중심으로 이루어진다. 둘째, 방대한 규모의 다양한 주제들을 아우른다(cross-cutting themes). 통상 ECA의 평가는 짧게는 18개월, 길게는 24개월 동안 진행되는데, 이는 사례 연구(case study)를 항시 포함시킨다는 세 번째 특징 때문이라 할 수 있다. 이러한 과정을 거치면서 조사 결과에 대한 신뢰성이 한층 더 강조된다. 그리고 네 번째 특징은 타 프로그램 계획 수립 및 목표 설정에 도움이 되도록 조사결과를 통해 유용한 정보를 계속적으로 공급한다는 점이다.

ECA 프로그램 효과성 평가는 크게 'Performance Measurement'와 'Evaluation'으로 구분되며, 각 결과(Outcome)에 대한 평가 지표를 살펴보면 〈표 3-2〉와 같다.

ECA 평가를 위해 조사 방법론으로 양적 방법과 질적 방법이 모두 사용되며, 설문조사·포커스그룹(Focus Groups)·인터뷰·자료 검토(Document Review) 등이 추진된다. 참고로 설문조사는 프로그램 당 총 3번 실시된다. 프로그램을 시작할 때 사전조사(Pre-program Survey)가 추진되고, 프로그램이 종료될 때 사후조사(Post-program Survey)가 실시된다. 그리고 프로그램 종료 1년 후 추적조사(Follow-up Survey)가 추가적으로 시행된다.

지난 15년 동안 약 60개의 평가 조사들이 실시되었으며(Macfadden, 2014), ECA가 평가를 통해 추구하는 최종적인 목표는 상호간의 이해(Mutual Understanding), 시민과의 연계/기관과의 연계/국가와의 연계(Linkages), 태도(사고방식)의 변화(Attitudinal Changes) 등을 끌어내는 것이다.

〈표 3-2〉 Evaluation of ECA 평가 지표

Outcome	평가 지표
프로그램에 대한 참가자의 만족도	여러 프로그램 요소에 대해 만족감을 표시한 사람들의 비율(%)
미국 정부 기관의 기본적인 규범 및 가치에 대한 이해도 향상	미국의 정치적, 경제적 절차·규범·가치·제도에 대한 이해가 향상되었다고 응답한 사람들의 비율(%)
미국 정부에 대한 신뢰도 향상	'미국은 신뢰할만한 파트너이다'라는 문장에 공감하는 사람들의 비율(%)
미국 정부 및 미국인에 대한 호감도 향상	미국 정부에 대해 호의적 견해를 가진 사람들의 비율(%) 미국인에 대해 호의적 견해를 가진 사람들의 비율(%)
직장·학교·사회 등에서의 참여도 또는 책무 향상	직장·학교·사회 등에서의 참여도가 커지거나 책무가 향상된 사람들의 비율(%)
습득한 지식을 바탕으로 사실에 의거한 행동(concrete actions) 취하기	자신이 소속된 곳에 사실에 의거한 긍정적 변화(concrete positive change)를 시도하거나 이행한 사람들의 비율(%)
타인과 경험 공유하기	ECA 프로그램에서 얻은 지식 및 경험들을 타인에게 설명하거나 공유한 사람들의 비율(%)
협력 및 유대력 향상	• ECA 프로그램을 통해 다른 참가자와 개인적으로 지속적 유대 관계를 구축한 사람들의 비율(%) • ECA 프로그램을 통해 다른 참가자와 학술적 차원에서 유대 관계를 구축한 사람들의 비율(%) • ECA 프로그램을 통해 연합·교환·연맹·합작투자 등 조직적 차원에서 공식적이고 지속 가능한 유대 관계를 구축한 사람들의 비율(%)

(6) British Council Performance Measurement (British Council Annual Report, 2008-09)

영국 정부는 1934년 외교부 안에 '국가 간 관계를 위한 영국위원회'를 설치했고, 이듬해 이 위원회는 '국가 간 관계를 위한 영국문화원'으로 이름을 바꾸면서 오늘날 영국문화원(The British Council, BC)으로 이

어지고 있다. 첫 해외 영국문화원은 1938년 이집트 카이로에서 설립되었으며, 현재 100개국 이상에서 200개 넘는 문화원들이 활발하게 운영되고 있다.

영국문화원은 PD 평가에 있어서 단기 결과물 및 장기 결과물을 모두 측정할 수 있는 평가 모델을 활용하고 있다. 평가는 크게 영국문화원의 영향력(Impact), 목표 공중(Audience), 만족도(Satisfaction), 장기적 관점에서의 결과물(ELTO: Evaluation of Long-term Outcomes)을 중심으로 추진되며, 각각의 세부 지표는 다음과 같다. 영국문화원의 영향력(Impact)은 5개의 기준으로 측정된다. ① BC가 외국 젊은이들의 국제적 감각 증진에 영향을 미쳤는지 여부(Internationalism), ② BC가 영국과 외국간의 질적 관계 향상에 영향을 미치는지 여부(Long-term Relationship), ③ BC가 동맹국으로서 영국에 대한 긍정적 인식을 심어주었는지 여부(Positive Partnership), ④ BC가 영국을 자기계발에 대한 열망(Aspirations for Self-development)을 충족시키는 나라로 인식시키는 데 영향을 미쳤는지 여부, ⑤ BC가 영국을 창의적인 생각 및 성과만으로도 기회를 제공받을 수 있는 나라로 인식하는 데 영향을 미쳤는지 여부(creative ideas and achievements).

한편, 목표 공중(audience)은 대면으로 접촉하는 고객 및 이해관계자(engagement)와 온라인 또는 방송 매체를 통해 접촉하는 고객 및 이해관계자(reach)로 구분이 된다. 그리고 만족도(satisfaction) 평가의 경우, 새로운 고객 중심 프로그램 개발을 통해 기대치 부흥 여부 조사(meeting satisfaction)가 프로그램/서비스 전달 품질의 현황 조사(quality of delivery)와 함께 추진된다. 마지막 장기적 관점에서의 결과물 (ELTO: Evaluation of Long-term Outcomes)은 영국이라는 국가와의 친밀도 향상 여부(strengthening of ties with UK), 개인적 차원에서의 유익한 변화(personal beneficial changes), 조직 차원에서의 유익한 변화(organizational beneficial changes)를 중심으로 평가된다.

3. PR 효과 평가와 공공외교 효과 평가의 비교

지금까지 살펴보았듯이 PR 및 공공외교(PD) 효과를 평가하는 데 있어서 보다 현실에 입각한 합리적이고 객관화된 모델을 만들기 위해 지금까지 여러 노력들이 있어왔다. 비록 관점에 따라 평가 모델의 구조는 다르지만, 다음과 같은 공통점들을 발견할 수 있다.

1) PR 효과 평가 모델의 공통점[14]

2000년도를 중심으로 새롭게 개발된 PR 효과 평가 모델을 살펴보면 ① 평가 단계의 마지막은 항상 결과 평가이며, ② 결과 평가에서 수용자의 인지·태도 변화·행동 등에 대한 평가가 항상 이루어지고 있다. 또한 ③ 평가를 계속적으로 순환, 반복되는 하나의 연속적인 과정으로 보고 있으며, ④ 조사 방법론으로 질적 방법과 양적 방법을 모두 사용한다는 점이 공통점이라고 볼 수 있겠다.

2) 공공외교(PD) 효과 평가 모델의 공통점

PD 효과 평가 모델의 경우 ① PD 과정(준비) 단계보다 PD 결과 단

14 http://www.iconpr.com.au/blog/detail/is-your-pr-working-how-do-you-know

〈표 3-3〉 PR 효과 평가 모형의 특징 및 공통점

<table>
<tr><th>연구자/연구기관</th><th>모델</th><th>특징</th><th>공통점</th></tr>
<tr><td>The Institute of PR (1999)</td><td>Guideline for Measuring the Effectiveness of PR Programs and Activities.</td><td>• 단기 및 장기 성과 모두 측정 가능
• 조직과 공중 간 관계성 향상을 목표로 한 장기 성과에 주목</td><td rowspan="4">• 최종단계로 수용자의 인지, 태도변화, 행동 등에 대한 평가가 많음
• 질적, 양적 조사 방법론을 둘 다 사용
• 평가를 계속적으로 순환, 반복되는 연속적인 과정으로 봄</td></tr>
<tr><td>UK Institute of PR (2001)</td><td>IPR PRE 모델</td><td>• 실용적 모델 (단계별 기획 및 평가 방법의 구체적 제시)</td></tr>
<tr><td>PRIA Measurement and Evaluation Committee(2013)</td><td>호주 PR 평가 모델</td><td>• 사업성과 외 조직 차원에서의 성과도 측정 가능</td></tr>
<tr><td>Macnamara (2014)</td><td>MAIE 모델</td><td>• 수집된 데이터 외 외부 데이터에 대한 검토의 중요성도 강조
• 미래전략에 대한 예측, 추론, 제안 등이 포함된 모델</td></tr>
</table>

계에 대한 평가 비중이 크다는 점을 첫 번째 공통점으로 꼽을 수 있다. 그리고 ② 결과 단계에서 수용자 평가(Outcome 평가: 수용자의 의견변화, 태도변화, 행동변화 등에 대한 평가)의 비중이 프로그램 산출 평가(Output 평가: 단기 및 표면적으로 보이는 결과물 평가)보다 크다는 것도 볼 수 있다. 마지막으로 ③ 질적 조사 방법을 점차 많이 도입하려는 움직임을 볼 수 있는데, 영국문화원은 양적 방법만 사용하다가 2008년부터 질적 방법도 시작했으며, 미국 교육문화공보처는 현재 양적/질적 분석 모두 활용하고 있다.

〈표 3-4〉 PD 효과 평가 모형의 특징 및 공통점

<table>
<tr><th>연구자/연구기관</th><th>모델</th><th>특징</th><th>공통점</th></tr>
<tr><td>The Pardee RAND Graduate School (2007)</td><td>USG Public Diplomacy as a Frame Production System</td><td>• PD를 특별한 프레임들을 생산하는 조정 시스템으로 바라봄
• 공공의 수용(public acceptance)과 미국 정책에 대한 외국 공중의 지지 간의 유대 관계 평가 가능</td><td rowspan="4">• PD 과정(준비)단계보다 PD 결과 단계에 대한 평가 비중이 큼
• 프로그램 산출평가(Output)보다는 수용자평가(Outcome)에 대한 비중이 큼
• 질적, 양적 조사 방법론을 병행하기 시작함.</td></tr>
<tr><td>State Department's Evaluation and Measurement Unit</td><td>APDI 2011 (2011)</td><td>• 현행 프로그램 평가 외 추후 개발될 프로그램의 효율성 증대 방안 모색 가능</td></tr>
<tr><td>Bureau of Educational and Cultural Affairs (ECA)</td><td>Evaluation of ECA</td><td>• 평가는 수용자의 의견 변화, 태도 변화, 행동 변화 등 outcome 중심으로 추진
• 사례 연구 포함</td></tr>
<tr><td>The British Council</td><td>British Council Performance Measurement</td><td>• 단기/장기 성과 모두 측정 가능
• 수용자를 대면 접촉자 및 온라인/방송매체 접촉자로 구분</td></tr>
</table>

4. 효과적인 공공외교 평가 모델이 갖추어야 할 조건들

이제까지 이론적 논의를 정리해보고, 그간 개발된 다양한 PR 효과 측정 모델과 PD 효과 측정 모델을 살펴보면서, 본 장에서는 공공외교 사업 평가 모형이 갖추어야 할 기본 원칙과 요인들을 다음과 같이 도출했다.

첫째, PD 과정(준비)단계 및 PD 결과 단계에 대한 평가가 모두 필요하다. 동 연구에서는 평가를 일회성이 아닌 순환적이고 진화적으로 계속되는 연속적인 과정으로 바라보고 있다. 즉, PR 결과 단계의 최종 과정인 '사업 성과 평가'는 다시 순환하여 PR 과정(준비)단계의 전략적 목표수립에 영향을 미쳐야 한다. 따라서 동 연구에서 개발될 평가 모형은 중견국으로서 한국 위상과 방향성이 어떻게 설정되어야 하는지에 대한 기준을 토대로, 단기적 · 중장기적 비전 및 전략성이 공공외교 평가 모형에 제안되어야 한다.

둘째, 이론적 논의를 통해볼 때, 투입(Input), 산출(Output), 생성(Outtake), 결과(Outcome) 4가지로 이루어지는 것이 바람직하다. 참고로 보도자료 게재 건수·Social Media의 트윗/팔로우 수·PD 프로그램 개최 수 및 참가자 수 등이 산출(Output)에 속한다면, 주요 메시지 공감 및 주목 정도·PD 프로그램 콘셉 이해도 등이 생성(Outtake)에 속한다. 그리고 PD 프로그램 수용자의 만족도 및 수용자의 의견·태도·행동 변화가 결과(Outcome)에 속한다. 이처럼 평가 차원을 세분화시키는 것은 정책 평가가 과정 평가 및 성과 평가 못지않게 중요하기 때문이다. 다만, 중요도에 따라 차별적으로 가중치를 부여해야 한다.

셋째, 평가 모형에서 성과 평가는 한국의 공공외교 사업 목표와 전략에 부합되도록 구체적일 필요가 있다. 예를 들면, 쌍방 대화성, 수용자 참여성, 신뢰 구축, '문화강국 코리아' 인지도 제고 등 목표 및 전략을 수립한 후, 이에 대한 구체적인 성과 평가를 제안해야 한다.

넷째, 수용자 관점과 전달자 관점의 평가 척도를 균형 있게 마련할 필요가 있다. 수용자 관점에서는 목표 수용자의 프로그램 만족도나 신뢰관계 증진을 측정 평가해야 하며, 전달자 관점에서는 PD 정책의 인지도 · 이해도 및 정책성과 등을 평가해야 한다. 이를 통해 수용자 차원의 변화 이외에도 조직 차원의 성과와 국가 차원의 성과를 모두 평가 측정할 수 있으며, 보다 폭넓은 평가 결과 도출을 가능할 것이다.

다섯째, 단일 프로그램에 대한 개별 평가는 물론, 공공외교 사업 전반에 대한 총체적 평가를 해줄 지표가 필요하다. 아울러, 이에 대한 지속적인 추적관리가 이루어져야 한다.

여섯째, 현지화 전략 차원의 평가 방안을 고려해야 한다. 대부분의 공공외교 주체가 한국이기 때문에 한국의 공공외교 전략과 프로그램을 평가하려는 방안에 초점이 맞추어질 수 있다. 그러나 실제 공공외교의 대상은 외국인이기 때문에 해당 국가의 수용자 및 문화적 특성에 부합하는 프로그램 개발 등 현지화를 위한 노력이 얼마나 진행되었는지를 평가하는 방안도 고려해야 한다.

일곱째, 조사 방법론으로 질적, 양적 방법론을 모두 활용해야 한다. 즉, 계량적 평가 외에 질적 방법을 활용하여 수치로 단순화시킬 수 없는 요인들에 대한 평가도 해야 한다.

4장

문화외교국의 기존 성과 평가 지표 설문 연구

조기숙 · 김화정

1. 조사 배경

대한민국 외교부는 공공외교를 정무, 경제에 이은 외교의 3대 축으로 삼고 있다. 공공·문화외교 강화를 통해 대한민국 경제의 대외진출 확대 및 협력 파트너 확대에 핵심적 기반을 다지는 것을 목적으로 하며, 창의적이고 적극적인 문화외교 활동을 통한 문화 한국의 이미지 확산을 주된 성과 목표로 삼고 있다. 특히 아프리카, 중남미(쿠바) 등 한국과 문화 교류가 상대적으로 미진한 지역을 중심으로 양국 간의 이해도를 높이고 국가 이미지를 제고할 수 있는 문화외교 강화에 힘쓰고 있으며, 교육, 과학, 문화 분야 정부 간 다자협의체인 유네스코를 통해 문화 선진국으로서의 국제적 영향력을 확대하고 국가 브랜드를 제고하고 있다. 또한 외교 관계 수립 기념 사업이나 주요 외교 기념일 계기 행사를 적극 활용하기 위해 재외공관 중심으로 국가별 맞춤형 공공외교 사업을 다양하게 벌여, 양국의 관계를 증진시키고 해당국 여론 주도층과 영향력을 지닌 주요 인사들에게 한국에 대한 인식을 높이고 있다.

대한민국 외교부의 주된 공공외교 수행역할은 문화외교국의 공공외교정책과, 문화예술협력과, 문화교류협력과가 맡고 있으며 총 35명의 공무원이 다양한 행사와 프로그램을 담당하고 있다. 특히 대한민국 외교부는 '연성국력의 중요성 증대', '문화외교 수행 주체의 다양화 및 다변화', '경제적 가치 증가', '국가 브랜드 이미지 외교의 중요성 증대', '새로운 미디어 기술의 발달'과 같은 문화외교의 환경 변화에 대응하기 위해 지난 2010년부터 공공외교의 하위 개념에 속하는 문화외교 강화의 필요성을 강조해왔으며, 연성국력을 제고하기 위한 글로벌 코리아(Global Korea) 구현을 문화외교의 궁극적인 목표로 삼고 있다.[1] 대한민국 외교부의 주된 공공외교 활동은 문화협정 및 문화공동위 운영, 대(對)유네스코 외교, 문화외교 활동 및 해외문화행사, 재외공관 문화전시장화 사업, 지자체 국제 교류 지원, 스포츠외교, 영화 및 드라마 방영 지원, 테마형 문화외교사업, 민간외교단체 커뮤니티, 외교관계수립기념 행사 등 총 9개 영역으로 나눌 수 있으며 한국국제교류재단과 문화외교자문위원회를 외교부 산하에 두고 있다.[2] 또한 문화외교국 페이스북과 공공외교 포털 사이트를 운영하여 대중과의 소통에 힘쓰고 있다. 공공외교 포털 사이트에서는 공공외교 활동을 '국가 간 공공외교 사업'과 '외국 국민대상 공공외교 사업'으로 나누고 있으며 앞서 거론된 총 9개 영역이 18가지 영역으로 세분화되어 있다.

문화외교국의 이같이 다양한 공공외교 사업과 프로그램들은 총 여섯 가지의 성과 지표로 평가받고 있다. 기획재정부에서 매년 평가하여 예산에 반영하는 예산 성과 평가와 결산 보고서의 성과 평가가 있고, 3년마다 평가하는 재정 사업 자율 평가가 있다. 국무조정실에서는 성과급에 반영하는 과 단위 및 개인 평가인 자체 평가와 총리 지침에 반영

1 외교부 『문화외교 매뉴얼』 2010.

2 외교부 홈페이지 (검색일 2015년 2월 5일)

〈표 4-1〉 공공외교 활동 개요[3]

구분	사업	내용
국가간 공공 외교 사업	공공외교포럼	각국별 공공외교 전략, 정책 및 주요 사업을 공유 및 공공외교 협력 사업을 발굴(양자 및 다자 포럼)
	문화협정	문화관계 전반에 대한 교류와 협력의 증진과 관련된 사항을 규정하고 문화교류 시행
	문화공동위원회	문화협정이 체결·발효된 이후 별도합의에 따라 정부 간 문화공동위원회를 설치·운영
	유네스코 외교	교육, 과학, 문화 등 분야에서 국제 협력을 촉진함으로써 세계평화와 인류 발전을 도모하기 위한 유엔전문기구 유네스코를 통한 외교 활동
	외교관계수립 기념사업	한국과 외교관계 수립 기념 매 10주년을 맞이하는 국가와 종합 외교 행사 추진, 특별한 주요 외교 계기가 있을 경우에도 한국 문화사절단을 파견하여 한국 문화를 소개
	쌍방향 문화교류 증진 사업	세계 각국과의 문화교류협력 네트워크를 강화하고, 우리 국민의 문화 다양성에 대한 인식을 제고
외국 국민 대상 공공 외교 사업	한류확산	해외에서의 한류 확산 지원
	국민모두가 공공외교관	외국인들에게 우리나라에 대한 올바른 인식과 이해를 증진시킴
	재외공관 문화전시장화 사업	재외공관 청사 및 관저에 우리나라의 우수 예술품을 지원하여 우리 문화 예술 홍보의 장(場)으로 적극 활용
	한국학·한국어 진흥	재외공관 네트워크를 통해 세계 여러 나라에서 한국어를 보급하고 한국학을 발전시킴
	청년 공공외교단 / 시니어 공공외교단	청년과 시니어가 각각 팀을 만들어 국내외에서 직접 공공외교 활동을 기획·시행함
	매력한국 알리기	재외공관에서 단편적, 산발적으로 개최하고 있는 한국 알리기 행사를 정례적·전략적으로 추진
	스포츠 외교 / 태권도 진흥	스포츠를 통한 국가 간 우호 증진 및 국제스포츠대회 유치 지원에 스포츠 외교의 중점을 둠
	민간외교단체 커뮤니티	'민간외교단체 커뮤니티(http://www.p2pdc.or.kr)'를 통해 국내 민간외교 단체들간 정보공유와 소통
	K-pop World Festival / K-food World Festival	2011년부터 시작된 '케이팝 월드 페스티벌'은 외교부가 문체부, KBS와 함께 주최하고 있는 지구촌 최대의 한류 축제

3 공공외교 포털 (검색일 2015년 2월 5일)

외국 국민 대상 공공 외교 사업	Quiz on Korea / 동영상 콘테스트 (Video Contest)	외국인들의 한국에 대한 관심을 높이고, 이미지를 증진하기 위함
	공공외교 학술그룹 / 공공외교 친선대사	국내에 거주하는 외국인 학자·교수들을 공공외교 학술그룹 위원으로 임명하고 해외의 저명인사들(예술인, 스포츠인, 연예인 등)을 공공외교 친선대사로 임명하여 한국홍보를 지원
	교육분야 협력 / 청소년 교류 증진	해외 우수 인재를 국내 초청하여 교육 기회를 제공함으로써 미래 친한(親韓)인사를 양성

하는 국정과제·브랜드과제 평가가 있다. 마지막으로 외교부가 공관 및 공관장 성과급에 반영하는 재외 공관장 평가가 있다.

각 성과 지표에 대해 간략하게 살펴보면 다음과 같은 특성을 지닌다. 첫째, 기획재정부가 평가하는 예산 성과 평가의 경우 성과 지표는 '국가 이미지 제고 활동지수',[4] '재외공관 청사 및 관저, 우리 문화 영향력 확대',[5] '관리 과제'[6] 등 세 가지로 나눈다. 국가 이미지 제고 활동 지수의 측정산식에는 매력한국알리기 행사를 통한 한국에 대한 인식도 제고, 외교 관계 수립 기념 사업을 통한 한국에 대한 인식도 제고, 쌍방향 문화 교류 만족도의 총합계의 평균을 내어 5점 리커트 척도로 측정한다. 재외공관 청사 및 관저, 우리 문화 영향력 확대에서는 재외공관 공공외교 활동 강화, 재외공관 공공외교 활동 참여도, 양자문화 외교 활동 강화, 다자문화 외교 활동 강화를 네 가지 성과 지표로 제시하여 시행 공관 수나 참여도, 교류사업 수혜자 수, 주요회의 참여 및 양자 협력 실적 등을 측정한다. 관리 과제에서는 아홉 가지 성과 지표를 제시하여 각 프로그램에 참여한 참가자수, 공관 수, 실적 등을 고려하여 측정한다.

4 문화외교국 내부자료. 2013년 성과보고서.

5 문화외교국 내부자료. 2013년 성과보고서.

6 문화외교국 내부자료. 2014년 성과계획서.

둘째, 기획재정부가 평가하는 결산 보고서의 성과 평가[7]를 보면, 총 세 가지의 사업을 제시하고 있으며 최근 3년간의 성과 달성도를 사업 효과로 삼고 각 사업에 해당하는 성과 지표를 구체화하고 있다. '선진 문화국가 이미지 제고사업'에서는 선진문화국 이미지 제고도, 양자문화 외교 활동 강화, 다자문화 외교 활동 강화 등을 성과 지표로 본다. '외교관계 수립 기념사업'에서는 각 년도마다 다른 성과 지표를 제시한다. 2011년과 2012년의 경우 선진문화국가 이미지 제고도, 2013년에는 국가 이미지 제고 활동지수와 양자문화 외교 활동 강화, 2014년에는 수교 및 주요 외교계기 활동지수를 측정한다. '공공외교 역량 강화 사업'에서는 주로 재외공관 공공외교 활동을 보는데 참여도나 활동지수 등을 주된 산출 근거로 삼는다.

셋째, 기획재정부가 3년마다 평가하는 재정 사업 자율 평가[8]에서는 계획, 관리, 성과, 종합에 이르는 종합평가의 성격을 띠며, '창의적이고 적극적인 문화외교 활동을 통한 문화 한국 이미지 확산'을 성과 목표로 제시하고 관리과제 성과 지표로는 첫째 '수교 및 주요 외교계기 활동지수', 둘째 '선진문화국가 이미지 제고 지수'를 제시하고 있다. 쌍방향 문화교류 증진, 재외공관 문화전시장화사업, 대유네스코 외교강화 사업 등을 사업추진절차로 하여 세부평가 결과는 목표와의 일관성, 사업 추진의 효율성, 예산 집행 여부, 정기적 모니터링 등 12개의 항목을 두고 있다. 이 중에서 예산절감 또는 사업효율성을 제고했는지 여부 항목에서는 가점을 받을 수 있다.

넷째, 국무조정실에서 평가하는 자체 평가[9]의 경우 평가 지표별로

---

7 문화외교국 내부자료. 2013년 결산 보고서.

8 문화외교국 내부자료. 재정 사업 자율 평가최종보고서.

9 문화외교국 내부자료. 2013년도 자체 평가 실적.

실적을 요약하는 '매력한국 국가 브랜드 실현 및 국격 제고를 위한 공공외교 추진'이 있고, '대중의 마음을 사는 참여형 문화외교 증진', '한류 등 소프트파워를 활용한 문화외교 추진' 등 두 가지 관리 과제가 제시되어 있다. 주요 정책성과, 문제점(한계) 및 개선·보완 사항, 평가 지표별 실적 요약 항목으로 나뉘어 있고, 평가 지표별 실적 요약은 1. 성과 달성도, 2. 계획 수립의 적절성, 3. 시행 과정의 적절성, 4. 정책의 효과성을 나누어 평가한다. 1. 성과 달성도에서는 각 활동에 대한 세부 점검 기준을 두어 평가하거나 지원자 수, 홍보 횟수, 참여자 만족도 조사 점수 등을 반영하여 정량 평가를 한다. 여기에 성과 지표의 적절성이라는 항목을 두어 목표치의 적극적 설정 및 성과 지표의 대표성 확보를 평가한다. 2. 계획 수립의 적절성에서는 계획 수립 시 사전조사, 의견수렴의 충실성과 정책분석의 적절성을 점수로 환산하여 반영한다. 3. 시행 과정의 적절성에서는 추진 일정의 충실성, 행정 여건·상황 여건에 대한 대응성, 관계기관·정책과의 연계성, 자체 평가 결과의 환류지수, 자체 평가 위원과의 소통지수를 평가한다. 4. 정책 효과성에서는 계획 수립 시 예상한 정책 효과가 구체적으로 발생했는지 해당 과제가 상위 목표 달성에 기여한 정도를 근거로 하여 평가한다.

다섯째, 국무조정실이 평가하는 국정과제·브랜드과제 평가[10]에서는 크게 두 가지 '집행 노력도'와 '성과 목표 달성도'를 본다. 집행 노력도의 평가 지표에는 '정책 수단 완수 여부', '장애 발생 상황 극복 노력도'가 있으며, 성과 목표 달성도의 평가 지표로는 성과 지표 목표치 달성도와 함께 언론 등 평가 결과에 따라 가감을 한다. 재외국민 안전·권익 보호와 공공외교·일자리 외교 확대의 평가 지표별 양식을 살펴보

10 문화외교국 내부자료. 2014년도 과제별 결과 보고서.

면, 첫째 집행 이행도에서 사용하는 평가 지표는 '민간역량 결집을 통한 국민 공공외교 전개', '일관된 전략의 공공외교 시행을 위한 추진체계 구축', '문화융성의 대인효과 극대화 도모', '청년 일자리 창출과 연계한 공공외교 프로젝트 추진' 등이 있으며 성과 지표 달성도의 평가 지표로는 '국민 참여형 공공외교 활동지수', '공공외교 추진체계 구축지수', '글로벌 청년 프로젝트 참여지수' 등이 있으며 각 지표에 해당하는 성과 지표 체크 리스트를 두어 평가 항목별 세부 점검 기준에서 평가를 한다. 또한 정책 효과의 평가 지표에서는 목표한 성과 발생 여부, 향후 기대효과, 국정기조에 실제 기여 여부 등을 본다.

여섯째, 외교부에서 평가하는 재외 공관장 평가[11]는 주요 사업 및 추진 과제에 대한 재외공관의 기여 정도 및 각종 공관의 문화 활동 등을 종합적으로 평가한다. 재외공관을 문화홍보관 및 문화원 주재 여부, 공관 현지 사정 등을 고려하여 4개 그룹으로 나누어 각 그룹별로 상대평가를 한다. 이를 테면, A그룹은 문화원 소재공관, B그룹은 문화홍보관 주재 공관, C그룹은 문화원 비소재·문화홍보관 비주재 공관 중 특수지 공관, D그룹은 문화원 비소재·문화홍보관 비주재 공관 중 특수지가 아닌 공관으로 나뉜다. 평가 항목별 비중은 공관장이 최소 10% 이상 자율적으로 설정 가능하다. 공공외교 활동, 문화예술 협력 활동, 문화 교류 협력 활동에 해당하는 항목별 세부 지표에 대한 모든 실적을 요구하는 것은 아니며, 세부 지표에 해당되는 실적이 있다면 이에 대해 평가를 한다.

문화외교국의 공공외교 활동에 대한 여섯 가지 평가 지표를 살펴본 결과, 각 성과 지표는 정무, 경제 업무와 구분되는 매우 정확한 목표를

11 문화외교국 내부자료. 재외공관장 통합성과 평가 지침.

제시하고 있으며 이를 달성하기 위한 다양한 활동들과 수용자를 고려한 국별 맞춤형 공공외교 사업들을 평가 지표 항목에 넣었다는 점에서 매우 구체적이다. 수행자들로 하여금 공공외교 활동의 방향을 제시해주고 있고, 달성 목표를 수치화하여 공관별 공공외교 활동을 한눈에 볼 수 있게 했다는 장점이 있다. 하지만 현재의 성과 지표가 외교 사업 추진 실적을 현실적으로 잘 반영하고 있으며 옳은 방향으로 이끄는 방향타의 역할을 하고 있는지는 구체적으로 살펴볼 필요가 있다. 평가는 향후 업무의 방향을 제시하고 효율성을 높이기 위한 피드백의 기능을 하기 때문이다. 무엇보다 여섯 가지 성과 지표가 서로 다르기 때문에 이에 따른 업무의 비효율성이 초래될 수 있다. 또한 거의 모든 성과 지표가 실적 위주의 양적 평가에 치우치고 있다는 점에서 현재의 평가 지표는 자칫 수행자로 하여금 정해진 기간 안에 가능한 많은 공공외교 활동들을 펼쳐야 하는 중압감을 주어 오히려 양질의 공공외교 활동을 저해할 수 있다는 우려를 낳는다. 게다가 공공외교 활동은 공관 평가에서 5%밖에 차지하지 않는다는 점에서 수행자가 양질의 공공외교 활동을 펼칠 것을 기대하는 건 어려울 수밖에 없다. 여기에 문화외교국에서 해외주재공관으로 보고받고 있는 사업결과 보고서의 양식은 여섯 가지의 평가 지표를 만족시키기에는 부족함이 있다(기존 성과 평가 지표 붙임 1 참조).

이에 본 장은 외교부의 공공외교 관련 업무가 세 개 부처에서 각기 제시하는 총 여섯 가지의 성과 지표로 평가받고 있는 현재의 상황에서 문화외교국 세 개의 과(공공외교정책과, 문화예술협력과, 문화교류협력과) 소속 공무원들의 성과 지표에 대한 인식 조사를 통해 현 성과 지표의 현장적용성에 대한 평가 및 개선을 위한 방안을 모색하고자 한다. 기본적으로 '담당 업무', '현재 성과 지표에 대한 진단 및 평가', '새로운 성과 지표 개발을 위한 의견 수렴' 등 3개 영역별로 나누어 여섯 가지 성과 지표에 대한 만족도를 조사하고, 불편 사항 및 개선 방안을 수렴하고 현재 해외주재공관이 사용하고 있는 결과 보고서의 양식을 분석함으로써 현재 평가 지표의 개선 방안을 제시하고자 한다.

2. 조사 설계

1) 전수조사

〈표 4-2〉 전수조사 대상자

구분	내용
설문 대상	문화외교국 세 개과, 모든 직급 국가 공무원 총 35명 (공공외교정책과, 문화예술협력과, 문화교류협력과)
최종 응답자 (응답 회수율)	23명 (응답회수율 65.7%)
설문 방법	이메일 서베이를 통한 비구조화된 설문조사를 실시한 결과를 반영하여 구조화된 설문조사지를 작성하여 현장배포 후 수거하는 방법으로 재실시(전수조사 자료 수집도구 붙임 2 참조)

〈참고〉 수거된 설문지 중 불성실 응답지 및 논리적 오류가 있는 응답지 1부를 제외하고 최종 22명을 분석 자료로 사용

2) 조사 방법 및 조사 기간

〈표 4-3〉 조사 방법 및 조사 기간

구분	내용
조사 방법	현장 배포 및 개별 요청시 추가 설명
자료 수집 도구	구조화된 설문지(Structured Questionnaire)
조사 기간	2015년 1월 16일~1월 27일

3) 응답자 특성

본 설문지는 응답자 특성을 담고 있었지만 본 조사가 소수의 공무원에 대한 전수조사이었던 만큼 응답자 특성으로 신상을 역추적하는 것이 가능함에 따라 이에 대한 무응답이 절반이 넘는 12명에 달했다. 따라서 응답자 배경에 따른 인식의 차이 여부를 분석하는 건 불가능했다.

〈표 4-4〉 응답자 특성

<table>
<tr><th colspan="2">구분</th><th>전수조사 대상
(명)</th><th>응답자수
(명)</th></tr>
<tr><td colspan="2">▣전체▣</td><td>35</td><td>11</td></tr>
<tr><td rowspan="2">성별</td><td>여자</td><td>28</td><td>8</td></tr>
<tr><td>남자</td><td>7</td><td>3</td></tr>
<tr><td rowspan="4">연령별</td><td>29세 이하</td><td>6</td><td>2</td></tr>
<tr><td>30~39세</td><td>16</td><td>5</td></tr>
<tr><td>40~49세</td><td>11</td><td>4</td></tr>
<tr><td>50세 이상</td><td>2</td><td>-</td></tr>
<tr><td rowspan="6">직급별</td><td>주무관급</td><td>10</td><td>-</td></tr>
<tr><td>외무행정관급</td><td>9</td><td>4</td></tr>
<tr><td>사무관급</td><td>8</td><td>2</td></tr>
<tr><td>서기관급</td><td>4</td><td>-</td></tr>
<tr><td>관리자급
(과장급 이상)</td><td>4</td><td>2</td></tr>
<tr><td>기타</td><td>0</td><td>-</td></tr>
</table>

〈참고〉 수거된 설문지 22부 중 응답자 특성을 분별하는 통계처리 정보란 미기입 응답지 12부

3. 조사 결과

1) 담당 업무 영역

(1) 불필요한 문화·공공외교 활동

현재 문화외교국에서 수행하고 있는 문화·공공외교 활동 중에 불필요한 프로그램에 대해 조사한 결과 '퀴즈 온 코리아', '한식월드/K-Food 페스티벌', '동영상 콘테스트'가 가장 많이 지목되었다. 각각에 대한 이유로는 '퀴즈 온 코리아'의 경우, 민간 분야에서 담당할 수 있는 성격의 사업이며 이벤트성이 강하고, 유사 사업을 타 부처에서도 하고 있어 참신성이 떨어진다는 점을 들었다. '한식월드/K-Food 페스티벌'의 경우에도 역시 이벤트성 사업인 점과 유사 사업이 타 부처에도 있다는 점, 그리고 기재부와 국회의 지적을 받은 사업인 점이 거론되었다. '동영상 콘테스트'의 경우, 불필요한 업무 소요, 다른 사업에 비해 가시적 효과성이 낮다는 점, 투입 대비 효과 낮음(행정력 소모 높음), 해외문화홍보원과 사업 중복, 외국인의 동영상 응모가 저조하다는 점이 주요 이유로 언급되었다.

그 다음 순위로는 '공공외교 친선대사/명예사절 활동'과 '재외공관 문화전시장화 사업'이 선택되었는데, '공공외교 친선대사/명예사절 활동'에 대해서는 일인 외교가 아닌 다수의 현지인 대상을 목표로 하는 전방위 외교가 적절하다는 이유가 제시되었고, 불필요한 업무 소요, 다른 사업에 비해 가시적 효과성이 낮다는 점이 지적되었다. '재외공관 문화전시장화 사업' 역시 다른 사업에 비해 가시적 효과성이 낮다는 점이 거론되었다. 이 외에도 '친한 외국인 기반 구축'이 사업 자체는 필요하나 매력 한국 등과 통폐합 검토가 필요하다는 이유로, 'K-Pop 월드

페스티발'이 민간분야에서 담당할 수 있는 사업이라는 점에서 불필요한 문화·공공외교 활동으로 지적되었다.

(2) 새로운 문화·공공외교 활동에 대한 제안

새로운 문화·공공외교 활동에 대한 제안에 대해서는 새로운 프로그램을 제안하는 응답보다는 현재에 진행 중인 많은 가짓수의 프로그램들을 통합하고 선택과 집중을 바라는 것으로 조사되었다. 각 응답을 살펴보면, 새로운 사업명을 개발해서 여러 개의 사업을 하나의 사업으로 만들 것을 제안하거나 현재 프로그램이 통합 혹은 확대되기를 희망했으며, 단발성 행사 외에 장기적인 문화 교류 프로그램이 필요하다는 점도 거론되었다. 또한 전략, 정책 공공외교에 대한 필요성도 제기되었다.

2) 현재 성과 지표에 대한 진단 및 평가 영역

(1) 공공외교의 중요성 여부

공공외교가 얼마나 중요하다고 생각하는지에 대한 여부를 조사한 결과 응답자의 22명[12] 중 9명이 '매우 중요하다'라고 답했으며, 12명이 '중요하다'라고 선택했고 1명이 '보통이다'라고 답변했다. 문화외교국 내 대부분의 응답자들은 공공외교를 중요하게 인식하고 있는 것으로 조사되었다.

(2) 공공외교 평가 반영 비율

공공외교 활동이 공관 평가에 최소 5% 반영되는 데 대한 의견을 조

---

12 불성실한 응답지 1부를 제외함.

사한 결과, 6명이 '적당하다', 9명이 '적은 비율이 반영된다', 6명이 '너무 적은 비율이 반영된다'라고 답하여 응답자 중 68.2%는 공관 평가에서 공공외교 활동의 반영 비율을 적다고 판단하는 것으로 나타났다. 반영비율이 최소 몇 %가 적당하다고 생각하는지에 대해 조사한 결과, 7명이 15%라고 답했고, 5명이 10%, 4명이 20%라고 답했다.

(3) 공공외교 평가 지표 만족도

문화외교국의 공공외교 활동이 평가받고 있는 여섯 가지의 성과 지표에 대해 알고 있는지 여부를 질문한 결과 문화외교국에서 평가하는 재외 공관장 평가가 가장 많이 선택되었고, 뒤이어 국무조정실에서 평가하는 자체 평가, 기획재정부에서 평가하는 재정 사업 자율 평가 순서로 선택되었다. 응답자는 알고 있는 지표를 복수 선택할 수 있었는데 응답자 22명 가운데 14명이 이 질문에 응답했다.

이 중에 합리적이라고 선택된 성과 지표는 국무조정실에서 평가하는 자체 평가로 총 4명이 선택했다. 비합리적 평가 지표로 가장 많이 선택된 성과 지표는 국무조정실에서 평가하는 국정과제·브랜드과제 평가로 총 4번 선택되었다. 기획재정부에서 평가하는 예산 성과 평가와 기획재정부에서 평가하는 결산 보고서(성과 평가)가 각각 3번씩 선택되었으며, 기획재정부에서 평가하는 재정 사업 자율 평가와 국무조정실에서 평가하는 자체 평가는 각각 2번씩 선택되었다.

한편 문화외교국에서 평가하는 재외 공관장 평가의 경우, 합리적 평가 지표로 총 4번 선택되었으나, 동시에 비합리적 평가 지표로 총 4번 선택되기도 했다. 재외 공관장 평가에 대해서는 합리적 혹은 비합리적이라는 평가가 엇갈리고 있었다.

(4) 공공외교 업무성과 평가 결과 만족도

6가지 성과 지표에 기초해 받은 평가 결과에 대한 의견을 조사한 결과, 문화외교국에서 평가하는 재외 공관장 평가로부터 받은 평가 결과에 대해 3명이 합리적이라고 응답했다. 기획재정부에서 평가하는 예산 성과 평가로부터 받은 평가 결과에 대해서도 2명이 합리적이라고 답했다. 국무조정실에서 평가하는 자체 평가로부터 받은 평가 결과는 한 명이 평가 결과가 합리적이라고 응답했다.

그러나 비합리적이라고 생각하는 평가 결과는 여섯 개의 지표 모두 2개 이상씩 선택되어 평가 결과에 만족하는 사람보다는 만족하지 않는 사람이 더 많은 것으로 나타났다. 이중에서 가장 비합리적인 평가 결과로 지목된 건 기획재정부에서 평가하는 재정 사업 자율 평가로부터 받은 평가 결과인데, 3명이 '비합리적' 1명이 '매우 비합리적'이라고 응답했다. 또한 국무조정실에서 평가하는 자체 평가로부터 받은 평가 결과에 대해서도 3명이 비합리적이라고 응답했다.

비합리적 평가 결과라고 판단한 이유에 대해서는 계량화를 통한 정량 평가는 현실을 반영하기 어렵고 비합리성을 발생시키기 때문이라고 응답했다. 정성적 평가가 이루어지지 않고 있다는 점에 대한 지적이 많았다. 특히 각 평가부처가 평가 지표에 대해 제공하는 의견이 상충되고 해마다 다른 의견을 낸다는 점이 문제점으로 지적되었다. 또한 성과 평가가 너무 많은 것 자체가 비합리적이라고 생각하는 응답도 있었으며, 성과 위주의 평가가 문제라는 의견도 제기되었다. 공공외교 업무의 특수성이 고려되어야 한다는 점도 언급되었다.

(5) 평가 지표 수정에 대한 의견

평가 지표를 새롭게 수정한다면 어떤 부분이 더 포함되면 좋겠는지,

그에 대한 이유를 조사한 결과, 새롭거나 창의적인 시도나 코리아 코너 설치와 같은 추가적 성과에 가산점을 부여하자는 방식을 총 10명이 선택했고, 공공외교 행사 언론 보도에 대한 질적 평가는 총 7명이 선택했다.[13] 뒤이어 친한 외국인 네트워크 확대 평가는 5명, 소셜 네트워크 팔로우(SNS follower) 숫자 등을 고려하는 뉴미디어 평가는 2명이 선택했다.

새롭거나 창의적인 시도가 평가 지표에 포함되기를 희망하는 응답자들은 가시적인 성과에 대한 질적 평가가 가능한 점, 실질적 평가가 이루어질 수 있다는 점, 가산점을 통해 더 좋은 프로그램 개발에 대한 동기를 부여할 수 있다는 점 등을 그 이유로 들었다. 공공외교 행사 언론 보도에 대한 질적 평가를 선택한 응답자들은 그 이유에 대해 양적인 문제가 아닌 질적 지표 고려가 필요하다는 의견과 공공외교 성과에 대한 질적, 정성적 평가가 가능하다는 의견을 제시했다. 특히 공공외교의 특성상, 결과 지표 설정이 어려워 과정 지표/산출 지표를 사용할 수밖에 없는 상황이므로 이를 보다 효과적으로 드러낼 수 있는 평가 지표가 필요하다고 답했다.

3) 새로운 성과 지표 개발을 위한 의견 수렴 영역

(1) 공공외교 장기 목표

공공외교의 장기적 목표에 대해 어느 정도 중요성을 두고 활동하는지에 대해 조사한 결과, 한국을 향한 호감도와 한국 문화를 알리는 것

13 2장 '공공외교 평가: 외국 사례 비교 연구'와 3장의 '공공외교 효과 평가를 위한 이론적 프레임워크' 연구를 통해 본 연구팀은 새로운 평가 지표로 생성(Outtake) 평가, 공공외교 행사 언론보도에 대한 질적 평가, 뉴미디어 평가, 친한 외국인 네트워크 확대 평가를 도출하여 설문 보기 문항으로 개발했다.

이 가장 중요한 것으로 나타났다.[14] 한국을 향한 호감도에는 15명이 '매우 중요하다'라고 답했으며, 4명이 '중요하다'라고 답했다. 한국 문화를 알리는 것에는 9명이 '매우 중요하다', 10명이 '중요하다'라고 답해 정치 및 안보 협력, 경제 협력 및 무역, 한국 정책에 대한 이해보다는 한국을 향한 호감도나 문화를 보다 중시 여기는 것으로 조사되었다. 추가하고 싶은 장기적 목표에 대한 답변으로 '공공외교를 통한 외국 국민과의 네트워크 형성', '한국 문화 공연단이 세계 각지에서 더욱 활발히 활동할 수 있도록 수준 높은 공연단 소개, 공연단과 현지 기획사들과의 연계'가 제안되었다.

외국인이 한국에 대해 잘못 알고 있는 것에 대해서는 한국 사회와 한국 문화가 가장 많이 선택되었으며, 한국 역사에 대해서 잘못 알고 있다는 의견도 있었다. 또한 국가 이미지 제고를 위해 외국인이 한국에 대해 알았으면 하는 것에 대해서는 한국 문화와 한국인인 것으로 나타났다.

(2) 평가 지표 유목화 기준

현재 외교부의 문화·공공외교 활동을 양자외교, 다자외교, 미디어외교, 인터넷외교, 모니터링으로 유목화[15]한다면 적절하다고 생각하는

---

14 2장 '공공외교 평가: 외국 사례 비교 연구'와 3장의 '공공외교 효과 평가를 위한 이론적 프레임워크' 연구를 통해 본 연구팀은 공공외교의 장기적 목표를 정치 및 안보협력, 경제협력 및 무역, 한국 문화를 알림, 한국 정책에 대한 이해, 한국을 향한 호감도 등으로 도출하여 설문 보기 문항으로 개발했다.

15 2장 '공공외교 평가: 외국 사례 비교 연구'와 3장의 '공공외교 효과 평가를 위한 이론적 프레임워크' 연구를 통해 본 연구팀은 선진국형 공공외교의 경우 문화외교(Cultural and Exchange Diplomacy), 미디어외교, 인터넷외교, 모니터링으로(Pamment, 2013) 나뉜다는 점에 착안하여 문화외교를 우리 정부의 공공외교 목적에 맞춰 양자외교, 다자외교로 나누어 다섯 개의 유목화 기준을 제안했다.

〈표 4-5〉 문화 · 공공외교 활동의 유목화기준

구성요소	설명
가) 양자외교	외교관계 수립기념행사·주요외교계기 행사 등 쌍방향 문화교류 증진 사업
나) 다자외교	유네스코 주요회의 참여, 국제적 논의 동향 파악 등을 통한 국제기구에서의 한국외교 역량 강화
다) 미디어외교	TV·라디오·신문·전화 등 기존 미디어를 수단으로 하는 사업
라) 인터넷외교	케이블/인터넷 방송·모바일 웹·SNS 등을 수단으로 하는 사업
마) 모니터링	가~라 사업 관련 또는 타 업무 관련 어떤 현상(대상)을 종합적으로 총괄·평가하는 사업

지에 대해 조사한 결과 '적절하지 않다', '보통이다'를 모두 9명씩 선택했다. 이 결과에 따라 본 연구팀이 1차 제안했던 유목화를 수정하여 다음 장에서 매트릭스 형태의 유목화를 새로이 시도하여 최종 제안하게 되었다.

소속한 부서에서 수행하는 공공외교 활동은 제시한 유목화 기준의 어디에 해당하는지에 대해 조사한 결과 설문에 응답한 22명 모두가 양자외교(관계 형성 및 문화/교류외교)를 선택했고 이와 더불어 다자외교, 미디어외교 각 12명씩 현재 수행 중이라고 답했으며 인터넷외교 9명, 모니터링 6명이 응답했다.

본 연구팀이 제안하는 유목화 기준을 적절하지 않다고 답변한 응답자들은 '미디어외교와 인터넷외교가 양자외교에 포함되므로 분류의 일관성이 부족하며, 양자외교보다 이벤트를 통한 외교로 바꾸면 나을 것 같음', '상기 유목화의 기준이 모호함. 양자와 다자로 나눈 것과 미디어, 인터넷, 모니터링으로 나눈 것이 어떤 기준으로 연결되어 있는지 설명이 안 됨. 또한 인터넷도 미디어의 일종인데 따로 미디어와 동급의 구성요소로 구분하는 것도 부적절하게 보임. 유목화 기준은 누구나 쉽게 이해되어야(단순해야) 하고 이의를 제기할 수 없는 것이어야 할 것 같음', '특히 기재부 평가의 경우, 과정 지표 설정을 거부하는 경우가 많고, 복잡한 사업의 성과를 단순한 한 가지 지표로 평가받게 하고 있음. 공공외교 사업의 양적, 질적 성과가 효과적으로 나타날 수 있는 포괄적인 성과 지표가 개발되면 좋겠음(양적, 질적 성과가 포함되면서도 외교부의 노력을 통해 컨트롤할 수 있는 성과 지표 개발이 시급)', '5개를 같은 비중으로 평가하기 보다는 조금 더 중요하고 활동비중이 더 많은 요소에 평가 비중을 두었으면 좋겠음'이라고 의견을 제시했다.

평가 지표 개발을 위해 당부하거나 제안하고 싶은 사항에 대해서는 '공관 공공외교사업 통폐합 필요성 검토', '공공외교가 문화외교에만 국한되어 있는 것 같은 인식이 있는데 정무외교와 함께 고려되었으면 함', '외교 업무의 전반적 특성상 공공외교에 대한 정량 평가가 어렵다는 점을 감안, 기획재정부, 국무조정실 등을 설득할 수 있는 객관적인 정성 평가 지표 개발 필요', '정성적 평가를 정량적으로 나타낼 수 있는 방안' 등이 거론되었다.

4) 전반적 만족도 종합 분석

(1) 기획재정부 평가 방식에 대한 전반적 만족도

기획재정부의 세 가지 평가 방식 중 재정 사업 자율 평가가 평가 방식과 평가 결과 양 측면에서 보았을 때 가장 만족하지 않는 것으로 나타났다. 평가 방식에 있어서는 약간의 차이이긴 하지만 예산 성과 평가와 결산 보고서의 평가 방식이 재정 사업 자율 평가에 비해 조금 더 비합리적이라고 생각하는 것으로 나타났고, 평가 결과에 대해서는 재정 사업 자율 평가를 예산 성과 평가나 결산 보고서 평가보다 합리적이지 못한 평가 결과라고 응답했다. 흥미로운 것은 예산 성과 평가에 대한 불만족이 높게 나타난 것에 비해 그 평가 결과에 대해서는 합리적이라고 답한 사람이 많아 평가 방식과 평가 결과에 대한 만족도가 반드시 일치하지 않는다는 것을 알 수 있다. 기획재정부의 평가 방식에 대해서는 정량적 평가만 있고, 성과 평가가 너무 많은 것 그리고 성과 위주의 평가가 문제점으로 지적되어 기획재정부에서 요구하는 성과 지표가 질적 평가가 필요한 공공외교의 특성을 잘 반영하지 못하고 있다고 생각하는 것으로 나타났다. 그러나 평가 결과에 대해서는 합리적으로 응답하는 이유는 외교부의 문화외교국의 중요성이 인정받으면서 예산이 계속 증가하고 있는 현실을 반영한 것으로 보인다.

(2) 국무조정실 평가 방식에 대한 전반적 만족도

국무조정실의 두 가지 평가 방식 중 자체 평가가 여섯 가지 평가 지표를 모두 통틀어 가장 합리적인 것으로 집계되어 이에 대한 만족도가 가장 높은 것으로 나타났다. 하지만 자체 평가의 결과에 대해서는 기획재정부의 재정 사업 자율 평가 다음으로 가장 불만족스러운 것으로 나타나, 평가 방식과 평가 결과에 대한 만족도는 여기에서도 역시 일치하지 않는 것으로 나타났다. 한편, 국무조정실의 국정과제·브랜드과제 평가는 평가 방식에서 여섯 가지 방법 중 가장 불만족스러운 평가로 지목되었고 평가 결과는 다른 여섯 가지와 비슷한 수준에서 불만족스럽다고 답하여 평가 방식과 평가 결과 측면에서 가장 불만족스러운 것으로 분석되었다.

(3) 문화외교국의 평가 방식에 대한 전반적 만족도

문화외교국이 평가하는 재외 공관장 평가에 대한 평가 방식과 평가 결과에 대해서 상이한 결과가 나왔다. 평가 방식에는 매우 만족하는 반면에 평가 결과에는 또 매우 불만족하는 것으로 나타났다. 여기서도 역시 평가 방식과 평가 결과에 대한 만족도는 서로 다름을 알 수 있다.

여섯 가지 평가 지표에 대한 피평가자들의 전반적 만족도를 분석한 결과, 평가 방법과 평가 결과에 대한 만족도는 크게 연관성이 없는 것으로 드러났다. 기획재정부의 예산 성과 평가 결과에 가장 만족하는 것으로 나타났다는 것은 최근 공공외교 예산확보가 2013년 67억, 2014년 90억, 2015년 133억으로 증가되고 있는 추세가 어느 정도 영향을 미쳤을 것이라고 해석된다. 하지만 세 개의 평가 기관(기획재정부, 국무조정실, 문화외교국)을 기준으로 보았을 때, 기획재정부의 성과 지표들에 대부분 불만족하는 것으로 나온 이유는 지나치게 정량 평가에 치우치고 있기 때문인 것으로 보이고, 국무조정실의 자체 평가에 전반적 만족도가 높게 나온 이유는 정성 평가를 어느 정도 고려하고 있기 때문인 것으로 보인다.

공공외교의 성과를 제대로 입증하기 위해서는 공공외교 활동의 정당성을 입증하고 공공외교사업의 성과를 제대로 평가받아야 한다. 여기에는 기획재정부의 예산을 지속적으로 확보해야 하고 동시에 국무조정실에서 요구하는 산출 성과와 결과 지표를 내놓아야 하는 실정이다. 따라서 공공외교 사업 담당자들은 비합리적이라는 것을 알면서도 현재의 여섯 가지 평가 지표가 요구하는 바를 묵묵히 따라가야만 하는 고충을 겪고 있다. 바로 이런 이유로 체계적이고 합리적인 자체 평가 시스템이 필요한 것이다.

자체 평가 시스템이 합리적이고 체계적인지 여부는 평가 자체의 '타당성'과 '신뢰성'을 갖추고 있느냐에 달려 있다. 우선 평가 지표에 대한 단순화가 필요하고 평가자 입장에서 평가 지표와 도입 취지를 이해하기 쉽도록 간결하게 고안되어져야 한다. 또한 외교부가 지향하는 방향과의 부합성과 일치성이 고려되어야 하며 이것은 외교부 전체의 목표와 전략과 맞물려 있어야 한다. 여기서 평가 시스템의 방향이 설정되는 것이다. 그리고 공공외교의 특성을 고려하여 평가 항목이 만들어져야 한다. 예를 들어 공공외교는 연성권력을 다루는 영역이고 문화적 접근을 우선시하고 있다고 했을 때, 문화외교국의 창의성이 반영될 수 있는 항목을 두고 무엇을 시도했는지에 대한 제시와 이에 대한 평가가 이루어져야 한다. 그래야 비로소 평가 자체의 타당성과 신뢰성을 갖게 될 것이다.

4. 현 결과 보고서 양식에 대한 분석

공공외교의 효과성은 해외주재공관에서 외국의 국민들을 대상으로 어떤 공공외교 활동을 어떻게 펼쳤는지, 그 활동의 대상이 되는 타겟 공중에게 어떤 메시지가 어떻게 전달되었는지에 달려 있다 해도 과언이 아니다. 앞서 살펴본 여섯 가지의 평가 지표 역시 공관에서 주도적으로 진행하고 있는 활동에 대해서 여러 측면으로 평가하고 있다. 그렇다면 현재 해외주재공관들이 본부에 제출하고 있는 결과 보고서 양식이 여섯 가지의 평가 지표로 성과 평가를 받기에 어떤 장단점이 있는지 살펴볼 필요가 있다. 본 연구팀은 11개의 해외공관에서 펼쳐진 2014년도 공공외교 역량 강화 사업 총 15개 사업의 결과 보고서를 분석해보았다.

현재 결과 보고서 양식은 크게 '사업 결과 개요'와 '사업 성과 평가'로 나뉜다. 사업 결과 개요에는 공관명, 사업명, 일시 및 장소, 주최, 후원,

〈표 4-6〉 결과 보고서 양식[16]

1. 사업 결과 개요	
1-1.	공관명
1-2.	사업명
1-3.	일시 및 장소
1-4.	주최
1-5.	후원
1-6.	행사 프로그램
1-7.	부대행사 개요
1-8.	총 수혜자(참석자/관람객/응모자 등)
1-9.	참석자 명단(귀빈)
1-10.	언론 보도 현황
2. 사업 성과 평가	
2-1.	사업 추진 성과
2-2.	참가자 및 관객 반응
2-3.	주요 언론 보도 요지
2-4.	사업 자체 평가(설문지 평가, SNS 반응 등 포함)
2-5.	건의사항

행사 프로그램, 부대 행사 개요, 총 수혜자(참석자/관람객/응모자 등), 참석자 명단(귀빈), 언론 보도 현황을 기입하는 란으로 구성되어 있다. 사업성과 평가에는 사업 추진 성과, 참가자 및 관객 반응, 주요 언론 보도 요지, 사업 자체 평가(설문지 평가, SNS 반응 등 포함), 건의사항으로 나뉘어 있다.

주 광저우 총영사관의 한국특색거리조성사업, 주남아공 대사관의 Korean Film and Food Festival, 주도미니카공화국대사관의 뉴욕취타대 초청 한국 전통공연 개최, 주 볼리비아 대사관의 제1회 한국주간 행사 등은 행사 성격을 띠어 현재 결과 보고서의 양식에 반영시키기에

16 문화외교국 내부자료. 2014년 공공외교 역량 강화사업 결과 보고서 양식.

충분하다. 한편 주루마니아대사관의 한반도통일강연회, 주상하이총영사관의 제1차 상하이 한중문화외교포럼, 주 이스탄불 총영사관의 2014 한반도 평화 및 통일 관련 세미나, 주 청뚜 영사관의 통일공공외교 미래협력포럼 등 학술/포럼/강연 등의 성격을 지니는 사업의 경우도 현재 결과 보고서에서 사업 결과 개요의 부대행사란이나, 사업 성과 평가의 주요 언론보도란에 기입한 내용이 행사성격의 사업들에 비해 현저히 적음을 알 수 있다. 주동티모르대사관의 딜리 환경 정화 사업의 경우는 현지의 긍정적 반향을 일으켜 언론 보도 현황을 기입했으나 역시 행사의 성격을 띠지 않아 행사 개요는 공란으로 비워져 있다. 주 중국 대사관의 중국 파워 블로거 초청 사업에서는 국내 언론에 난 기사와 초청된 파워 블로거가 웹상에 게재한 기사를 언론보도 건수로 기입했다. 외국 교과서 내 한국 발전상 확대 사업을 펼친 주 네덜란드 대사관의 다섯 가지 결과 보고서를 보면 행사 프로그램, 부대 행사 개요, 참석자 명단, 언론 보도 현황이 대부분 빈칸으로 남겨져 있다.

15가지의 사업 보고서만 보더라도 행사 성격을 띠는 사업은 4개뿐이다. 그 외의 11개 사업은 행사 성격을 적게 띠거나 아예 행사가 아니기 때문에 상대적으로 결과 보고서에 기입할 수 있는 내용이 적었다. 즉 현재의 결과 보고서는 행사 성격의 사업에 맞게 디자인되어 있다는 사실을 알 수 있다. 그렇다면 그 외의 11개 사업들을 살펴보면 보면 학술/포럼의 성격을 띠는 사업 4개와 외국 교과서 관련 사업 5개, 그 외 2개의 사업으로 구성되어 있는데 이 사업들은 행사 성격을 띠는 사업에 비해 지속적인 영향을 남기는 것으로 공공외교 효과성 면에서는 매우 중요한 사업이라고 생각된다. 73%이상(15가지 사업 보고서 분석 기준)의 공공외교 역량 강화 사업들이 행사 위주로 만들어진 기존의 결과 보고서 양식으로는 보고하고 분석하기 어려울 것으로 판단된다.

5. 현 성과 지표에 대한 평가

문화외교국 세 개 부서 공공외교정책과, 문화예술협력과, 문화교류협력과 공무원을 대상으로 담당 업무 영역에 대해 조사한 결과, '퀴즈 온 코리아', '한식월드/K-Food페스티벌', '동영상 콘테스트'가 타 부처와의 중복 가능성과 민간 분야에서 담당할 수 있다는 이유에서 비합리적인 프로그램으로 선택되었고, 이 외에도 '공공외교 친선대사/명예사절 활동'과 '재외공관문화전시장강화 사업' 등이 거론되었다. 문화·공공외교 활동을 새롭게 추가하기보다는 현재의 진행 중인 많은 가짓수의 프로그램들을 통합하거나 선택과 집중을 해야 한다는 의견이 많았다.

현재 성과 지표에 대한 진단 및 평가 영역의 조사 결과, 대부분의 응답자들이 공공외교의 활동을 중요하게 인식하고 있는 것으로 나타났고, 공공외교 활동의 공관 평가 비율은 현재의 5%에서 15% 안팎으로 올려야 한다는 의견이 지배적이었다. 공공외교 평가 지표를 알고 있는지 여부에 대해서는 응답자의 63.6%가 답변하여 평가 지표에 대해 어느 정도 인식하고 있는 것으로 나타났다. 합리적 평가 지표로 선택된 성과 지표는 국무조정실에서 평가하는 자체 평가이며 비합리적 평가 지표에 대해서는 국무조정실에서 평가하는 국정과제·브랜드과제 평가와 기획재정부의 성과 지표 세 가지가 모두 골고루 선택되었다. 한편 문화외교국에서 평가하는 재외 공관장 평가의 경우 합리적이라는 의견과 비합리적이라는 의견이 똑같이 나와 이에 대한 본부 외교관의 의견이 상충하는 것으로 나타났다. 평가 결과에 대한 의견에 대해서는 재외공관장 평가 결과와 기획재정부의 예산 성과 평가를 합리적이라고 답변했고, 기획재정부의 재정 사업 자율 평가의 평가 결과와 국무조정실의 자체 평가 결과가 비합리적인 것으로 나타났다. 평가 지표 수정에 대한 의견에서는 생성(Outtake) 평가와 공공외교 행사 언론 보도에 대한 질적 평가가 정성적 평가가 가능하다는 점에서 새롭게 수정되는 지표에 들어가기를 희망했다.

새로운 성과 지표 개발을 위해 의견 수렴을 한 결과, 공공외교 활동 시 중점을 두는 부분은 한국을 향한 호감도와 한국 문화를 알리는 것으로 나타났다. 외국인이 한국에 대해 잘못 알고 있는 부분은 한국 사회와 한국 문화라고 답변했다. 평가 지표 유목화 기준 설문을 통해 응답자의 모두가 양자외교를 하고 있다고 답변해 각자 담당하고 있는 공공외교의 프로그램이 양자외교에 속하며 성격에 따라 다자외교 영역에도 들어갈 수 있으며 동시에 미디어외교와 인터넷외교, 모니터링을 함께 수행하고 있는 것으로 나타났다. 따라서 본 연구팀이 선진국의 공공외교 모형에서 도출해낸 공공외교 유목화 기준이 현재 문화외교국의 공공외교 수행 체계 환경에는 적합하지 않다는 의견이 많았다.

이번 조사 결과가 성과 지표에 대한 문화외교국 공무원들의 만족도를 정확하게 도출해내기에는 다음과 같은 한계점을 지닌다. 응답 회수율이 65.7%에 그친다는 점과 이중에서도 성과 지표에 대해 답변을 한 응답자는 14명에 그쳐 63.6%만이 응답했다. 특히 통계 처리를 위한 정보란에 11명만이 기입을 해서 50%도 넘지 않는 응답자의 특성으로 성과 지표에 대한 만족도와의 인과관계를 분석하는 데 어려움이 있었다. 그럼에도 불구하고 이번 조사 결과가 시사하는 바는 분명하다. 첫째, 가짓수가 많은 공공외교 활동 프로그램을 통합해야 한다는 점, 둘째, 공공외교 중요성에 비해서 공관 평가 반영 비율이 낮다는 점, 셋째, 피평가자들이 여섯 가지의 성과 지표로 평가받는 사실을 어느 정도 인지하고 있다는 점, 넷째, 현재 평가받고 있는 평가 지표와 결과에 대해서 불만이 제기되고 있다는 점이다. 특히 정성적 평가와 질적 평가가 절대적으로 필요하다는 점이 주관식 문항을 통해 분명히 드러났다. 또한 해외주재공관에서 본부에 공공외교 사업에 대해 보고하는 현재의 결과 보고서 양식을 분석해본 결과, 행사 성격의 사업이 아닌 중요한 사업이 제대로 보고될 수 없는 양식 틀을 지니고 있었다. 따라서 정성적 평가를 포함하여 보고가 제대로 이루어질 수 있도록 결과 보고서 양식을 수정할 필요가 제기되었다.

설문조사 결과의 분석 한계점을 보완하기 위해 4장의 공공외교 효과 평가를 위한 이론적 프레임워크에서 도출한 성과 지표의 원칙으로 현재 문화외교국이 평가받고 있는 여섯 가지의 성과 지표를 분석해보겠다. 우선 앞장에서 살펴본 바와 같이 성과 지표의 원칙은 다음과 같이 요약할 수 있다. 평가 지표는 목표/전략 기획/사업 성과 부분에 대한 평가로 구성되어야 한다. 다만, 중요한 부분에 대해 가중치를 부여하는 방식이어야 한다. 성과 평가는 결과(outcome)와 효과(effect/impact) 두 가지로 구성되는 것이 바람직하며, 특히 공공외교 프로그램의 단기적/장기적 목표와 전략에 부합될 수 있도록 구성되어야 한다. 예를 들면, 성과 평가는 인식과 이해 증진, 신뢰 관계 증진 등을 평가해야 한다. 사업성과인 효과(impact) 부분은 타겟 공중 만족도와 조직성과 기여도 두 부분으로 구성되는 것이 바람직하다. 단일 프로그램 평가 외에 공공외교 활동 사업 전반에 대한 총체적 평가 지표가 필요하며, 이는 지속적으로 축적되어야 한다.

이 같은 관점에서 분석해보면 국무조정실에 제출하는 자체 평가는 전반적으로 원칙을 잘 따르고 있는 것으로 나타난다. 계획 수립의 적절성/시행 과정의 적절성 평가를 통해 목표에 대한 평가(투입과 과정 평가)가 시행되고 있고, 전체 공공외교 사업의 목표와 개별 프로그램 간 연계성에 대한 평가가 이루어지고 있다는 점이 바람직하다고 볼 수 있다. 특히 과정 평가를 위해서 '관계기관/정책과의 연계성'이나 '계획 수립 시 사전조사의 충실성' 등에 대한 점수를 부여하고 있어서 적절한 기획과 운영 과정에 대한 평가가 시행되고 있다는 점이 성과 지표의 원칙에 잘 맞는다. 성과 평가를 산출(output: 프로그램 참가자/수혜자 수/추진 공관 수/미디어 산출물 등)과 결과(outcome: 이해도, 인식도 제고 등), 효과(impact: 타겟 공중 만족도/정책 효과성 등) 등으로 구분하여 평가하고 있다는 점이 높이 살 만하다.

이 부분이 현재 성과 지표에 대한 진단 및 평가 영역의 공공외교 평가 지표 만족도 설문 결과에서도 그대로 나타난 것으로 보여진다. 앞서 언급되었듯이 성과 지표의 피평가자들인 문화외교국 공무원들은 합리적 평가 지표로 국무조정실에서 평가하는 자체 평가를 꼽았다. 하지만 이 평가 지표에서 좀 더 보완해야 할 점은 결과(outcome) 부분의 평가가 좀 더 세분화되어야 하고, 이는 공공외교 프로그램의 목표/전략과 연계되어 평가되어야 한다고 생각된다. 예를 들어, 쌍방대화, 참여성, 상호성, 신뢰 구축, '문화강국 코리아' 이미지 제고, 한국 이해도 제고 등 목표/전략을 수립한 후 이에 대한 구체적인 평가를 수행할 필요가 있다. 이와 더불어 국가 브랜드 빅데이터(Korea Brand Big Data) 분석이나 명성도 지표(Reputation Index) 평가 등과 같이 총체적인 공공외교 사업 전반에 대한 평가가 3년에 한 번 정도 이루어져야 할 것으로 보인다.

설문조사 결과 비교적 비합리적 성과 지표로 평가받고 있는 기획재정부의 평가 방식을 살펴보면 다음과 같은 문제점을 갖는다. 첫째, 전반적으로 평가 방식이 목표 부문에 대한 평가(투입과 과정에 대한 평가)가 전혀 없이 산출물과 성과물에만 집중되어 있다. 예산에 반영하기 위한 평가 방식이긴 하지만, 해당 프로그램이 정부가 추진하는 전체적인 공공외교 정책의 목적 및 전략에 부합하는지, 또는 타겟 공중에 부합하는 메시지, 매체 전략을 수립하고 있는지, 운영 및 관리가 효율적으로 이루어지고 있는지 등에 대한 평가가 함께 이루어져야 한다. 아무리 참여자가 많고 만족도가 높다 할지라도 목표 대비 평가가 없다면 방향을 잘못 설정했거나 운영이 비효율적이라는 문제점이 발생할 수 있다. 둘째, 특정 성과 지표는 산출물(참여자수, 회의 참여건수, 사업 시행수 등)에만 초점을 맞추어 평가가 이루어지고 있다는 한계가 있다. 이 같은 평가 방식은 실적과 참여자수 위주로 행사가 진행될 가능성을 높이게 되며, 가시적인 행사의 확대에만 초점을 맞추게 되어 인식과 신뢰 제고 등의 중요한 공공외교의 목표를 놓치게 될 가능성이 크다. 셋째, 성과 지표가 대부분 실적, 회의참여수, 수혜자수, 참여자 만족도에 비중을 두고 있다. 특히 결과(outcome) 지표라 해도 타겟 공중 만족도에만 평가 점수를 부여하고 있다. 해당 프로그램이 어떤 목표와 전략(한국 이해도, 인식도, 신뢰도 제고 등)으로 성과를 달성했는지가 함께 평가되어야 한다. 넷째, 3년마다 한 번씩 이루어지는 기획재정부 평가는 목표 부문(투입과 운영과정 평가) 등에 대한 평가가 이루어지고 있는데 이 지표의 경우, 답변 근거가 모호하여 구체적으로 기준과 평가 방식이 제시될 필요가 있다.

평가에 앞서 향후 공공외교 활동 프로그램이 추구하는 목표와 전략 설정은 매우 중요하다. 특히, 중견국으로서 한국의 위상과 방향성이 어떻게 설정되어야 하는지에 대한 기준을 토대로, 단기적, 중장기적 비전과 전략을 세워야 할 것이다. 이론적 논의를 통해볼 때, 평가 방법은 3P방식(Purpose/ Planning/ Performance)으로 이루어지는 것이 바람직하다. 특히 정책 평가는 과정 평가가 성과 평가 못지않게 중요하기 때문에 성과 평가에만 집중하는 것은 바람직하지 못하다. 성과 평가는 한국의 공공외교 사업 목표와 전략에 부합되도록 구체적일 필요가 있다. 예를 들면, 쌍방대화성, 수용자 참여성, 신뢰 구축, '문화강국 코리아' 인지도 제고 등 목표와 전략을 수립한 후 이에 대한 구체적인 성과 평가를 제안해야 한다. 수용자 관점과 전달자 관점의 평가 척도를 균형 있게 마련할 필요가 있다. 수용자 관점에서는 타겟 공중의 프로그램 만족도나 신뢰관계 증진을 측정 평가해야 하며, 전달자 관점에서는 공공외교 정책의 인지도나 이해도, 정책 성과 등을 평가해야 한다.

결론적으로 문화외교국 공무원을 대상으로 실시한 성과 평가에 대한 만족도 조사 결과는 전원이 성과 평가를 인지하고 있는 것은 아니지만 상당히 많은 수가 인지하고 있었고 그 평가는 본 연구팀의 평가와 일치한다. 즉, 현재 사용되는 성과 평가에 대해 타당한 불만을 제기하고 있다고 판단된다. 이러한 결과에 기초해 다음 장에서는 현재의 성과 평가 지표를 어떻게 수정하고 향상할 수 있을지 모색해보겠다.

5장

공공외교 중장기 성과 평가 최종안

신호창

1. 공공외교 평가 지표 개발 과정

공공외교(Public Diplomacy/PD)는 바람직한 평가 지표 개발 및 평가 수행 절차를 따랐을 때에 PD 역량을 제대로 발휘할 수 있는 가장 효과적인 평가 지표를 갖출 수 있다. 기본적으로 어떠한 외교 활동이든 국가의 목적과 목표, 그 국가가 지향하는 외교 목적 하에 이루어질 때 가장 효과적일 수 있다. 따라서 PD 평가 역시 이러한 맥락에서 개발 및 시행되어야 한다. 이를 위해 가장 먼저 선행되어야 하는 것은 〈표 5-1〉의 PD 평가 지표 개발 과정에 나타난 것처럼, 한국이 어떠한 정치·경제·문화·지정학적 위치에 놓여 있는지 파악하는 것이다. 다양한 관점에서 현재 한국의 객관적인 위치를 살펴보고, 이를 바탕으로 국가 존재의 목적과 목표를 설정하는 것이 필요하다. 이후 한국 외교가 나아가야 할 지향점이 설정될 수 있는데, 이와 동일한 선상에서 보다 구체적인 외교의 목적이 도출된다. 외교 목적을 달성하기 위해서는 다양한 외교 정책들이 개발 추진되고, PD는 주요 외교 정책의 일환으로 수행된다.

〈표 5-1〉의 과정에서 확인할 수 있듯 외교 지향점과 PD 활동은 서로 조화를 이뤄야 한다. 이에 맞추어 그 타겟(대상)을 명확히 설정하고,

〈표 5-1〉 PD 평가 지표 개발 과정

정치·경제·문화·지정학적 위치(positioning)
▼
국가의 목적과 목표
▼
외교지향점(positioning)
▼
외교 목적
▼
외교 3개 정책
▼
PD 목적·목표
▼
PD 타겟
▼
PD 전략
▼
PD 활동 및 프로그램 기획
▼
PD 평가 기준 및 지표 설정
▼
PD 수행
▼
PD 평가 실시
▼
PD 활동 및 평가 개선안
▼
차년도 PD 목적 및 목표 설정에 반영

가장 효과적으로 PD를 수행하기 위한 전략을 구상하여 실제 PD 활동 및 프로그램을 기획하게 된다. 이러한 단계를 통해 도출될 PD 평가는 크게는 국가(외교)의 목적과 목표에 부합하는지(표준화 전략), 작게는 세부 PD 프로그램을 지역에 맞게 어떻게 잘 수행했는지(현지화 전략) 그 여부를 진단하게 된다. PD 평가는 PD 프로그램을 실행한 후 이루어지지만, 이는 제일 마지막 과정이라고 할 수 없다. PD는 일회성 활동이 아니라 국가가 존재하는 한 지속적으로 수행하기 때문에, 일단 평가를 수행한 후에 평가에 대한 적절성(신뢰도, 타당도)을 점검하여 평가 방법을 시대와 국가 상황에 맞게 꾸준히 개선하여야 한다. 왜냐하면 평가 방법이 곧 PD 프로그램 전략과 전술에 영향을 미치기 때문이다.

2. 공공외교 평가 항목과 평가 방법

1) 평가 항목

PD 평가는 다양한 측면을 아울러 이루어지게 된다. 가장 먼저 필요한 것은 산출(Output)을 살펴보는 것이다. 이는 얼마나 많은 사람들이 참여했는지 등 객관적인 수치 정보 위주로 파악이 가능하다. 두 번째로 살펴보아야 할 항목은 결과(Outcome)이다. 대부분의 PD 활동 및 프로그램은 한국에 대한 이미지 개선 등 저마다의 뚜렷한 목적의식과 구체적인 목표 아래 실행되며, 앞선 평가 지표 개발 과정 모델에서도 살펴보았듯 이는 외교 및 국가의 전략과도 맞닿아 있다. 따라서 해당 PD 활동 및 프로그램이 참여하는 이들에게 얼마나 큰 영향을 어떻게 미치고 있는지를 파악하는 것은 PD 평가에 있어 빼놓을 수 없는 부분이다. 과정(Process)을 살펴보는 것 역시 중요하다. 제대로 된 절차를 밟아 이루어졌는지, 과정상에서의 문제는 없었는지 살펴보는 작업은 향후 PD 활동 및 프로그램을 구상하는 데 도움을 줄 수 있다. 프로그램 질(Program Quality)에 대해 객관적으로 되짚어보는 것 역시 필요하다. 객관적인 시각으로 해당 PD 활동 및 프로그램을 평가하여, 다른 여타의 행사와 비교해보았을 때 부족한 부분은 없는지, 개선할 수 있는 부분은 무엇인지 모색해보는 작업은 PD 프로그램의 전반적인 질 향상을 위해 필요한 과정이라 할 수 있다. 마지막으로는 공중 참여도(Public Engagement)를 파악해야 한다. 참여자들이 해당 프로그램의 목적과 목표를 이해하고 받아들이는지, 얼마나 PD 활동에 동화되었는지 여부는 해당 PD 활동 및 프로그램의 성패와 직결될 수 있는 필수적인 평가 항목이다. 요컨대 PD 평가에 포함되어야 할 측면은 다음과 같이 5개 항목이다.

① Output (산출) : 얼마나 많은 사람들이 참여했는가?
② Outcome (결과) : 얼마나 큰 영향을 미쳤는가?
③ Process (과정) : 제대로 된 절차를 밟았는가?
④ Program Quality (프로그램 질) : 이벤트 자체의 질이 좋았는가?
⑤ Public Engagement (공중 참여도) : 타겟 공중을 얼마나 동화시켰는가?

한편, PR학자들과 관련 연구단체들은 이러한 항목들을 체계적으로 평가 요소에 포함시키기 위한 방법들을 수십 년 동안 PR 분야에서 가장 시급한 과제로 추진하여 왔는데, 여기에서는 최근 10년 동안 국내외 PR 학자들이 보편적으로 채택하고 있는 평가 방법을 적용하고자 한다. 이는 다음과 같은 4개 분야를 측정하는 것으로 이는 린덴만의 이론에 기초하여 만들어졌는데, 앞에서 언급한 5개의 항목을 △Input(Process, Program Quality), △Output, △Outtake(Public Engagement), △Outcome의 4개 차원으로 재분류할 수 있겠다.

① Input (투입) : 효과적인 PD를 위한 준비가 제대로 이루어졌는가?
② Output (산출) : PD를 통해 만족할 만한 성과물이 도출되었는가?
③ Outtake (생성) : PD의 메시지는 수용자에게 효과적으로 전달되었는가?
④ Outcome (결과) : PD가 목표한 변화를 창출했는가?

2) 평가 방법

PD 평가 방법은 구체적 결과 추적, 미디어 분석, 여론 주도층 추적 등과 같이 크게 3개 차원으로 구성되어 있으며, 이 3개의 방법을 모두 내포하는 광범위한 평가 방식을 채택하는 것이 바람직하다.

(1) 구체적 결과 추적

이는 PD 활동을 통해 발생한 구체적 결과물을 추적하는 방법이다. '한국어 학교 설립' 등 해당 국가에 한국과 관련한 새로운 기관(조직)이 만들어지거나, 우리가 목표한 방향으로 국제 정책이 변화한 경우가 그 예라 할 수 있다. PD 평가를 위해서는 PD 대상 국가를 꾸준히 모니터링하여, 이러한 구체적 결과물을 파악하는 것이 필요하다. 결과물의 경우, 그것이 무엇이고 언제 발생했으며 얼마나 큰 의미를 부여했는지 여부를 판단하고 이러한 결과물이 만들어지는 데 PD가 수행한 역할이 무엇인지 파악하는 것이 필요하다.

이는 공공외교를 통해 나타난 구체적 결과물을 추적하는 정성적인 방법이다. 〈표 5-2〉에서 제시한 것과 같이 해당 국가에서 발생한 국제 정책의 변화, 새로운 기관(조직)의 설립 등이 평가의 중요 고려 사항이다. 크게 3~4가지의 항목을 기준으로 기록할 수 있다.

〈표 5-2〉 구체적 결과 추적 항목

항목	세부내용
What	어떤 결과물이 발생했는가?
When	언제 발생했는가?
How	그 결과물이 얼마나 큰 의미를 부여했는가?
PD의 역할	이러한 결과물에 만들어지는 데 공공외교가 수행한 역할은 무엇인가?

(2) 미디어 분석

둘째는 PD 활동을 통해 산출된 미디어 메시지를 분석하는 방법이다. 참고로 미디어는 보통 통제 미디어(팜플렛, 홈페이지, 블로그 등 조직이 만들어낼 수 있는 매체)와 비통제 미디어(언론, 언론 보도는 기자의 취사선택에 의해 결정되기 때문에 언론을 비통제 미디어라고 함)로 나눌 수 있다. PD의 특정 타겟만을 대상으로 하는 경우가 많기 때문에, 다수의 공중에게 영향을 미치기 위해서는 미디어를 효과적으로 활용하는 것이 필수적이다. 따라서 한국의 PD 활동이 얼마나 자주 미디어에 언급되고 있는지 살펴보는 것은 PD 활동을 평가하는 하나의 지표가 될 수 있다. 더불어 미디어에 나타나는 PD에 대한 질적인 평가 역시 필요하다. 한국의 PD 활동에 대한 미디어의 관점은 긍정적인지, 그들이 말하는 메시지가 본래 우리가 의도했던 메시지와 동일한지 살펴보는 것은 미디어를 통한 보다 효과적인 커뮤니케이션을 위해 필수적이라 할 수 있다. 〈표 5-3〉에서와 같이 여기에서는 PD 활동과 관련해 미디어(비통제 매체/언론 또는 통제 매체)에 나타나는 구체적인 변화를 추적하는데 보통 정량적/정성적 차원에서 미디어와 그 메시지를 분석한다.

〈표 5-3〉 미디어 분석 방법

정량적 방법	• 한국과 한국 정부의 공공외교 활동이 언급되는 횟수 파악
정성적 방법	• 시간 경과에 이슈에 대한 미디어의 태도나 관점이 변화했는지 파악 • 주요 메시지(혹은 theme)가 미디어의 관심을 끄는데 성공했는지 파악

(3) 여론주도층(Influencer) 추적

마지막으로는 여론주도층을 추적하는 것이다. 보통 PD 프로그램은 여론주도층이 누구인지 파악한 후에 PD 프로그램 대상자, 참가자를 결정한다. 여론은 소수의 여론주도층에 의해 만들어지고 확산된다. 따라서 PD가 목적으로 지향하는 바를 효과적으로 이루기 위해서는 여론을 주도하는 핵심 이해관계자를 파악하고, 이들을 중심으로 우리의 메시지를 전하는 것이 필요하다. 따라서 현재 여론주도층은 누구이며, 그들은 어떤 생각을 가지고 있는지 등을 꾸준히 파악하는 것은 현재 PD 활동이 효과적으로 이루어지고 있는지 살펴볼 수 있는 또 하나의 지표가 될 수 있다.

여기에서는 PD와 관련해 여론을 주도하는 핵심 이해관계자들의 행동 변화를 추적하는데, 여론주도층의 선정 및 추적은 다음의 4단계 프로세스를 따른다.

① 여론주도층 판단 기준 설정
② 여론주도층 선별 및 중요도 순위 설정
③ 여론주도층의 의견 및 행동 추적
④ 여론주도층의 내부적 인간관계 분석

3. 공공외교 평가 지표 개발을 위한 가이드라인

앞선 논의를 통해 도출된 평가 지표 개발 가이드라인을 정리해보면 다음과 같다.

① PD 평가 측정(안)은 한국의 지정학적 위치 및 국제 정치 경제 상황을 감안하고, 한국 외교의 목적과 PD 활동의 목적 등과도 일정하게 조화를 이루도록 해야 한다.

② 향후 20년을 아우르는 장기 PD 평가 모델을 염두에 두고 단기 평가 모델을 구축해야 한다. 단기적으로는 기존 평가 항목에 대한 보강 차원에서 평가안을 제시하고, 장기적으로는 국력 신장에 부합하는 강화된 PD 평가안을 제시하여, 과거, 현재, 미래의 연속성 상에서 한국 PD가 발전하도록 하는 것이 필요하다. 장기적으로 문화 교류·정책·통일·경제·외교를 포괄하는 융합적 PD가 되도록 PD 평가 지표가 설정되어야 한다.

③ 프로그램의 결과도 중요하지만 과정이나 프로그램 질에 대한 평가도 포함되어야 한다. 조사 방법론으로 질적, 양적 방법론 모두 활용하는 것이 필요하다. 계량적 평가 외 질적 방법으로 수치로 단순화시킬 수 없는 요인들에 대한 평가가 가능할 수 있기 때문이다.

④ 표준화 전략과 현지화 전략이 동시에 수행되어야 한다. 특히 현지화 전략 차원의 평가 방안 고려가 필요하다. 대부분의 공공외교 주체가 한국이기 때문에 한국의 공공외교 전략과 프로그램을 평가하려는 방안에 초점이 맞추어질 수 있다. 그러나 공공외교의 대상은 외국인이기 때문에 해당 국가 수용자 및 문화적 특성에 부합하는 프로그램 등 현지화 노력이 진행되었는지를 평가하는 방안도 고려하는 것이 필요하다. 현지화 평가에서는 질적 방법을 적용할 필요가 있는데, 이는 미국PR협회의 실버 앵빌 수상 방식을 차용하여 공관에서 성공 사례를 작성하고 이에 대한 평가를 수행할 수 있겠다.

⑤ 평가를 통해 직원들의 사기를 진작시킬 필요가 있다.

⑥ 해외공관 구성원들의 PD에 대한 인식이 아직 확립되지 않았기에 이에 대한 교육도 PD 활동과 그 평가 대상에 포함시킬 필요가 있다.

⑦ PD의 토대가 되어 온 국가 이미지(브랜드) 차원에 대한 평가가 포함되는 것이 바람직하다. 국가 이미지는 국민과 정부 구성원이 가장 쉽게 이해하고 민감하게 생각하는 부분이다.

⑧ PD 준비 단계와 PD 성과 단계를 모두 평가할 필요가 있다. 평가 과정의 최종 단계인 '평가'가 다시 순환하여 투입(Input)에 영향을 미치기 때문에 이를 구분하여 각각 평가하는 것이 필요하다.

⑨ PD 결과 평가 단계를 산출(Output), 생성(Outtake), 결과(Outcome)로 보다 세분화하여 평가하는 것이 필요하다. 산출(Output)은 단기 및 표면적으로 보이는 결과물을 측정하며, 생성(Outtake)은 수용자의 PD 메시지 수령 여부, 메시지 주목 및 이해 여부, 메시지 기억 여부 등을 측정한다. 결과(Outcome)는 수용자의 의견 변화, 태도 변화, 행동 변화 등을 측정한다.

⑩ '미래전략 제안' 항목 포함이 필요하다. 평가 결과를 통해 예측할 수 있는 사항들을 바탕으로 추후 전략 관련 다양한 의견을 제안할 수 있다. 이를 통해 PD 프로그램의 지속 가능성을 살펴볼 수 있다.

⑪ 수용자 차원의 변화, 조직적 차원의 성과, 국가적 성과 등 모든 차원에 대한 평가 측정을 해야 한다.

4. 공공외교 평가 지표 개발

1) 한국 외교의 목적

한국의 외교는 '국민과 함께 하는 신뢰외교' 기조 하에 '국민 행복',

'한반도 행복', '지구촌 행복'을 비전으로 삼고 있다. 외교부에서는 이를 구현하기 위한 구체적 방법론으로서 1) 한반도와 동북아의 평화 정착과 통일기반 조성(Peace), 2) 경제외교를 통한 경제부흥 선도(Prosperity), 3) 인류공영에 기여하는 중견국 실현(Prestige), 4) 국민 권익 증진과 문화 융성 구현(People)을 4대 외교 목표로 설정하고 있다.

2) PD 지향점 (목적 및 목표)

PD는 한국 외교 목표에 부합하는 방향으로 나아가야 한다. 따라서 각각의 PD는 앞서 언급된 외교부의 4대 기조를 실현하는 것을 그 목표로 하는 것이 바람직하다. 단, 외교의 4대 기조에 더불어 국가 이미지 차원에서 국가 선호도 제고를 추가적으로 고려하는 것이 필요하다. 외국 공중이 한국에 대한 올바른 지식을 갖게 하고, 민주화 모범 국가로 도약하는 등 한국만이 가진 차별적 요소를 효과적으로 전달하는 것은 PD가 지향해야 하는 또 하나의 목적 및 목표가 될 수 있다.

이를 통해 설정될 수 있는 PD의 지향점은 △Peace, △Prosperity, △Reputation, △Culture 총 4가지로 정리할 수 있다. 국가 이미지 차원의 고려는 중견국 실현 명성에 영향을 미치기 때문에 기존의 Reputation 항목 아래 함께 배치했다(〈표 5-4〉).

3) PD 활동, 프로그램

PD 평가는 PD 목적을 달성하기 위해 추진하고 있는 구체적인 사업과 프로그램을 대상으로 수행해야 한다. PD 평가의 목적은 사업과 프로그램들의 효과, 적절성, 지속성 등을 평가하여 이들 사업들을 개선하

〈표 5-4〉 PD의 4가지 지향점

Peace	한반도와 동북아의 평화 정착과 통일 기반 조성 - 주변국과의 전략적 협력 관계 구축 - 동북아 지역 내 국가 간 갈등과 대립 예방 및 완화 - 국제 사회와의 긴밀한 협력을 통한 북한의 변화 유도
Prosperity	경제외교를 통한 경제 부흥 선도 - 정보, 기술, 산업, 문화의 융합을 위한 외교적 지원 - 창조경제 외교의 거점으로서의 재외 공관 활용 - 기업의 해외 진출 지원 등 세일즈/일자리 외교 전개 - 경제, 에너지, 환경 관련 국제 거버넌스 구축 과정에의 참여
Reputation	인류공영에 기여하는 중견국 실현 - PKO, 비확산, 사이버안보 등의 분야에 적극적으로 참여 - 개발협력 확대 & 강화 - 인류 보편적 가치 및 규범 확산 - 포괄적, 다층적 지역 외교 전개 - 복합적 글로벌 네트워크 구축 국가 선호도 제고 - 한국에 대한 올바른 지식 전달 - 민주화 모범 국가로서의 이미지 소구 - 원조를 받는 국가에서 하는 국가로 부상한 한국의 변화 소구
Culture	국민 권익 증진과 문화 융성 구현 - 자국민의 해외진출 지원 - 재외국민의 안전과 권익 보호 - 매력적인 한국 이미지 형성

고 새로운 전략과 전술을 개발하는 데 있겠다. 현재의 PD 사업은 크게 2가지 차원에서 이루어지고 있다. 먼저는 국가 간 PD 사업으로 '공공외교 포럼', '문화 협정', '문화 공동위', '유네스코 외교', '외교 관계 수립 기념 사업', '쌍방향 문화 교류 증진 사업'의 총 6가지 사업으로 구성되어 있다.

다른 한축을 이루는 것은 외국 국민을 대상으로 하는 PD로, 총 12

가지의 사업으로 구성되어 있다. '한류 확산', '국민 공공 외교관', '재외공관 문화 전시장화 사업', '한국어/한국학 진흥', '청년 공공외교단, 시니어 공공외교단', '매력 한국 알리기', '스포츠 외교/태권도 진흥', '민간외교단체 커뮤니티', 'K-pop World Festival, K-food World Festival', 'Quiz on Korea Video Contest', '공공외교 친선대사, 공공외교 학술그룹', '교육 분야 협력 청소년 교류 증진' 등이 이에 속한다.

4) 최종 평가 모델 (평가 차원, 요소, 항목, 방법)

앞에서도 PD 평가를 위해 이론적 기준에 비추어 PD 활동을 측정할 수 있는 전체적 기준을 제시한 바 있다. 이에 준하여 여기에서는 PD 활동 평가를 기본적으로 린덴만의 산출(Output), 생성(Outtake), 결과(Outcome)의 모델에 투입(Input) 단계를 추가하여[1] 〈표 5-5〉에서와 같이 총 4단계로 구성된 PD 효과 측정 모델을 구성하고자 한다.

〈표 5-5〉 PD 효과 측정 기준

평가 차원	개요	주요 평가 요소
Input (투입)	PD 준비 및 과정 평가	PD 목적과의 일치 여부, 전략적 기획, 설계
Output (산출)	PD 산출물 평가	미디어 산출물, PD 프로그램 산출물
Outtake (생성)	PD 메시지 인지 평가	메시지 전달력, 메시지 수용도
Outcome (결과)	PD 효과 평가	수용자 만족도, 수용자 변화

1 린덴만(Lindenmann), 맥나마라(Macnamara) 등 홍보 평가를 주로 연구하는 학자와 차희원, 조삼섭, 김찬석 등 국내 PR학자도 Input, Output, Outtake, Outcome으로 나누어 평가하는 것을 선호하고 있다.

(1) Input(투입) 차원

투입 차원에서는 기획과 설계의 적절성을 따져보고, 진행하는 과정상의 효율성을 점검한다. 이를 위한 평가 요소는 〈표 5-6〉에 나타난 것처럼 크게 PD 목적과의 일치 여부, 전략적 기획, 설계로 구분해볼 수 있다.

가장 먼저 PD 목적과의 일치 여부를 평가한다. 각각의 PD 활동은 한국의 외교 및 전체적 PD 활동과 맥락을 함께할 때 그 효과가 극대화될 수 있다. 따라서 평가 대상이 되는 PD 활동이 전체 PD와 동일한 전략 및 목표를 갖는지, 해당 PD 활동이 PD의 다섯 가지 목적 중 어떤 목적 달성에 기여했는지를 파악하고 검토한다. PD 목적과의 일치 여부는 이후 이루어질 산출, 생성, 결과 차원의 평가에서 모두 동일하게 가장 우선적으로 평가되는 요소가 된다.

다음으로는 해당 PD 활동이 전략적으로 기획되어 있는지 살펴본다. 중요한 것은 올바른 목표가 설정되었는지의 여부다. 이를 판단하기 위해 목적이 SMART(Specific/Measurable/Achievable/Relevant/Time bound)한지 평가하는 과정을 거친다. 더불어 프로그램 지속성 역시 살펴보는 것이 필요하다. 장기적 차원에서 목표 타겟이 유효할지, 해당 PD 활동을 향후 지속적으로 활용할 수 있을지 판단하는 것이 이에 해당한다.

마지막으로는 해당 PD 활동이 올바로 설계되어 있는지 검토한다. 해당 요소에서는 해당 목표를 수행하기 위해 적절한 메시지가 선정되었는지, 메시지를 전달하기 위한 매체나 콘텐츠의 선택은 적절했는지, 제대로 타겟 공중을 설정했는지 등의 내용을 평가한다.

투입 차원의 평가 방법은 〈표 5-6〉에 나타난 것처럼, 전반적으로 자체 평가로 이뤄지고 각 평가 항목별 실행 여부를 판단하는 방식이다.

〈표 5-6〉 투입 차원 평가 항목(INDEX) 및 평가 방법

평가 요소	평가 항목	평가 방법
PD 목적과의 일치 여부	한반도와 동북아의 평화 정착 및 통일 기반 조성을 염두에 두고 기획, 설계 되었는지 여부	자체 평가(YES/NO Question)
	경제 외교를 통한 경제 부흥을 선도하기 위해 기획, 설계되었는지 여부	자체 평가(YES/NO Question)
	한국의 대내외적 명성을 향상시키는 방향으로 기획, 설계되었는지 여부	자체 평가(YES/NO Question)
	국민 권익을 증진시키고 문화 융성을 구현하는 방향으로 기획, 설계되었는지 여부	자체 평가(YES/NO Question)
전략적 기획[2]	장기적 활용 가능성 여부: 프로그램 차원 / 타겟 차원	자체 평가(YES/NO Question)
	PD목표의 SMART 여부[3] (Specific/Measurable/Achievable/Relevant/Time bound)	자체 평가(YES/NO Question)
설계	메시지의 적합성 여부	자체 평가(YES/NO Question)
	매체 선택의 적절성 여부 (이벤트, 퍼블리케이션, 웹 등)	자체 평가(YES/NO Question)
	콘텐츠 선택의 적절성 여부 (텍스트, 이미지 등)	자체 평가(YES/NO Question)
	타겟 공중 선정의 적절성 여부	자체 평가(YES/NO Question)

(2) Output(산출) 차원

산출은 PD 활동의 효과를 일차적 표면적으로 측정하는 단계다. 산출 차원의 분석에서는 가시적인 산출 지수를 파악하며, 평가 요소는 크게 미디어 산출물과 PD 프로그램 산출물 등 두 가지로 구분된다. 〈표

2 미국 OMB의 PART 참조.

3 ECA의 프로그램 목표 평가 방법 참고.

〈표 5-7〉 산출 차원 평가 항목 (INDEX) 및 평가 방법

평가 요소	평가 항목	평가 방법
미디어 산출물	산출물(보도 내용, 메시지, 수용자)의 PD 4대 목적 관련성	주간 단위 클리핑 및 분석: 질적 평가 (연관성 높음 / 연관성 낮음 / 연관성 없음)
	보도자료 게재 건수(매체별, 언론사별)	일일 단위 클리핑
	기사화 건수(매체별, 언론사별): 기자회견/브리핑/인터뷰	주간 단위 집계
	대변인 인용횟수	사안별 건수 집계
	주요 메시지 노출 건수[4] 및 노출 비중	주요 메시지별 집계 및 분석: 질적 평가 (높음/낮음)
	주요 메시지에 대한 언론 태도	주간 단위 클리핑 및 분석: 질적 평가 (긍정적/중립적/부정적)
	Social Media의 트윗, 팔로우 수[5]	사안별 건수 집계
PD 프로그램 산출물	해당 PD 프로그램 개최국(지역)수 및 추진 공관 수	내부 자료 취합
	PD 프로그램 참가자 수 및 수혜자 수	내부 자료 취합
	PD 프로그램 관련 문의 건수[6]	내부 자료 취합
	관련 자료 열독률	사안별 건수 집계

5-7〉은 산출 차원 평가 항목 및 평가 방법을 요약한 것이다.

미디어 산출물의 경우 언론 보도 클리핑을 통해 분석이 가능하다. 이를 통해 해당 PD 활동에 대한 보도 건수, 매체별 건수를 파악 할 수 있다. 이때 단순 보도 횟수 외에 인터뷰 기사화 건수, 대변인 인용 횟수 등을 조사할 경우 추가적인 미디어 노출 효과를 알 수 있다. 주요 메시지의 경우, 질적 평가를 통한 추가적인 효과 측정이 가능하다. 언론 보

4 미국 PR 연구소의 PR 프로그램과 활동의 효과를 측정하기 위한 가이드라인 참조.
5 김찬석의 IOO 모델 참조.
6 네덜란드 공공외교 평가 사례 참조.

도 시 해당 메시지가 얼마만큼의 중요도와 비중을 가지고 보도되었는지, 해당 메시지를 다루는 언론의 태도는 어땠는지 분석하는 과정이 이에 해당한다. 또한 PD의 궁극적 목표가 앞서 언급한 PD의 4가지 목표를 실현하는 것에 있음을 고려할 때, 언론을 통해 보도되는지 메시지가 PD 목표 내용들과 얼마만큼의 연관성을 갖고 보도되는 살펴보는 과정 역시 필요하다. 더불어 이슈 확산에 있어 소셜 미디어의 중요도가 커지고 있는 만큼 소셜미디어를 분석하는 것 역시 필수적이다. 페이스북, 트위터 등의 트윗, 팔로우 수를 추적하는 것이 이에 속한다.

마지막으로 살펴보아야 하는 것은 프로그램 차원의 산출물이다. 해당 PD 프로그램에 참여한 사람은 몇 명이며, 얼마나 많은 사람이 이로 인해 수혜를 받았는지, 해당 PD 프로그램이 얼마나 많은 지역에서 얼마나 많은 공관을 통해 진행되는지 살펴보는 것이 이에 속한다. 더불어 프로그램 진행 후 관련 자료의 열독률은 어떠한지 살펴보는 것 역시 필요하다.

(3) Outtake(생성) 차원

생성 차원에서는 해당 PD 활동의 메시지가 해당 공중에게 어느 정도 전달되었는지 측정한다. 원하는 핵심 메시지, 정책, 미션 등에 대해 해당 공중이 제대로 인지하고 있는지 확인해보는 것이 주를 이룬다. 예를 들어 해당 PD 프로그램 참가자들이 프로그램에서 제시하는 메시지나 슬로건, 비주얼 요소 등을 어느 정도 기억하는지를 측정하는 것이다.

생성 차원의 평가는 메시지 전달력의 측면과 메시지 수용도의 측면으로 나누어볼 수 있다(〈표 5-8〉). 메시지 전달력은 전달자의 관점에서 핵심 메시지가 공중들의 공감을 살 수 있는지, 주목도는 높은지 살펴보는 것을 의미한다. 한편 메시지 수용도는 수용자 관점에서의 인지도

〈표 5-8〉 생성 차원 평가 항목(INDEX) 및 평가 방법

평가 요소	평가 항목	평가 방법
메시지 전달력 (전달자 관점)	PD 4대 목적 관련 메시지 전달 여부	설문조사
	주요 메시지(슬로건) 공감도 및 주목도	설문조사
메시지 수용도 (수용자 관점)[7]	PD 프로그램 인지도	설문조사
	PD 프로그램 컨셉 이해도[8]	설문조사
	PD 프로그램 메시지/슬로건/심볼 인지도 및 회상도	설문조사
	PD 프로그램 관련 정책 및 주요 인물 인지도	설문조사

및 회상도를 측정한다. 해당 PD 프로그램이 무엇인지 알고 있는지, 컨셉에 대해 이해하고 있는지, 주요 메시지나 슬로건을 인지하고 회상하는지, 관련된 정책 및 인물을 알고 있는지의 요소가 이에 해당한다.

생성 차원의 측정은 설문조사나 관찰, 실험 등을 통해 가능하나 시간과 비용을 고려할 때 설문조사를 통하는 것이 일반적이다.

(4) Outcome(결과) 차원

결과 측정은 PD 평가의 최종 단계이다. 다양하게 이루어지는 PD 활동은 결과 단계에서 실제적인 효과를 달성하게 된다고 볼 수 있다. 결과 차원의 측정은 목표한 공중의 태도와 행동에 변화를 가져왔는지 여부를 측정하는 것이다. 〈표 5-9〉는 결과 차원 평가 항목 및 평가 방법을 요약한 것이다.

결과 차원의 측정은 앞선 산출(Output) 측정에 비해 다소 복잡한 과정을 거치며, 더 많은 시간과 비용을 요한다. 실제로 정확한 결과 측정을 위해서는 설문조사뿐 아니라 인터뷰나 관찰 등 다양한 질적 방법을

7 미국 PR 연구소의 PR 프로그램과 활동의 효과를 측정하기 위한 가이드라인 참조.

8 네덜란드 공공외교 평가 사례 참조.

〈표 5-9〉 결과 차원 평가 항목(INDEX) 및 평가 방법

<table>
<tr><th>평가 요소</th><th colspan="2">평가 항목</th><th>평가 방법</th></tr>
<tr><td rowspan="3">수용자 만족도[9]</td><td colspan="2">PD 프로그램에 대한 전반적 만족도</td><td>설문조사</td></tr>
<tr><td colspan="2">PD 프로그램 세부 사항에 대한 만족도: 진행자, 콘텐츠, 주최기관, 지속기간, 장소</td><td>설문조사</td></tr>
<tr><td colspan="2">상호성에 대한 만족도: 토론, 케이스스터디</td><td>설문조사</td></tr>
<tr><td rowspan="13">수용자 변화</td><td rowspan="5">의견</td><td>PD 4대 목적에 관한 공중의 의견 변화 여부</td><td>심층 인터뷰</td></tr>
<tr><td>한국 커뮤니케이션 만족도 증대 여부</td><td>심층 인터뷰</td></tr>
<tr><td>한국의 사회, 정치, 가치에 대한 전반적 이해 증진 여부</td><td>설문조사</td></tr>
<tr><td>한국의 특정 정치적 입장 가치, 관점에 대한 이해 증진 여부</td><td>설문조사</td></tr>
<tr><td>한국의 강점 및 차별점에 대한 인지 증진 여부</td><td>설문조사</td></tr>
<tr><td rowspan="3">태도</td><td>PD 4대 목적에 관한 공중의 태도 변화 여부</td><td>설문조사</td></tr>
<tr><td>한국, 외교부(공관), 외교 정책에 대한 호의도, 친밀도, 신뢰도 증진 여부</td><td>설문조사</td></tr>
<tr><td>한국에 대한 심리적 지지도 증진 여부</td><td>설문조사</td></tr>
<tr><td rowspan="5">행동</td><td>PD 4대 목적에 관한 공중의 행동 변화 여부</td><td>심층 인터뷰</td></tr>
<tr><td>해외 주요 기관에 한국이 배포한 정보 자료 비치 여부</td><td>주요 기관 방문 조사</td></tr>
<tr><td>지역 조직 및 지역 커뮤니티에 대한 PD 참여자들의 긍정적 변화 진행 여부</td><td>인터뷰, 관찰</td></tr>
<tr><td>프로그램 참가자에게 현재 및 향후 생활의 실질적 가치 제공 여부</td><td>인터뷰, 관찰</td></tr>
<tr><td>한국 회상도 증진 여부</td><td>설문조사</td></tr>
</table>

동원한 효과 측정이 필요하다. 해당 PD 프로그램이 궁극적으로 목표한 바를 달성했는지 알기 위해서는 결과 차원의 측정은 필수 불가결한 과정이다. 특히 각 PD 활동의 현지화와 표준화 전략이 결과에 어떻게 기여했는지도 평가에 적용하여야 한다.

결과 차원의 측정은 크게 2가지의 핵심 요소로 구성된다. 첫 번째는

9 네덜란드 공공외교 평가 사례 참조.

수용자의 만족도다. PD 프로그램에 참여한 공중을 대상으로 그들이 전반적 프로그램이나 진행자 등 세부 사항에 대해 만족했는지 조사하는 것은 향후 더 나은 PD를 위해서라도 필수적인 과정이라 할 수 있다.

다음으로 살펴보아야 하는 것은 수용자의 실질적인 변화다. 수용자의 변화는 다시 크게 의견의 변화, 태도의 변화, 행동의 변화로 나누어 살펴볼 수 있다. PD 프로그램의 궁극적인 지향점은 공중의 변화를 야기하여 PD의 4대 목적을 구현하는 데 있다. 따라서 보다 거시적인 관점에서 개별 PD 프로그램이 4대 목적에 대한 공중들의 의견과 태도, 행동을 어떻게 변화시키는지 파악하는 것은 평가에 있어서 가장 핵심적인 부분이라 할 수 있다. 여기에 부가하여 전반적인 이해도 향상 여부, 호의 정도나 신뢰도 형성 여부 등의 항목을 포함시킬 수 있겠다(전체 평가 차원 및 평가 내용은 붙임 3 참조).

5) 중장기 발전적 평가 방안

PD 활동에 대한 평가는 점진적인 발전 단계를 밟아나가는 것이 필요하며, 발전 단계는 5년을 주기로 크게 3단계로 구성될 수 있다(〈표 5-10〉).

2015년에 시작되는 1단계 평가는 Zero Based로 개발된 새로운 PR 평가 Model을 바탕으로 현 한국 외교의 방향과 지향점에 부합하는 평가 항목을 설정한다. 이 시기의 평가에서는 현재 이루어지고 있는 PD 평가 방식에서 효과적인 부분은 유지하고, 보완이 필요한 부분을 중심으로 새로운 평가 항목을 추가하여 평가를 진행하게 된다. 기본적으로 4개의 평가 차원 중 투입과 산출 중심으로 평가를 진행한다. 이를 통해 전면적인 평가 항목 수정이 야기할 수 있는 혼란을 최소화하는 한편,

〈표 5-10〉 PD 평가 모델 발전 3단계 (2015~2024)

1단계	5개년 PD 평가 모델(2015~2019) - 새로운 PD 평가 모델을 토대로 하되, 기존 방식에 새 항목을 추가 - 현재의 외교 쟁점을 염두에 둔 PD 평가 - 투입과 산출 중심으로 평가
2단계	차기 5개년 PD 평가 모델(2020~2024) - 새로운 PD 목적, 목표, 전략 설정 후 평가 항목 설정: 문화·교류 외에도 필요한 부분에 대해 범정부적 차원에서 PD 활동 평가 - 예상되는 국가의 주요 Agenda를 염두에 둔 PD 평가 - 투입, 산출, 생성, 결과 등 모든 차원에 대한 평가
3단계	차기 5개년 PD 평가 모델(2025~2024) - 제안한 새로운 평가 모델 확대 적용: 미국이나 영국 등 선진국 수준의 평가 - 통일, 세계 5대 강국 진입을 염두에 둔 PD 평가 - 문화, 경제, 통일을 포함한 모든 범정부 활동이 PD 평가의 대상이 됨

새로운 평가 항목을 통해 평가 방법 자체는 크게 보완·개선할 수 있다. 이때의 PD 평가는 현재의 외교 쟁점을 염두에 두고 이루어진다.

2020년부터 이루어질 차기 5년 PD 평가는 지난 5년간의 PD 활동과 평가를 바탕으로 새로운 PD 목적과 목표 그리고 프로그램을 설정한 후에, 이에 부합한 PD 평가 모델을 발전시킨다. PD는 궁극적으로 문화와 교류 외에도 다양한 부분으로 확대되어나갈 것이므로, PD 평가 역시 그 영역을 넓혀 나가야 한다. 따라서 필요한 부분에 대해서는 범정부적 차원에서 PD 활동 평가를 진행하며, 현재의 외교 쟁점은 물론 예상되는 국가의 주요 의제(Agenda)까지 염두에 두는 것이 필요하다. 기본적으로 이 단계에서는 투입, 산출, 생성, 결과 등 4개 차원 모두 평가에 포함한다.

마지막으로 2025년부터 적용될 제 3단계의 5개년 PD 평가 모델에서는 이번 프로그램에서 개발한 새로운 평가 모델을 확대 적용한다. 이는 미국이나 영국 등에서 실행하고 있는 세계적 수준(world class)의 평가 모델이라 할 수 있다. 이때의 PD 활동과 평가는 남북통일과 세계 5대 강국 진입 등 새로운 국가 목적을 달성하는데 기여하는 차원에서 이뤄질 것이다.

각 단계별 평가 차원 및 요소별 가중치는 다음과 같다. 참고로 이는 외교부 본부 및 해외 공관 직원들과 관련 분야 학자들의 의견을 수렴한 후, 수차례에 걸친 참여 연구진들의 브레인스토밍을 통하여 최종 설정했다.

① 1단계 5개년(2015~2019년) 평가 차원 및 요소별 가중치

ㄱ. Input (투입): 50%

- PD 목적과의 일치여부 20%, 전략적 기획 10%, 설계 20%

ㄴ. Output (산출): 50%

- 미디어 산출물 30%, PD 프로그램 산출물 20%

ㄷ. 보너스 (20점)

- 수용자 만족도 조사 및 환류(10점), 정책 효과(10점)

② 2단계 5개년(2020년~2024년) 평가 차원 및 요소별 가중치

ㄱ. Input (투입): 30%

- PD 목적과의 일치여부 10%, 전략적 기획 10%, 설계 10%

ㄴ. Output (산출): 20%

- 미디어 산출물 10%, PD 프로그램 산출물 10%

ㄷ. Outtake (생성): 20%

- 메시지 전달력 10%, 메시지 수용도 10%

ㄹ. Outcome (결과): 30%

- 수용자 만족도 10%, 수용자 변화(의견, 태도 행동) 20%

- 정책 효과(10점)를 추가로 반영함.

③ 3단계 5개년(2025년~2029년) 평가 차원 및 요소별 가중치

- 3단계는 2단계 평가와 같이 수행하되, 새로운 상황을 적용하여 평가 요소나 가중치를 변경할 수 있다.

5. 공공외교 평가 모델 최종안

모든 PD 행사 프로그램 기획서에는 PD 목적, PD 목표, 행사 목적, 행사 목표, 전략, 전술(매체, 메시지), 소구 공중, 구체적 실행 방안, 행사 후 평가 방안 등을 담고 있어야 한다. 평가란 목적(Goals)이 아니라 목표(Objectives)를 대상으로 실행하는 것이다. 목적은 덜 구체적이며 전체적인 반면에 목표는 숫자를 넣어 구체적이며 측정 가능하게 설정한 것을 말한다. 한국 정부나 기업 프로그램을 살펴보면 목적과 목표를 혼동하고 있으며, 대부분 목표가 덜 구체적이어서 측정이 불가능하다. 하나의 목적(예를 들면, 한국 이미지 높이기) 아래 2-4개의 목표(예를 들면, 한국인의 도전 정신에 대한 인지도를 전년 대비 10% 향상시키기)를 설정할 수 있는데, 목표가 달성 여부를 측정 가능하기 때문에 목적보다 더 중요하다. 따라서 가장 바람직한 PD 활동 평가는 기획서를 작성할 때부터 목표와 이 목표에 따른 평가 방안을 제대로 설정하는 것으로부터 시작된다 하겠다.

여기까지 본 장에서 논의한 평가 가이드라인, 평가 차원, 평가 항목, 측정 방법 등을 바탕으로 3단계 중장기 발전적 평가 방법 최종안을 각 단계별로 구체적으로 제시하면 다음과 같다. 참고로 〈표 5-18〉은 각 PD 사업 별 보고서 양식인데, 기본적으로 평가는 이 보고서를 바탕으로 시작한다 하겠다.

1) 1단계 5개년(2015~2019년) 평가 방법

(1) Input(투입) 차원 (50%)

〈표 5-11〉 1단계 평가: 투입 차원 평가 항목

가 요소	평가 항목	평가 방법
PD 목적과의 일치 여부* (20점)	한반도와 동북아의 평화 정착 및 통일기반 조성을 염두에 두고 기획, 설계되었는지 여부	자체 평가(높음/보통/낮음 Question), 관련 근거 제시(아래 모두 해당)
	경제 외교를 통한 경제 부흥을 선도하기 위해 기획, 설계되었는지 여부	자체 평가(높음/보통/낮음)
	한국의 대내외적 명성을 향상시키는 방향으로 기획, 설계되었는지 여부	자체 평가(높음/보통/낮음)
	국민 권익을 증진시키고 문화 융성을 구현하는 방향으로 기획, 설계되었는지 여부	자체 평가(높음/보통/낮음)
전략적 기획 (10점)	장기적 활용 가능성 여부: 본부 입장(5점)	자체 평가(높음/보통/낮음)
	장기적 활용 가능성 여부: 타겟(수용자) 입장(5점)	자체 평가(높음/보통/낮음)
설계 (20점)	메시지의 적합성 여부(5점)	자체 평가(높음/보통/낮음)
	매체 선택의 적절성 여부(5점) (대중 매체, 이벤트, 퍼블리케이션, SNS 등)	자체 평가(높음/보통/낮음)
	콘텐츠 선택의 적절성 여부(5점) (텍스트, 이미지 등)	자체 평가(높음/보통/낮음)
	타겟 공중 선정의 적절성 여부(5점)	자체 평가(높음/보통/낮음)

* PD 목적 중 1차 목적(major goal) 및 2차 목적(minor goal)에 해당되는 것만 평가한다.

방법

- 프로그램 담당자가 제시하는 정성적 또는 정량적 근거를 바탕으로 평가.
- 근거 자료가 타당하지 못하면 보통 또는 미달성으로 평가.
- 달성(높음)=100%, 보통=80%, 미달성(낮음)=60%로 환산.
- 평가 항목별 배점 = 평가요소의 배점/평가 항목 수로 결정.
- PD 목적과의 일치 여부에서 평가 대상 항목이 2개면 항목별 10점(20/2)씩 배점, 3개면 항목별 20/3점씩이 되는데 중요한 목적 2개는 7점씩 나머지 한 개는 6점을 배점하고, 4개 모두 해당되면 항목별 20/4점 즉 5점을 배점함.

- 전략적 기획은 10점 배점에 2개 항목이니 항목별 10/2 즉 5점씩 배점.
- 설계 역시 20점 배점에 4개 항목이니 항목별 20/4 즉 5점씩 배점.
- 평가 요소별 최종 점수는 항목별 배점에 달성(높음)은 100%, 보통은 80%, 미달성(낮음)은 60%로 환산한 것을 모두 합한 것이 됨. 예를 들면, 전략적 기획에서 본부 입장은 높음, 수용자 입장은 보통으로 평가되었을 때, 각각 3점×100%=3점과 3점×80%=2.4점으로 환산되어, 전략적 기획의 최종 점수는 5.4로 계산됨.
- 투입 차원의 최종 점수는 이 평가 요소별 최종 점수의 합이 됨.

(2) Output(산출) 차원 (50%)

〈표 5-12〉 1단계 평가: 산출차원 평가 항목

평가 요소	평가 항목	평가 방법
미디어 산출물 (30점)	산출물(보도 내용, 메시지, 수용자)의 PD 4대 목표 관련성 (6점)	주간 단위 클리핑 및 분석: 연관성에 관한 질적 평가 (높음/보통/낮음)
	기사화 건수(매체별, 언론사별)(8점): 기자회견/브리핑/인터뷰/보도자료	일일 단위 클리핑 주간 단위 집계
	미디어에 노출된 주요 메시지의 질적 평가(8점): (주요 메시지 노출 건수 및 노출 비중, 주요 메시지에 대한 언론 보도 성향, 긍정 또는 부정, 대변인 인용 횟수 등)	주요 메시지별 집계 및 분석: 질적 평가 (높음/보통/낮음)
	Social Media의 리트윗, 멘션, 좋아요 수(8점)	사안별 건수 집계
PD 프로그램 산출물(20점)	PD 프로그램 참가자 수(10점)	내부 자료 취합
	홍보자료 배포 부수(10점)	사안별 건수 집계

방법
- 프로그램 담당자가 제작하고 수집한 객관적인 자료를 바탕으로 평가.
- 항목별 배점은 표에 제시되었음.
- 2개의 질적 평가 항목(산출물의 PD 목표 관련성 및 노출 메시지)은 높음, 보통, 낮음으로 평가함. 이 경우 항목별 점수는 투입 차원과 같이 주어진 배점에 높음은 100%, 보통은 80%, 낮음은 60%로 환산한 것이 됨.
- 나머지 4개 항목의 정량적 평가는 프로그램 기획 단계에서 제시한 평가 방법에 따라 평가함을 원칙으로 함. 프로그램 기획서의 제일 마지막에 나오는 향후 평가 방법에

는 설정 목표를 어떠한 경우에 '매우 성공, 성공, 보통, 실패, 또는 매우 실패'인지가 명확히 기술되어 있어야 함.

- 이의 설정 기준은 작년 행사 산출을 염두에 두고 올해 예상 목표 산출을 제시한 후에 매우 성공, 성공, 보통, 실패, 매우 실패 등의 기준을 만듦. 만약 작년과 다른 새로운 사업이라면, 기존 행사들을 염두에 두고 올해 예상 산출 목표를 만듦. 평가 점수는 주어진 배점에 매우 성공은 100%, 성공은 90%, 보통은 80%, 실패는 70%, 매우 실패는 60%로 환산한 것이 됨.
- 만약 프로그램 기획서에 평가 방법을 설정하지 않았을 경우, 평가 최종 점수는 기존 비슷한 행사들과 비교하여 평가하되, 매우 성공은 제외하고 평가함. 따라서 이 경우 평가 점수는 성공=90%, 보통=80%, 실패=70%, 매우 실패=60%로 환산하게 됨.

(3) 추가 (20점)

〈표 5-13〉에서와 같이 보너스 점수가 주어질 수 있다.

〈표 5-13〉 1단계 평가: 가산점수 평가 항목

수용자 만족도 (10점)	해당 PD 프로그램에 대한 전반적 만족도	설문조사 시행(5점) 결과 반영 개선안 제시(5점)
	콘텐츠 등 PD 프로그램 내용에 대한 만족 정도(진행자, 콘텐츠, 주최기관, 지속기간, 장소)	
	운영자/진행자와 수용자 간의 상호작용 및 커뮤니케이션에 대한 만족도	
정책 효과 (10점)	PD 프로그램으로 인한 발생한 정책 효과 (새로운 정책 수립, 혹은 기존의 정책 변화)	객관적 자료

방법

- 수용자 만족도는 1) 설문조사를 시행했을 경우와 2) 이 설문조사에 대한 결과를 반영한 향후 개선안 제시를 할 경우에 대해서 각각 5점씩 추가로 점수를 받음.
- 정책 효과의 근거를 제시하면 추가 점수(10점) 배정.

2) 2단계 5개년(2020년–2024년) & 3단계 5개년(2025년–2029년) 평가 방법

(1) Input(투입) 차원 (30%)

〈표 5–14〉 2단계 & 3단계 평가: 투입차원 평가 항목

평가 요소	평가 항목	평가 방법
PD 목적과의 일치 여부* (12점)	한반도와 동북아의 평화 정착 및 통일 기반 조성을 염두에 두고 기획, 설계되었는지 여부	자체 평가(높음/보통/낮음 Question), 관련 근거 제시(아래 모두 해당)
	경제 외교를 통한 경제 부흥을 선도하기 위해 기획, 설계되었는지 여부	자체 평가(높음/보통/낮음)
	한국의 대내외적 명성을 향상시키는 방향으로 기획, 설계되었는지 여부	자체 평가(높음/보통/낮음)
	국민 권익을 증진시키고 문화 융성을 구현하는 방향으로 기획, 설계되었는지 여부	자체 평가(높음/보통/낮음)
전략적 기획 (6점)	장기적 활용 가능성 여부: 본부 입장(3점)	자체 평가(높음/보통/낮음)
	장기적 활용 가능성 여부: 타겟(수용자) 입장(3점)	자체 평가(높음/보통/낮음)
설계 (12점)	메시지의 적합성 여부(3점)	자체 평가(높음/보통/낮음)
	매체 선택의 적절성 여부(3점) (대중 매체, 이벤트, 퍼블리케이션, SNS 등)	자체 평가(높음/보통/낮음)
	콘텐츠 선택의 적절성 여부(3점) (텍스트, 이미지 등)	자체 평가(높음/보통/낮음)
	타겟 공중 선정의 적절성 여부(3점)	자체 평가(높음/보통/낮음)

* PD 목적 중 1차 목적(major goal) 및 2차 목적(minor goal)에 해당되는 것만 평가

방법

- 프로그램 담당자가 제시하는 정성적 또는 정량적 근거를 바탕으로 평가.
- 근거 자료가 타당하지 못하면 보통 또는 미달성으로 평가.
- 달성(높음)=100%, 보통=80%, 미달성(낮음)=60%로 환산.
- 평가 항목별 배점 = 평가요소의 배점/평가 항목 수로 결정.
- PD 목적과의 일치 여부에서 평가 대상 항목이 2개면 항목별 6점(12/2)씩 배점, 3개면 항목별 4점(12/3), 4개 모두 해당되면 항목별 12/4점 즉 3점을 배점함.

- 전략적 기획은 6점 배점에 2개 항목이니 항목별 6/2 즉 3점씩 배점.
- 설계는 12점 배점에 4개 항목이니 항목별 12/4 즉 3점씩 배점.
- 평가 요소별 최종 점수는 항목별 배점에 달성(높음)은 100%, 보통은 80%, 미달성(낮음)은 60%로 환산한 것을 모두 합한 것이 됨. 예를 들면, 전략적 기획에서 본부 입장은 높음, 수용자 입장은 보통으로 평가되었을 때, 각각 3점×100%=3점과 3점×80%=2.4점으로 환산되어, 전략적 기획의 최종 점수는 5.4로 계산됨.
- 투입 차원의 최종 점수는 이 평가 요소별 최종 점수의 합이 됨.

(2) Output(산출) 차원 (20%)

〈표 5-15〉 2단계 & 3단계 평가: 산출차원 평가 항목

평가 요소	평가 항목	평가 방법
미디어 산출물 (10점)	산출물(보도 내용, 메시지, 수용자)의 PD 4대 목표 관련성 (2점)	주간 단위 클리핑 및 분석: 연관성에 관한 질적 평가 (높음/보통/낮음)
	기사화 건수(매체별, 언론사별)(2점): 기자회견/브리핑/인터뷰/보도자료	일일 단위 클리핑 주간 단위 집계
	미디어에 노출된 주요 메시지의 질적 평가(3점): (주요 메시지 노출 건수 및 노출 비중, 주요 메시지에 대한 언론 보도 성향, 긍정 또는 부정, 대변인 인용 횟수 등)	주요 메시지별 집계 및 분석: 질적 평가 (높음/보통/낮음)
	Social Media의 리트윗, 멘션, 좋아요 수(3점)	사안별 건수 집계
PD 프로그램 산출물(10점)	PD 프로그램 참가자 수(5점)	내부 자료 취합
	홍보자료 배포 부수(5점)	사안별 건수 집계

방법
- 프로그램 담당자가 제작하고 수집한 객관적인 자료를 바탕으로 평가.
- 항목별 배점은 표에 제시되었음.
- 2개의 질적 평가 항목(산출물의 PD 목표 관련성 및 노출 메시지)은 높음, 보통, 낮음으로 평가함. 이 경우 항목별 점수는 투입 차원과 같이 주어진 배점에 높음은 100%, 보통은 80%, 낮음은 60%로 환산한 것이 됨.
- 나머지 4개 항목의 정량적 평가는 프로그램 기획 단계에서 제시한 평가 방법에 따라 평가함을 원칙으로 함. 프로그램 기획서의 제일 마지막에 나오는 향후 평가 방법에

는 설정 목표를 어떠한 경우에 '매우 성공, 성공, 보통, 실패, 또는 매우 실패'인지가 명확히 기술되어 있어야 함.

- 이의 설정 기준은 작년 행사 산출을 염두에 두고 올해 예상 목표 산출을 제시한 후에 매우 성공, 성공, 보통, 실패, 매우 실패 등의 기준을 만듦. 만약 작년과 다른 새로운 사업이라면, 기존 행사들을 염두에 두고 올해 예상 산출 목표를 만듦. 평가 점수는 주어진 배점에 매우 성공은 100%, 성공은 90%, 보통은 80%, 실패는 70%, 매우 실패는 60%로 환산한 것이 됨.
- 만약 프로그램 기획서에 평가 방법을 설정하지 않았을 경우, 평가 최종점수는 기존 비슷한 행사들과 비교하여 평가하되, 매우 성공은 제외하고 평가함. 따라서 이 경우 평가 점수는 성공=90%, 보통=80%, 실패=70%, 매우 실패=60%로 환산하게 됨.

(3) Outtake(생성) 차원 (20%)

〈표 5-16〉 2단계 & 3단계 평가: 생성차원 평가 항목

평가 요소	평가 항목	평가 방법
메시지 전달력 (전달자 관점)(10점)	PD 4대 목적 관련 메시지 전달 여부	설문조사
	주요 메시지(슬로건) 공감도 및 주목도	설문조사
메시지 수용도 (수용자 관점) (10점)	PD 프로그램 컨셉 이해도	설문조사
	PD 프로그램 메시지/슬로건/심볼 인지도 및 회상도	설문조사
	PD 프로그램 관련 정책 및 주요 인물 인지도	설문조사

방법

- 참가자 대상 5점 척도로 설문 조사를 하여 이의 달성 여부를 체크함.
- 각 요소별로 5-10개의 문항을 만들고 이의 평균을 측정함.
- 프로그램 실행 전 계획 단계에서 전년 대비 목표를 설정하고 이를 기준으로 평가 함.
- 예를 들면, 전년도 평균이 5점 만점에 3.2이었으며 올해 목표를 5점 만점에 3.3으로 설정한 경우 0.2점 단위로 나눠서 다음과 같이 설정할 수 있음: 3.5이상=매우 성공, 3.3이상-3.5미만=성공, 3.1 이상-3.3미만=보통, 2.9이상-3.1미만=실패, 2.9이하=매우 실패.
- 분석 결과에 대한 최종 점수는 배점 10점에 대해 매우 성공=100%, 성공=90%, 보통=80%, 실패=70%, 매우 실패=60% 등으로 환산하여 부여함.
- 평가 결과가 보통일 경우 이는 '10점×80%=1748점'이 되겠음.
- 생성 차원의 최종 점수는 두 평가 요소 평가 결과의 합이 되겠음.

(4) Outcome(결과) 차원 (30%)

〈표 5-17〉 2단계 & 3단계 평가: 결과 차원 평가 항목

평가 요소		평가 항목	평가 방법
수용자 만족도 (10점)		PD 프로그램에 대한 전반적 만족도	설문조사
		PD 프로그램 세부 사항에 대한 만족도: 진행자, 콘텐츠, 주최기관, 지속기간, 장소	설문조사
		상호성에 대한 만족도: 토론, 케이스스터디	설문조사
수용자 변화 (20점)	의견	PD 4대 목적에 관한 공중의 의견 변화 여부	심층 인터뷰
		한국 커뮤니케이션 만족도 증대 여부	심층 인터뷰
		한국의 사회, 정치, 가치에 대한 전반적 이해 증진 여부	설문조사
		한국의 특정 정치적 입장 가치, 관점에 대한 이해 증진 여부	설문조사
		한국의 강점 및 차별점에 대한 인지 증진 여부	설문조사
	태도	PD 4대 목적에 관한 공중의 태도 변화 여부	설문조사
		한국, 외교부(공관), 외교 정책에 대한 호의도, 친밀도, 신뢰도 증진 여부	설문조사
		한국에 대한 심리적 지지도 증진 여부	설문조사
	행동	PD 4대 목적에 관한 공중의 행동 변화 여부	심층 인터뷰
		해외 주요 기관에 한국이 배포한 정보 자료 비치 여부	주요 기관 방문 조사
		지역 조직 및 지역 커뮤니티에 대한 PD 참여자들의 긍정적 변화 진행 여부	인터뷰, 관찰
		프로그램 참가자에게 현재 및 향후 생활의 실질적 가치 제공 여부	인터뷰, 관찰
		한국 회상도 증진 여부	설문조사
정책 효과 (추가 10점)		PD 프로그램으로 인해 생성된 정책 효과 (새로운 정책 수립, 혹은 기존의 정책 변화)	객관적 자료

방법

- 2020년 상황에 적합하도록 자료를 수집하고 설문지를 작성하고, 최종 점수 산출 방식도 결정함.
- 심층 인터뷰, 기관 방문 조사, 관찰 등을 통해 수집한 객관적인 자료에 대해서는 질

적 평가를 수행함.

- 질적 평가(5=매우 성공, 4=성공, 3=보통, 2=실패, 1=매우 실패)를 한 후에 이를 최종 점수(매우 성공=100%, 성공=90%, 보통=80%, 실패=70%, 매우실패=60%)로 환산함.
- 설문조사는 Outtake(생성)와 같은 과정으로 평가함.

〈표 5-18〉 각 PD 사업 별 보고서(양식)

<table>
<tr><td>1. 사업명</td><td colspan="3">프로젝트명 및 세부 사업명 기재</td></tr>
<tr><td rowspan="5">2. 일시 및 장소</td><td>날짜(월,일)</td><td>장소</td><td>도시/국가</td></tr>
<tr><td>전시회, 영화제, 국제회의 등 대규모 행사는 총 기간을 월(月), 일(日)로 기재
공연, 세미나, 부대행사 등 1일 행사는 개최 횟수와 함께 월(月), 일(日)로 기재</td><td>사업 추진 장소 모두 기재
장소가 여러 곳일 경우, 개최순서에 맞춰 기재</td><td>사업 추진 도시· 국가명 모두 기재
도시· 국가가 여러 곳일 경우, 개최순서에 맞춰 기재</td></tr>
<tr><td></td><td></td><td>여러 프로그램이 개최된 경우, 칸 추가 요망</td></tr>
<tr><td colspan="3">장기간 사업 혹은 물리적 장소가 없는 경우 자율기재</td></tr>
<tr><td colspan="3"></td></tr>
<tr><td>3-1. 사업추진기관</td><td colspan="3">□ 본부: 해당과 기입 □ 재외공관 및 주한공관: 공관명 기입</td></tr>
<tr><td>3-2. 공동주최기관</td><td colspan="2">기관명 기입 후 괄호 안에 오른쪽 보기 중 해당하는 번호를 기입
예) 바이윈구 인민정부 (①)</td><td rowspan="2">〈보기〉
① 정부
② 기업
③ 민간단체
④ 언론
⑤ 기타</td></tr>
<tr><td>3-3. 후원기관</td><td colspan="2">기관명 기입 후 괄호 안에 오른쪽 보기 중 해당하는 번호를 기입
예) 광저우한국상공회 (③)</td></tr>
<tr><td rowspan="2">4. 사업목적
(공공외교 4대 목적)</td><td colspan="3">〈1차 목적(Main Goal) 필수, 중복체크 가능〉
□ 평화(Peace) □ 번영(Prosperity) □ 명성(Reputation) □ 문화(Culture)
공공외교 4대 목적에 대한 설명
평화(Peace): 한반도 및 동북아의 평화 정착과 통일기반 조성 기여 여부
번영(Prosperity): 경제외교를 통한 경제부흥 선도 여부
명성(Reputation): 국가 명성과 이미지 제고 일조 여부
문화(Culture): 한국인과 한국 문화에 대한 이해 증진 여부</td></tr>
<tr><td colspan="3">〈2차 목적(Minor Goal) 선택, 중복체크 가능〉
□ 평화(Peace) □ 번영(Prosperity) □ 명성(Reputation) □ 문화(Culture)</td></tr>
</table>

<table>
<tr><td rowspan="4">5. 사업목표
(구체적인 달성 목표)</td><td>가. 투입(Input): 구체적 사업 취지/목적 기재 (사업목적에 맞게 전략적 기획과 설계에 대한 설명 기입)</td></tr>
<tr><td>나. 산출(Output): 미디어 산출물(보도내용, 메시지 노출 건수, 기사화 건수 등) 또는 프로그램 산출물(프로그램 수혜자, 참석자, 관람객, 응모자 등) 중에서 해당되는 목표를 작성</td></tr>
<tr><td>다. 생성(Outtake): 전달자 관점에서의 메시지 전달력과 수용자 관점에서의 수용자 만족도에 대한 목표 설정</td></tr>
<tr><td>라. 결과(Outcome): 수용자 만족도 및 수용자 (의견·태도·행동)변화에 대한 목표 설정, 추가로 정책 효과에 대한 전략제시</td></tr>
<tr><td rowspan="2">6. 대상(target)</td><td>☐ 국내공중 ☐ 해외공중</td></tr>
<tr><td>☐ 정책결정자(decision maker) ☐ 여론주도층(influencer)
☐ 정책이해당사자(stakeholder) ☐ 일반인(mass)

일반인 특징: <u>성별, 연령 등을 구체적으로 명시 예) 지역주민 등</u>

정책결정자(decision maker): 정치인, 공무원, 외교관 등
여론주도층(influencer): 언론인, 학자, 민간단체, 파워블로거 등
정책이해당사자(stakeholder): 해당 프로그램이 양국 간의 무역활성화를 고려할 경우 상대국의 기업인, 해당 프로그램이 외국 교과서 내 한국발전상일 경우 상대국의 초등, 중등, 고등학교 선생님 등</td></tr>
<tr><td>7. 주제 및 사용 매체와 형식</td><td>해당하는 주제에 따라 사용되는 매체와 형식에 체크 (사업성격에 따라 중복 체크 가능)
<table>
<tr><td rowspan="3">주제</td><td colspan="6">매체</td><td colspan="2">형식</td></tr>
<tr><td rowspan="2">미디어 외교 (Traditional Media)</td><td rowspan="2">인터넷외교 (New Media)</td><td colspan="3">직접대면외교 (Face to Face)</td><td rowspan="2">기타 (Etc)</td><td rowspan="2">다자</td><td rowspan="2">양자</td></tr>
<tr><td>파견</td><td>초청</td><td>쌍방</td></tr>
<tr><td>문화</td><td></td><td></td><td></td><td></td><td></td><td></td><td></td><td></td></tr>
<tr><td>예술</td><td></td><td></td><td></td><td></td><td></td><td></td><td></td><td></td></tr>
<tr><td>교육·학술</td><td></td><td></td><td></td><td></td><td></td><td></td><td></td><td></td></tr>
<tr><td>스포츠</td><td></td><td></td><td></td><td></td><td></td><td></td><td></td><td></td></tr>
<tr><td>관광</td><td></td><td></td><td></td><td></td><td></td><td></td><td></td><td></td></tr>
<tr><td>미디어</td><td></td><td></td><td></td><td></td><td></td><td></td><td></td><td></td></tr>
<tr><td>인적교류</td><td></td><td></td><td></td><td></td><td></td><td></td><td></td><td></td></tr>
<tr><td>정책알리기</td><td></td><td></td><td></td><td></td><td></td><td></td><td></td><td></td></tr>
<tr><td>기타: 해당 <u>주제 기입</u></td><td></td><td></td><td></td><td></td><td></td><td></td><td></td><td></td></tr>
</table></td></tr>
<tr><td>8. 주요프로그램 내용</td><td>7번 주제 및 사용매체와 형식에 맞추어 세부프로그램 별 구체 내용 기재</td></tr>
</table>

9. 평가	가. 투입(Input): 교류미진 국가(지역)에서 한국 문화를 홍보하여 국가명성 제고 나. 산출(Output): 한국관련 미디어 노출 빈도 또는 프로그램 수혜자 수가 목표대비 % 증대 등 기재 ※ 언론 노출이 이루어졌다면 사진 등 시각자료와 언론보도자료 등 첨부 요망 다. 생성(Outtake): 설문 대상자 xx명 중 프로그램 슬로건을 기억하는 사람들의 비율 %이상 달성, 설문 대상자 xx명 중 프로그램 내용에 공감하는 사람들의 비율 %이상 달성 등을 기재 라. 결과(Outcome): 프로그램 콘텐츠에 대한 만족도가 목표대비 % 향상, 한국의 정치적 입장에 대한 이해도 목표대비 % 증진, 그 외 평가에 넣을 만한 내용 기재
10. 향후 개선사항	사업 추진국이 갖고 있는 독특한 현지문화 등 유사사업 개최 시 참고할만한 내용 기재 언론, 임원, 참가자 등이 지적한 사항에 대한 후속조치 방안 기재

6장

효과적인 공공외교 평가

조기숙·김화정

1. 이론과 현장의 조화

미국, 영국, 캐나다, 노르웨이, 스웨덴의 공공외교 정책과 흐름, 각 정부에서 사용하고 있는 평가 틀을 살펴본 결과 미국과 영국의 사례 분석에서 공공외교 평가 지표 개발을 위한 정부 차원에서의 노력을 엿볼 수 있으며 다양한 방식의 접근이 시도되어왔음을 알 수 있다. 비교 연구를 통해 다음의 특징을 발견할 수 있었다.

첫째, 평가 지표 개발에 대한 필요성은 공공외교를 주도적으로 수행하는 정부 기관과 산하 수행 기관에 대한 서로 간의 신뢰 그리고 투명성에 대한 요구로부터 시작되었다는 점이다. 선진화된 공공외교를 펼치고 있는 미국과 영국의 경우 이 점을 해소하기 위해 독립된 정부 산하 기구를 만들거나 객관적 접근이 가능한 자문 기구를 두기도 했다. 둘째, 평가 지표 개발은 장기간에 걸쳐 꾸준히 진행되어왔다는 점이다. 선행된 평가 지표의 장점은 취하고 단점은 버리면서 공공외교 선진국들은 자국의 현실에 맞는 평가 지표를 만들어나가고 있다. 셋째, 평가 지표 개발 과정에서 공공외교 활동과 프로그램, 수행자들의 역할에 대한 재검토가 이루어지면서 자국의 공공외교 정책이 함께 발전해

나가는 것을 볼 수 있다. 넷째, 초기의 평가 모델에 비해 최근의 평가 모델은 질적 평가와 장기적 효과 평가에 주안점을 두고 개발되고 있는 흐름을 파악할 수 있다.

PR학으로 효과 평가를 살펴본 결과 PR 효과 평가와 공공외교 효과 평가에는 긴밀한 상관관계가 있는 것으로 나타났다. PR 효과 평가 모델과 공공외교 효과 평가 모델의 융합 시도를 통해 앞으로 외교부의 공공외교 사업 평가 모형이 갖추어야 할 다음의 여섯 가지 요소를 도출해낼 수 있었다.

첫째, 공공외교 사업 평가는 상호 순환, 반복되는 연속적 과정이므로 과정 준비 단계와 결과 단계에 대한 두 부문의 평가가 모두 이루어져야 한다. 둘째, 결과 평가 단계를 단기 결과물을 측정하는 '산출(output)', 목표 청중의 메시지 수용 여부를 측정하는 '중간결과/생성(outtake)', 수용자의 태도 및 행동 변화를 측정하는 '결과(outcome)' 그리고 '정책영향력(impact)'으로 세분화해야 한다. 셋째, 평가 결과 도출 후 예측 가능한 개선 사항을 포함시키기 위해 '미래전략 제안'을 항목에 포함시켜야 한다. 넷째, 수치로 단순화할 수 없는 요인들에 대한 평가를 위해 조사 방법론으로 질적, 양적 방법론이 모두 활용되어야 한다. 다섯째, 폭넓은 평가 도출을 위해서 개인적 차원, 조직 차원 혹은 국가 차원의 성과를 모두 측정해야 한다. 여섯째, 현지화 전략 차원의 평가 방안을 고려하여 해당 국가의 수용자와 문화적 특성에 대한 현지화 노력을 평가해야 한다.

본 연구팀은 정치학과 PR학의 융합적 방법으로 도출해낸 공공외교 평가 모형이 갖추어야 할 여섯 가지 요소를 바탕으로 평가 측정치 개발에 앞서, 공공외교 성과 지표의 피평가자인 문화외교국 세 개 부서 모든 직급 국가 공무원 총 35명을 대상으로 세 개 부처에서 실시하고 있는 여섯 가지 평가 지표에 대한 만족도 조사를 실시했다. 이중 23명이 응답하여 65.7%의 회수율을 보였고 응답자 중 14명이 공공외교 성과 지표를 알고 있다고 답하여 다수의 공무원이 이를 인지하고 있는 것으로 나타났다. 여섯 가지의 성과 지표 중 합리적 평가 지표로 선택된 성과 지표는 국무조정실에서 평가하는 자체 평가이며, 비합리적 평가 지표에 대해서는 국무조정실에서 평가하는 국정과제·브랜드과제 평가와 기획재정부의 성과 지표 세 가지가 모두 골고루 선택되었다. 평가 결과에 대한 만족도 조사 결과 재외공관장 평가 결과와 기획재정부의 예산 성과 평가를 합리적이라고 답변했고, 기획재정부의 재정 사업 자율 평가의 평가 결과와 국무조정실의 자체 평가 결과도 비합리적이라는 평가가 존재했다. 설문조사 결과를 통해 도출된 결론은 다음과 같다.

첫째, 가짓수가 많은 공공외교 활동 프로그램을 통합해야 한다는 점, 둘째, 공공외교 중요성에 비해서 공관 평가 반영 비율이 낮기 때문에 15-20%까지 높여야 한다는 점, 셋째, 피평가자들이 여섯 가지의 성과 지표로 평가받는 사실을 어느 정도 인지하고 있다는 점, 넷째, 현재 평가받고 있는 평가 지표와 결과에 대해서 불합리성이 제기되고 있다는 점 등이다. 특히 정성적 평가와 질적 평가가 절대적으로 필요하다는 점이 주관식 문항을 통해 분명히 드러났다. 특히 전문가의 평가로 여섯 가지의 성과 지표를 분석한 결과 국무조정실에 제출하는 자체 평가는 전반적으로 평가 원칙을 잘 따르고 있고, 설문조사 결과에서 비교적 비합리적 성과 지표로 평가받고 있는 것으로 드러났다. 그러나 기획재정부의 평가 방식에 대해서는 전문가들도 유사한 문제점을 지적함으로써 전문가의 견해와 피평가자들의 의견이 일치한다는 것을 알 수 있다. 이에 덧붙여 현재의 결과 보고서 양식은 행사 성격을 지니지 않은 사업의 경우 정성적 평가가 이루어질 수 없는 틀을 가지고 있어 결과 보고서 양식에 대한 문제도 제기되었다. 따라서 현재 사용되는 성과 평가에 대해 평가받는 당사자들이 타당한 불만을 제기하고 있는 것으로 판단된다.

본 연구가 제안하는 공공외교 평가 측정치는 한국이 어떠한 정치·경제·문화·지정학적 위치에 놓여 있는지에 대한 파악에서 출발한다. 국가의 목적과 목표에서 비롯된 외교의 지향점, 이를 뒷받침하는 외교 목적과 목표가 분명하게 서 있어야 공공외교 정책의 활동과 프로그램의 전략을 도출할 수 있다. 이 출발점이 중요한 이유는 공공외교의 수행 결과가 국가의 목적과 목표에 부합하는지(표준화 전략)를 측정하는 기준이 되기 때문이고, 작게는 세부 프로그램을 지역에 맞게 어떻게 수행(현지화 전략)했는지에 대한 평가 기준을 세울 수 있기 때문이다. 이를 위해 본 연구팀은 4개 차원의 평가 항목을 제안한다. 효과적인 공공외교를 위한 준비가 제대로 이루어졌는지 여부를 보는 투입(Input) 단계, 공공외교 수행을 통해 만족할 만한 성과물이 도출 되었는지 여부를 보는 산출(Output) 단계, 공공외교 메시지는 수용자에게 효과적으로 전달되었는지 여부에 대한 생성(Outtake) 단계, 공공외교로 목표한 변화를 창출했는지 여부를 평가하는 결과(Outcome) 단계가 필요하다고 본다.

평가 방법으로는 구체적 결과물 추적, 미디어 분석, 여론주도층 추적이 있다. 구체적 결과물 추적의 경우 '언제' '어디서' 일어난 '어떤' 결과물이 '얼마나' 큰 중요성을 갖는지에 대해 접근하여 정성적 평가를 가능케 한다. 미디어 분석의 경우, 공식적 방법과 비공식적 방법을 통해 비통제 매체 혹은 통제 매체에 나타나는 구체적인 변화를 추적한다. 마지막으로 공공외교와 관련해 여론을 주도하는 핵심 이해관계자들의 행동 변화를 추적하는 것인데, 이것은 여론주도층 판단 기준 설정, 여론주도층 선별 및 중요도 순위 설정, 여론주도층의 의견 및 행동 추적, 여론주도층의 내부적 인간관계 분석과 같은 네 가지 단계 과정을 거친다.

평가 측정치 개발을 위해서 반드시 고려되어야 할 사항은 다음과 같다. 공공외교 평가 측정(안)은 한국 외교의 목적과 공공외교 활동의 목적이 조화를 이루어야 하며, 향후 20년을 아우르는 장기적인 평가 모델 계획 하에 단기 평가 모델을 만들어야 한다. 프로그램의 결과 평가뿐만 아니라, 과정이나 프로그램의 질적 평가가 이루어져야 한다. 앞서 언급한 표준화 전략과 현지화 전략이 동시에 수행되어야 하며, 평가를 통해 공공외교의 주 수행자인 공무원들의 사기를 높일 수 있어야 한다. 공공외교에 대한 인식 제고를 위한 수행자에 대한 공공외교 교육이 필요하다. 또한 한국의 공공외교의 토대가 되어온 국가 이미지(브랜드)에 대한 평가도 포함되어야 한다. 공공외교의 과정(준비) 단계와 결과 단계를 모두 평가할 필요가 있다. 여기에 결과 단계를 산출(Output), 생성(Outtake), 결과(Outcome)로 보다 세분화하여 평가하는 것이 필요하며, '미래전략 제안' 항목도 포함해야 한다. 마지막으로 수용자 차원의 변화, 조직적 차원의 성과, 국가적 성과를 아우르는 전방위적 평가 측정이 이루어져야 한다.

2. 한국 공공외교의 지향점과 평가 지표

본 연구팀은 한국의 공공외교가 지향해야 할 외교의 4대 목적을 다음과 같이 설정해보았다. 첫째, 한반도와 동북아의 평화 정착과 통일

기반을 조성하는 평화(Peace), 둘째, 경제외교를 통해 경제 부흥을 선도하는 번영(Prosperity), 셋째, 인류공영에 기여하는 중견국 실현 및 국가 선호도 제고와 관련된 명성(Reputation), 넷째, 국민 권익 증진과 문화 융성 구현을 지향하는 문화(Culture)이다. 모든 공공외교 프로그램은 기획 단계부터, 외교의 4대 목적에 맞는 목표 설정이 중요하다. 평가란 목적(Objectives)이 아니고 측정 가능한 목표(Goals)를 대상으로 실행하는 것이라는 점을 주지할 필요가 있다. 목적은 덜 구체적이며 전체적인 반면에 목표는 숫자를 넣어 구체적이며 측정 가능하게 설정한 것을 말한다. 한국 정부나 기업 프로그램을 살펴보면 목적과 목표를 혼동하여 사용하고 있는데 목적과 목표에 대한 구분은 주의해야 한다. 하나의 목적 아래 2~4개의 목표를 설정하여 달성 여부를 측정할 수 있다는 점을 감안하면, 가장 바람직한 공공외교 활동 평가는 기획서를 작성할 때부터 목표와 이 목표에 대한 평가 방안을 제대로 설정하는 것으로부터 시작된다고 해도 과언이 아니다.

4개 차원의 평가 항목으로 각각의 평가 항목을 세분화하여 살펴보면, 첫째, 투입(Input) 차원의 평가 항목에서는 '공공외교 목적과의 일치 여부', '전략적 기획', '설계'의 관점에서 총 10가지의 세분화된 평가 내용들을 개발했다. 둘째, 산출(Output) 차원의 평가 항목에서는 '미디어 산출물'과 '공공외교 프로그램 산출물'을 기준으로 총 12개의 평가 내용을 개발했다. 셋째, 생성 과정(Outtake) 평가에서는 전달자 관점에서의 '메시지 전달력'과 수용자 관점에서의 '메시지 수용도'를 기준으로 6개의 평가 내용을 만들었으며, 마지막 결과(Outcome) 평가에서는 '수용자 만족도', '수용자 의견 변화', '수용자 태도 변화', '수용자 행동 변화'를 기준으로 총 22개의 평가 내용을 도출해냈다.

이러한 분석을 통해 본 연구는 향후 공공외교 활동 평가의 점진적

발전을 5년 주기로 나눈 3단계 평가 모델을 제시했다. 이를 통해 외교관의 공공외교 수행이 정부의 외교 정책과 일관성을 갖고 보다 효과적인 공공외교를 펼칠 수 있도록 유도할 수 있다고 생각된다. 특히 공관에서 활동하는 수행자들의 성과 평가에 합리적인 판단 기준이 될 수 있으며, 한국을 주된 발전 모델로 삼는 중견국 혹은 개발도상국에게 좋은 선례가 되어 한국의 연성권력을 높일 수 있는 계기가 될 것으로 기대된다. 이러한 공공외교 효과성 평가 모형이 현장에서 활용될 수 있도록 자세한 설명을 첨부한 매뉴얼을 제공한다. 향후 현장에서 이러한 매뉴얼을 사용하게 되면 실무자들은 전략적 목표에 맞는 프로그램을 기획할 수 있게 될 것이며, 프로그램 기획을 통해 주체, 대상, 목적, 메시지 등을 명료하게 하는 데 도움이 될 것이다. 프로그램의 실행 뒤에는 본 연구가 제시하는 양식에 맞는 자체 평가를 담은 결과 보고서를 본부에 제출함으로써 본부에서는 부서와 공관의 활동이 전체적인 목표에 부합하는지, 불필요하거나 겹치는 행사는 무엇인지, 어떤 분야에 행사가 치중되고 있는지를 한눈에 파악할 수 있게 될 것이다. 이는 또한 종합적인 평가와 연구를 위한 중요한 소재가 되며 연구 결과는 다시 공공외교의 목표와 전략을 수정하는 데 피드백하는 역할을 하게 될 것이다.

결론적으로 본 연구 결과 제안된 평가 지표와 양식을 외교 현장에서 사용하게 되면 수준 높으면서도 수월한 평가가 가능할 뿐만 아니라 각 프로그램의 공공외교 목표와의 일치성, 부합성 등을 사전에 기획할 수 있고 수시로 점검할 수 있는 이점이 있다. 특히 현장에서는 공공외교의 영역이 중첩되거나 갈등을 빚는 정부 기관들의 공공외교 성과를 비교 평가함으로써 조직의 재조정 혹은 업무의 재분담 등에 활용될 수도 있고 차년도 목표를 세우는 데에도 도움을 줄 수 있으리라 생각한다.

| 붙임 1 |

문화외교국의 기존 성과 평가 지표

1. 예산 성과 평가(매년): 기획재정부가 평가하며 예산에 반영

성과 지표 1. 국가 이미지 제고 활동지수 (2013 성과보고서 내용)

측정산식 (①공공외교(매력한국알리기 행사)를 통한 한국에 대한 인식도 제고+②외교 관계 수립기념 사업을 통한 한국에 대한 인식 제고도+③쌍방향 문화 교류 만족도)/3

* 5점 리커트 척도로 측정

성과 지표 2. 재외공관 청사 및 관저, 우리 문화영향력확대 (2013 성과보고서 내용)

성과 지표	측정산식
① 재외공관 공공외교 활동 강화(실적)	재외공관 공공외교사업 계획대비 실적 Σ 사업 시행공관수
② 재외공관 공공외교 활동 참여도	공공외교사업(코리아콘테스트)참여도 (Quiz on Korea 국별 참여자수+동영상 콘테스트 참여자수)
③ 양자문화 외교 활동 강화	외교관계 수립기념행사 국별 수혜자수+쌍방향 문화 교류 사업 수혜자수
④ 다자문화 외교 활동 강화	[(유네스코 주요회의 참여 및 양자협력 실적/목표×0.5%)+(정부간위원회 진출 실적/목표×0.50)]×100 - 주요회의 및 양자협력 20건 - 정부간위원회 진출 1건

성과 지표 3. 관리과제 (2014성과계획서 내용)

성과 지표	측정산식
① 매력한국알리기 활동지수	매력한국알리기평균 참가자수 실적
② 코리아코너 활동지수	코리아코너 시행 공관수 실적
③ 친한외국인기반구축 활동 지수	친한외국인 기반강화 시행 공관수 실적
④ 퀴즈온코리아 및 K-Food 페스티벌 활동지수	퀴즈 온 코리아, K-Food 월드페스티벌 사업 예선 평균 참여자수 실적
⑤ 공공외교 친선대사/명예사절 활동지수	공공외교 친선대사/ 명예사절 활동 실적
⑥ 동영상 콘테스트 활동지수	동영상 콘테스트 실적

성과 지표	측정산식
⑦ K-Pop 페스티벌 활동지수	K-Pop 월드페스티벌 실적
⑧ 수교 및 주요외교계기 활동지수	수교 및 주요외교계기 기념행사 국별수혜자(행사참여자)수
⑨ 선진문화국가 이미지 제고지수	[(쌍항향수혜자수실적/7500) + (재외공관문화전시장화사업지원률/80) + 유네스코[(유네스코 주요회의 참여 및 양자협력 실적/20×0.5) + (유네스코 관련 관계부처/기관 협의개최 실적/15×0.5)]]/3×100

2. 재정 사업 자율 평가 (3년): 기획재정부가 평가하며 예산에 반영

평가 종합: 계획, 관리, 성과, 종합

예산 현황: 2014년 34억

성과 계획

- 성과 목표: 창의적이고 적극적인 문화외교 활동을 통한 문화 한국 이미지 확산
- 관리 과제 성과 지표: 1. 수교 및 주요 외교계기 활동지수
  2. 선진문화국가 이미지 제고 지수

사업추진절차

- 쌍방향 문화 교류 증진
- 재외공관 문화 전시장화 사업
- 대(對) 유네스코 외교 강화 사업

세부평가 결과

항목	질문	답변 (예/상당한정도/어느정도/아니요)	답변근거 종합	점수 (0.0~20.0)
1-1	사업 목적이 명확하고 성과 목표 달성에 부합하는지 여부			
1-2	다른 사업과 불필요하게 유사·중복되지 않는지 여부			
1-3	사업 내용이 적정하고 추진방식이 효율적인지 여부			
2-1	성과 지표가 사업 목적과 명확한 연계성을 가지는 여부			
2-2	성과 지표의 목표치가 구체적이고 합리적으로 설정되었는지 여부			

항목	질문	답변 (예/상당한정도/어느정도/아니요)	답변근거 종합	점수 (0.0~20.0)
3-1	예산이 계획대로 집행되었는지 여부			
3-2	사업 추진 상황을 정기적으로 모니터링하고 있는지 여부			
3-3	사업 추진 중 발생한 문제점을 해결했는지 여부			
3-3 (가점)	예산 절감 또는 사업 효율성을 제고했는지 여부			
4-1	계획된 성과 지표의 목표치를 달성했는지 여부			
4-2	사업이 효과적으로 수행되는지 점검하기 위한 사업 평가를 실시했는지 여부			
4-3	평가 결과 및 외부 지적 사항을 사업 구조 개선에 환류했는지 여부			

3. 결산 보고서의 성과 평가 (매년): 기획재정부가 평가하며 예산에 반영

사업명: 선진문화국가 이미지 제고 (2013년 결산 보고서 내용)

사업 효과: 2011~2014년도 성과 계획서상 성과 지표 최근 3년간 성과 달성도

성과 지표	'13목표치 산출 근거	측정산식	자료 수집 방법
선진문화국가 이미지 제고도 ('11)	신규지표 설정	Σ{(①쌍방향 문화 교류 사업 수혜자 및 만족도*0.2)+(②재외공관 문화 전시장화 사업 지원률 및 수혜자만족도*0.15)+(③유네스코 활동강화지수*0.15)+(④외교관계수립 기념사업 참가자수 및 만족도*0.2)+(⑤방한인사한국이해도개선*0.2)+(⑥한국인식개선도*0.1)}	자체 통계
선진문화국가 이미지 제고도 ('12)	신규지표 설정	(외교 관계 수립 기념 사업 수혜자 만족도*0.7)+(쌍방향문화교류 사업 수혜자 만족도*0.15)+(영상물을 통한 국가 이미지 제고*0.15)	자체 통계
양자문화외교 활동 강화 ('13)	신규지표 설정	외교 관계 수립 기념 행가 수혜자수+쌍방향 문화 교류 사업 수혜자수	자체 통계

성과 지표	'13목표치 산출 근거	측정산식	자료 수집 방법
다자문화외교 활동 강화 ('13)	신규지표 설정	[(유네스코 주요회의 참여 및 양자협력 실적/목표×0.5)+(정부간위원회 진출 실적/목표×0.5)]×100 - 주요 회의 및 양자협력 20건 - 정부간 위원회 진출 1건	회의 결과 보고서 등 각종 관련 문서
선진문화국가 이미지 제고지수 ('14)	신규지표 설정	{(쌍방향 수혜자 실적/7500)+(재외공관 문화 전시장화 사업 지원률/80)+유네스코([유네스코주요회의참여 및 양자협력실적/20×0.5)+(유네스코 관련 관계부처/기관 협의개최 실적/15×0.5)]}/3×100	자체 통계 및 회의 결과 보고서 등

사업명: 외교관계 수립 기념사업 (2013년 결산 보고서 내용)

사업 효과: 2011~2014년도 성과 계획서 상 성과 지표 최근 3년간 성과 달성도

11년 성과 지표	선진문화국가 이미지 제고도 Σ{(①쌍방향 문화 교류 사업 수혜자 및 만족도*0.2)+(②재외공관 문화 전시장화 사업 지원률 및 수혜자만족도*0.15)+(③유네스코 활동강화지수*0.15)+(④외교 관계 수립 기념 사업 참가자수 및 만족도*0.2)+(⑤방한인사 한국 이해도 개선*0.2)+(⑥한국인식 개선도*0.1)}
12년 성과 지표	선진문화국가 이미지 제고도 Σ{외교 관계 수립 기념 사업 수혜자 만족도 (70%)+쌍방향 문화 교류 사업 수혜자 만족도 (15%)+영상물을 통한 국가 이미지 제고 (15%)}
13년 성과 지표	1. 국가 이미지 제고 활동지수 (①공공외교사업(매력한국알리기행사)을 통한 한국에 대한 인식도 제고+②외교관계 수립기념사업을 통한 한국에 대한 인식 제고도+③쌍방향문화교류 만족도)/3 2. 양자문화외교 활동강화 외교 관계 수립 기념 행사 국별 수혜자수+쌍방향 문화 교류사업 수혜자수
14년 성과 지표	수교 및 주요외교계기 활동지수 - 수교 및 주요 외교 계기 기념 행사국별 수혜자(행사 참여자) 수

사업명: 공공외교 역량 강화 사업 (2013년 결산 보고서 내용)

사업 효과: 2011~2014년도 성과 계획서 상 성과 지표 최근 3년간 성과 달성도

성과 지표	'13목표치 산출 근거	측정산식	자료 수집 방법
재외공관 공공외교 활동 강화 (13년)	매력한국알리기(30개공관), 친한외국인기반강화(80회), 코리아코너(10개공관), 지방순회카라반(20개공관), 공공외교명예대사(20개공관), 한국 이미지 조사 사업(20개공관)	재외공관 공공외교사업 계획대비 실적 Σ 사업 시행 공관수	자체 통계
재외공관 공공외교 활동 참여도(13년)	'12년시범실시 Quiz on Korea 사업 참여자수(국별 평균 59명), 동영상콘테스트 (UCC 1,424건 (110개국)) '13년도목표치는 전년동으로 설정	공공외교 사업(코리아콘테스트) 참여도 (Quiz on Korea국별 참여자수+동영상콘테스트 참여자수)	자체 통계
재외공관 공공외교 역량 강화 지수 (14년)	- 매력한국알리기/지방순회카리반: 400명 - 코리아코너: 10개국 - 친한외국인: (K-Lover)기반강화: 60개	{(매력한국알리기와 지방순회카라반 평균 참가자수실적/400)+(코리아코너 계획대비 시행 공관수 실적/10)+(친한 외국인 기반 강화 계획 대비 시행 공관수 실적/60)}/3x100	자체 통계
참여형 문화외교 활동 지수 (14년)	- 퀴즈온코리아/한식월드페스트: 평균 30명 - 공공외교 친선대사/명예사절: 10회 - K-Pop월드페스티벌: 1900명 - 동영상 콘테스트: 1400건	{(퀴즈온코리아, 한식월드베스트 사업 예선참여자수 실적/30)+(공공외교 친선대사 및 명예사절 활동 실적/10)+(동영상콘테스트/실적/1400+K-pop 월드페스티벌실적/1900)}/4×100	자체 통계

4. 자체 평가(과단위 및 개인 평가): 국무조정실이 평가하며 성과급에 반영

1. 매력한국 국가 브랜드 실현 및 국격 제고를 위한 공공외교 추진
2. 관리 과제: 대중의 마음을 사는 참여형 문화외교 증진
3. 관리 과제: 한류 등 소프트파워를 활용한 문화외교 추진

항목

- 주요 정책 성과
- 문제점(한계) 및 개선·보완 사항
- 평가 지표별 실적 요약
  1. 성과 달성도
  2. 계획 수립의 적절성
  3. 시행 과정의 적절성
  4. 정책 효과성

1. 매력한국 국가 브랜드 실현 및 국격 제고를 위한 공공외교 추진 (평가 지표별 실적 요약)

<table>
<tr><td>1. 성과 달성도</td><td>
(1) 성과 지표의 목표달성도(40점)
Σ(ⓐ공공외교 활성화×0.7)+(ⓑ유네스코를 통한 다자협력 강화×0.3)

ⓐ 공공외교 활성화
<table>
<tr><th>번호</th><th>세부 점검 기준</th><th>배점</th><th>실적</th></tr>
<tr><td>1-1</td><td>
재외공관 공공외교 역량 강화 활동(35점)
① 사업 참여자수 평균(40%)
<table>
<tr><td>등급</td><td>E
(탁월)</td><td>S
(양호)</td><td>A
(적절)</td><td>B
(다소
미흡)</td><td>C
(미흡)</td></tr>
<tr><td>지원자 수</td><td>500명
이상</td><td>400-
500명</td><td>300-
400명</td><td>200-
300명</td><td>200명
미만</td></tr>
<tr><td>목표
달성수</td><td>100%</td><td>90%</td><td>80%</td><td>70%</td><td>60%</td></tr>
</table>
② 사업 수혜자 만족도조사 점수 평균(30%)
<table>
<tr><td>등급</td><td>E
(탁월)</td><td>S
(양호)</td><td>A
(적절)</td><td>B
(다소
미흡)</td><td>C
(미흡)</td></tr>
<tr><td>점수</td><td>90-
100점</td><td>80-90점</td><td>70-80점</td><td>60-70점</td><td>60점
미만</td></tr>
<tr><td>목표
달성수</td><td>100%</td><td>90%</td><td>80%</td><td>70%</td><td>60%</td></tr>
</table>
</td><td>35</td><td>97%</td></tr>
</table>
</td></tr>
</table>

<table>
<tr><td rowspan="3">1. 성과 달성도</td><th>번호</th><th>세부 점검 기준</th><th>배점</th><th>실적</th></tr>
<tr><td>1-1</td><td>③ 사업 홍보 횟수(현지 언론 대상 보도자료 배포 등) 및 언론 보도 건수 합계(30%)
<table>
<tr><td>등급</td><td>E
(탁월)</td><td>S
(양호)</td><td>A
(적절)</td><td>B
(다소
미흡)</td><td>C
(미흡)</td></tr>
<tr><td>건수</td><td>90회
이상</td><td>75-90회</td><td>60-75회</td><td>45-60회</td><td>45회
미만</td></tr>
<tr><td>목표
달성수</td><td>100%</td><td>90%</td><td>80%</td><td>70%</td><td>60%</td></tr>
</table></td><td>35</td><td>97%</td></tr>
<tr><td>1-2</td><td>국민과 함께하는 공공외교 활동(35점)

① 지원자 수(30%)
<table>
<tr><td>등급</td><td>E
(탁월)</td><td>S
(양호)</td><td>A
(적절)</td><td>B
(다소
미흡)</td><td>C
(미흡)</td></tr>
<tr><td>지원자수</td><td>100명
이상</td><td>90-100명</td><td>80-90명</td><td>70-80명</td><td>70명
미만</td></tr>
<tr><td>목표
달성수</td><td>100%</td><td>90%</td><td>80%</td><td>70%</td><td>60%</td></tr>
</table>
② 홍보 횟수(30%)
<table>
<tr><td>등급</td><td>E
(탁월)</td><td>S
(양호)</td><td>A
(적절)</td><td>B
(다소
미흡)</td><td>C
(미흡)</td></tr>
<tr><td>건수</td><td>15회
이상</td><td>12-15회</td><td>10-12회</td><td>7-10회</td><td>7회 미만</td></tr>
<tr><td>목표
달성수</td><td>100%</td><td>90%</td><td>80%</td><td>70%</td><td>60%</td></tr>
</table>
③ 참여자 만족도조사 점수(40%)
<table>
<tr><td>등급</td><td>E
(탁월)</td><td>S
(양호)</td><td>A
(적절)</td><td>B
(다소
미흡)</td><td>C
(미흡)</td></tr>
<tr><td>점수</td><td>90-100점</td><td>80-90점</td><td>70-80점</td><td>60-70점</td><td>60점
미만</td></tr>
<tr><td>목표
달성수</td><td>100%</td><td>90%</td><td>80%</td><td>70%</td><td>60%</td></tr>
</table></td><td>35</td><td>97%</td></tr>
</table>

<table>
<tr><td>1. 성과 달성도</td><td>

ⓑ 유네스코를 통한 다자협력 강화

<table>
<tr><th>번호</th><th>세부 점검 기준</th><th>배점</th><th>실적</th></tr>
<tr><td>2-1</td><td>유네스코 주요 회의 및 행사 참여의 적극성(12점)
<table>
<tr><td>등급</td><td>E
(탁월)</td><td>S
(양호)</td><td>A
(적절)</td><td>B
(다소
미흡)</td><td>C
(미흡)</td></tr>
<tr><td>건수</td><td>15회
이상</td><td>10-15회</td><td>7-10회</td><td>4-7회</td><td>4회
미만</td></tr>
<tr><td>목표
달성수</td><td>100%</td><td>90%</td><td>80%</td><td>70%</td><td>60%</td></tr>
</table></td><td>12</td><td rowspan="3">97%</td></tr>
<tr><td>2-2</td><td>유네스코 관련 주요 행사 국내개최 및 지원 실적(9점)
<table>
<tr><td>등급</td><td>E
(탁월)</td><td>S
(양호)</td><td>A
(적절)</td><td>B
(다소
미흡)</td><td>C
(미흡)</td></tr>
<tr><td>건수</td><td>6회 이상</td><td>4-5회</td><td>2-3회</td><td>1회</td><td>별무</td></tr>
<tr><td>목표
달성수</td><td>100%</td><td>90%</td><td>80%</td><td>70%</td><td>60%</td></tr>
</table></td><td>9</td></tr>
<tr><td>2-3</td><td>대유네스코 협력을 위한 관계부처·기관과의 협의 실적(9점)
<table>
<tr><td>등급</td><td>E
(탁월)</td><td>S
(양호)</td><td>A
(적절)</td><td>B
(다소
미흡)</td><td>C
(미흡)</td></tr>
<tr><td>건수</td><td>15회
이상</td><td>12-15회</td><td>10-12회</td><td>7-10회</td><td>7회 미만</td></tr>
<tr><td>목표
달성수</td><td>100%</td><td>90%</td><td>80%</td><td>70%</td><td>60%</td></tr>
</table></td><td>9</td></tr>
</table>

(2) 성과 지표의 적절성(10점)
ⓐ 목표치의 적극적 설정: △공공외교 활성화(70%), △유네스코를 통한 다자협력 강화(30%)의 가중 평균으로 구성되며, 전반적으로 목표치 상향 설정
ⓑ 성과 지표의 대표성 확보
</td></tr>
<tr><td>2. 계획 수립의 적절성</td><td>
(1) 계획 수립시 사전 조사, 의견 수렴의 충실성(5점)
ⓐ 관련 통계현황이나 사례 분석을 실시하여 사례조사
ⓑ 이해관계자·전문가 의견수렴
(2) 정책 분석의 적절성(5점)
ⓐ 정책의 효과 분석이나 명시적인 장·단점 분석
ⓑ 분석 결과 도출된 개선·보완 사항에 대한 대비책 수립
</td></tr>
</table>

3. 시행 과정의 적절성	(1) 추진 일정의 충실성(5점): 과제별 추진 계획 준수 여부 (2) 행정 여건·상황 여건에 대한 대응성(10점): 모니터링 등을 통해 파악된 여건·상황 변화에 적시에 적절히 대응했는지 여부 (3) 관계기관·정책과의 연계성(10점): 관계기관·정책과의 연계 및 협조 체제를 구축하고 이를 운영했는지 여부 ⓐ 관련기관·정책과의 연계 및 협조 체제 구축 ⓑ 관련기관 및 정책과의 협의 실적 (4) 자체 평가 결과의 환류지수(5점) ⓐ 작년도 자체 평가 결과를 정책 개선에 반영하는 정도 ⓑ 상반기 중간 점검시 지적사항을 정책 개선에 반영하는 정도 (5) 자체 평가 위원과의 소통지수(5점) ⓐ 평가위원 대상 정책자료 제공 실적 ⓑ 위원 대상 대면 설명 또는 현장 참관 기회 제공
4. 정책 효과성	(1) 정책 영향(효과)이 발생한 정도(5점): 계획 수립시 예상한 정책 효과 발생 여부 및 해당 과제가 상위 목표(성과 목표) 달성에 기여한 정도 ⓐ 계획 수립시 예상한 정책 효과가 구체적으로 발생 • 공공외교 활성화(재외공관 공공외교 사업의 대표적인 성공 사례) • 유네스코를 통한 다자협력 강화 ⓑ 해당 과제가 상위 목표(성과 목표) 달성에 기여한 정도 • 공공외교 활성화 • 유네스코를 통한 다자협력 강화

2. 관리 과제: 대중의 마음을 사는 참여형 문화외교 증진

1. 성과 달성도	(1) 성과 지표의 목표달성도(40점) $\frac{(a+b+c+d=97\text{점})}{\text{성과 목표치}80\text{점}} \times 100=121$ *a*: 재외공관 공공외교 역량 강화 활동(Quiz on Korea와 K-Food 월드 페스티벌 사업) 35점 *b*: 공공외교 친선대사 및 명예사절 임명 및 활동 지원 15점 *c*: 수교 및 주요 외교 계기 기념 행사 개최 40점 *d*: 개도국 문화꿈나무 지원 10점

<table>
<tr><td rowspan="3">1. 성과 달성도</td><td>세부 점검 기준</td><td>배점</td><td>실적</td></tr>
<tr><td>
ⓐ 재외공관 공공외교 역량 강화 활동(35점)

① 예선 참여자수 평균(15점)
* Quiz on Korea와 K-Food 월드 페스티벌에 대해 아래사항 종합 평가
<table>
<tr><td>등급</td><td>E
(탁월)</td><td>S
(양호)</td><td>A
(적절)</td><td>B
(다소 미흡)</td><td>C
(미흡)</td></tr>
<tr><td>지원자 수</td><td>1,500명</td><td>400-
500명</td><td>300-
400명</td><td>200-
300명</td><td>200명 미만</td></tr>
<tr><td>목표
달성수</td><td>100%</td><td>90%</td><td>80%</td><td>70%</td><td>60%</td></tr>
</table>
② 언론보도 건수(10점)
<table>
<tr><td>등급</td><td>E
(탁월)</td><td>S
(양호)</td><td>A
(적절)</td><td>B
(다소 미흡)</td><td>C
(미흡)</td></tr>
<tr><td>건수</td><td>90회 이상</td><td>75-90회</td><td>60-75회</td><td>45-60회</td><td>45회 미만</td></tr>
<tr><td>목표
달성수</td><td>100%</td><td>90%</td><td>80%</td><td>70%</td><td>60%</td></tr>
</table>
③ 참여자 만족도(10점)
<table>
<tr><td>등급</td><td>E
(탁월)</td><td>S
(양호)</td><td>A
(적절)</td><td>B
(다소 미흡)</td><td>C
(미흡)</td></tr>
<tr><td>점수</td><td>90-100점</td><td>80-90점</td><td>70-80점</td><td>60-70점</td><td>60점 미만</td></tr>
<tr><td>목표
달성수</td><td>100%</td><td>90%</td><td>80%</td><td>70%</td><td>60%</td></tr>
</table>
</td><td>35</td><td>35점</td></tr>
<tr><td>
ⓑ 공공외교 친선대사 및 명예사절 임명 및 활동 지원(15점)

① 공공외교 친선대사 신규 임명(5점)
<table>
<tr><td>등급</td><td>E
(탁월)</td><td>S
(양호)</td><td>A
(적절)</td><td>B
(다소 미흡)</td><td>C
(미흡)</td></tr>
<tr><td>지원자수</td><td>5명 이상</td><td>4명</td><td>3명</td><td>2명</td><td>1명 미만</td></tr>
<tr><td>목표
달성수</td><td>100%</td><td>90%</td><td>80%</td><td>70%</td><td>60%</td></tr>
</table>
② 공공외교 친선대사 활동 실적(5점)
<table>
<tr><td>등급</td><td>E
(탁월)</td><td>S
(양호)</td><td>A
(적절)</td><td>B
(다소 미흡)</td><td>C
(미흡)</td></tr>
<tr><td>건수</td><td>12회 이상</td><td>10-12회</td><td>8-10회</td><td>6-8회</td><td>6회 미만</td></tr>
<tr><td>목표
달성수</td><td>100%</td><td>90%</td><td>80%</td><td>70%</td><td>60%</td></tr>
</table>
</td><td>15점</td><td>15점</td></tr>
</table>

<table>
<tr><th></th><th>세부 점검 기준</th><th>배점</th><th>실적</th></tr>
<tr><td rowspan="3">1. 성과 달성도</td><td>③ 공공외교 명예사절 활동 실적(5점)
<table>
<tr><td>등급</td><td>E
(탁월)</td><td>S
(양호)</td><td>A
(적절)</td><td>B
(다소 미흡)</td><td>C
(미흡)</td></tr>
<tr><td>점수</td><td>20회 이상</td><td>18-20회</td><td>16-18회</td><td>14-16회</td><td>14회 미만</td></tr>
<tr><td>목표
달성수</td><td>100%</td><td>90%</td><td>80%</td><td>70%</td><td>60%</td></tr>
</table>
</td><td>15점</td><td>15점</td></tr>
<tr><td>ⓒ 수교 및 주요 외교 계기 기념 행사 개최(40점)

① 관람객수 국별 평균(20점)
<table>
<tr><td>등급</td><td>E
(탁월)</td><td>S
(양호)</td><td>A
(적절)</td><td>B
(다소 미흡)</td><td>C
(미흡)</td></tr>
<tr><td>지원자수</td><td>2,000명</td><td>1,500-
2,000명</td><td>1,000-
1,500명</td><td>500-
1,000명</td><td>500명 미만</td></tr>
<tr><td>목표
달성수</td><td>100%</td><td>90%</td><td>80%</td><td>70%</td><td>60%</td></tr>
</table>
② 언론보도 건수 국별 평균(10점)
<table>
<tr><td>등급</td><td>E
(탁월)</td><td>S
(양호)</td><td>A
(적절)</td><td>B
(다소 미흡)</td><td>C
(미흡)</td></tr>
<tr><td>건수</td><td>20건 이상</td><td>15-20건</td><td>10-15건</td><td>5-10건</td><td>5건 미만</td></tr>
<tr><td>목표
달성수</td><td>100%</td><td>90%</td><td>80%</td><td>70%</td><td>60%</td></tr>
</table>
③ 수혜자 만족도(10점)
<table>
<tr><td>등급</td><td>E
(탁월)</td><td>S
(양호)</td><td>A
(적절)</td><td>B
(다소 미흡)</td><td>C
(미흡)</td></tr>
<tr><td>점수</td><td>90-100점</td><td>80-90점</td><td>70-80점</td><td>60-70점</td><td>60점 미만</td></tr>
<tr><td>목표
달성수</td><td>100%</td><td>90%</td><td>80%</td><td>70%</td><td>60%</td></tr>
</table>
</td><td>40점</td><td>38점</td></tr>
<tr><td>ⓓ 개도국 문화꿈나무 지원(10점)

① 수혜자수(5점)
<table>
<tr><td>등급</td><td>E
(탁월)</td><td>S
(양호)</td><td>A
(적절)</td><td>B
(다소 미흡)</td><td>C
(미흡)</td></tr>
<tr><td>지원자 수</td><td>100명 이상</td><td>70-100명</td><td>50-70명</td><td>20-50명</td><td>20명 미만</td></tr>
<tr><td>목표
달성수</td><td>100%</td><td>90%</td><td>80%</td><td>70%</td><td>60%</td></tr>
</table>
</td><td>10점</td><td>9점</td></tr>
</table>

<table>
<tr><td>1. 성과 달성도</td><td>
<table>
<tr><th>세부 점검 기준</th><th>배점</th><th>실적</th></tr>
<tr><td>② 언론·홍보 횟수(5점)
<table>
<tr><td>등급</td><td>E
(탁월)</td><td>S
(양호)</td><td>A
(적절)</td><td>B
(다소 미흡)</td><td>C
(미흡)</td></tr>
<tr><td>건수</td><td>12건 이상</td><td>9-12건</td><td>6-9건</td><td>3-6건</td><td>3건 미만</td></tr>
<tr><td>목표
달성수</td><td>100%</td><td>90%</td><td>80%</td><td>70%</td><td>60%</td></tr>
</table>
</td><td>10점</td><td>9점</td></tr>
</table>
(2) 성과 지표의 적절성(10점)
ⓐ 목표치의 적극적 설정
ⓑ 성과 지표의 대표성 확보
</td></tr>
<tr><td>2. 계획 수립의 적절성</td><td>
(1) 계획 수립시 사전 조사, 의견 수렴의 충실성(5점)
ⓐ 관련 통계현황이나 사례 분석을 실시하여 사례조사
ⓑ 이해관계자·전문가 의견수렴
(2) 정책 분석의 적절성(5점)
ⓐ 정책의 효과 분석이나 명시적인 장·단점 분석
ⓑ 분석 결과 도출된 개선·보완 사항에 대한 대비책 수립
</td></tr>
<tr><td>3. 시행 과정의 적절성</td><td>
(1) 추진 일정의 충실성(5점): 과제별 추진 계획 준수 여부
(2) 행정 여건·상황 여건에 대한 대응성(10점): 모니터링 등을 통해 파악된 여건·상황 변화에 적시에 적절히 대응했는지 여부
(3) 관계기관·정책과의 연계성(10점): 관계기관·정책과의 연계 및 협조 체제를 구축하고 이를 운영했는지 여부
ⓐ 관련기관·정책과의 연계 및 협조 체제 구축
ⓑ 관련기관 및 정책과의 협의 실적
(4) 자체 평가 결과의 환류 지수(5점)
ⓐ 작년도 자체 평가 결과를 정책 개선에 반영하는 정도
ⓑ 상반기 중간 점검시 지적사항을 정책 개선에 반영하는 정도
(5) 자체 평가 위원과의 소통지수(5점)
ⓐ 평가위원 대상 정책 자료 제공 실적
ⓑ 위원 대상 대면 설명 또는 현장 참관 기회 제공
</td></tr>
<tr><td>4. 정책 효과성</td><td>
(1) 정책 영향(효과)이 발생한 정도(5점): 계획 수립시 예상한 정책 효과 발생 여부 및 해당 과제가 상위 목표(성과 목표) 달성에 기여한 정도
ⓐ 계획 수립시 예상한 정책 효과가 구체적으로 발생
• 퀴즈 온 코리아
• K-Food 월드 페스티발
• 공공외교 친선대사 및 명예사절 임명 및 활동지원
</td></tr>
</table>

4. 정책 효과성	• 수교 및 주요외교계기 기념 행사 개최 • 개도국 문화 꿈나무 지원 ⓑ 해당 과제가 상위 목표(성과 목표) 달성에 기여한 정도 • '대중의 마음을 사는 참여형 문화외교 증진'이라는 관리 과제를 성공적으로 수행함으로써 '문화 융성을 추동하는 국민 참여형 공공외교 추진'이라는 성과 목표를 달성

3. 관리 과제: 한류 등 소프트파워를 활용한 문화외교 추진

1. 성과 달성도	(1) 성과 지표의 목표 달성도(40점) • 측정산식: Σ(한류 확산 및 소프트파워 기반구축×0.5)+(한류 콘텐츠를 활용한 문화외교×0.5) • 목표 달성: Σ(ⓐ×0.2+ⓑ×0.3)+(ⓒ×0.3+×ⓓ×0.2)=108.23% ① 한류 확산 및 소프트파워 기반 구축 ⓐ 전세계 친한단체 활동 지원 측정 항목 및 비중: ① 지원 대상 공관 총수(40%) ② 국가별 수혜자 만족도 점수 평균(30%) ③ 현지 언론 보도 건수(30%) ⓑ 혐한류 방지를 위한 쌍방향 문화 교류 측정 항목 및 비중: ① 사업 수혜자 총수(40%) ② 수혜자 만족도 점수(30%) ③ 언론 보도 건수(30%) ② 한류 콘텐츠를 활용한 문화외교 ⓒ 영상 콘텐츠를 활용한 문화외교 측정 항목 및 비중: ① 한국 영화제 개최 지원 대상 국가 총수(40%) ② 각국별 한국 영화제 관람객 총수(30%) ③ 한국 드라마 신규방영 횟수(30%) ⓓ 케이팝 경연대회를 통한 문화외교 측정 항목 및 비중: ① 지원 대상 공관 총수(40%) ② 본선 참가팀 및 국내 관객 만족도 점수(30%) ③ 국내외 언론 보도 건수(30%) (2) 성과 지표의 적절성(10점) ⓐ 목표치의 적극적 설정 ⓑ 성과 지표의 대표성 확보

2. 계획 수립의 적절성	(1) 계획 수립시 사전 조사, 의견 수렴의 충실성(5점) ⓐ 관련 통계 현황이나 사례 분석을 실시하여 사례 조사 ⓑ 이해관계자·전문가 의견 수렴 (2) 정책 분석의 적절성(5점) ⓐ 정책의 효과 분석이나 명시적인 장·단점 분석 ⓑ 분석 결과 도출된 개선·보완 사항에 대한 대비책 수립
3. 시행 과정의 적절성	(1) 추진 일정의 충실성(5점): 과제별 추진 계획 준수 여부 (2) 행정 여건·상황 여건에 대한 대응성(10점): 모니터링 등을 통해 파악된 여건·상황 변화에 적시에 적절히 대응했는지 여부 (3) 관계기관·정책과의 연계성(10점): 관계기관·정책과의 연계 및 협조 체제를 구축하고 이를 운영했는지 여부 ⓐ 관련기관·정책과의 연계 및 협조체제 구축 ⓑ 관련기관 및 정책과의 협의 실적 (4) 자체 평가 결과의 환류지수(5점) ⓐ 작년도 자체 평가 결과를 정책개선에 반영하는 정도 ⓑ 상반기 중간 점검시 지적 사항을 정책 개선에 반영하는 정도 (5) 자체 평가 위원과의 소통지수(5점) ⓐ 평가위원 대상 정책 자료 제공 실적 ⓑ 위원 대상 대면 설명 또는 현장 참관 기회 제공
4. 정책 효과성	(1) 정책 영향(효과)이 발생한 정도(5점): 계획 수립시 예상한 정책 효과 발생 여부 및 해당 과제가 상위 목표(성과 목표) 달성에 기여한 정도 ⓐ 계획 수립시 예상한 정책 효과가 구체적으로 발생 • 전세계 친한단체 활동 지원 • 혐한류 방지를 위한 쌍방향 문화 교류 • 영상 콘텐츠를 활용한 문화외교 • 케이팝 경연대회를 통한 문화외교 ⓑ 해당 과제가 상위 목표(성과 목표) 달성에 기여한 정도 • 전세계 친한단체 활동 지원 • 혐한류 방지를 위한 쌍방향 문화 교류 • 영상 콘텐츠를 활용한 문화외교 • 케이팝 경연대회를 통한 문화외교

5. 국정과제 · 브랜드과제 평가: 국무조정실이 평가하며 총리지침에 반영 (교통 신호:녹/황/적)

공공외교강화 (주관부처 외교부, 협업부처 없음)

평가 지표별 양식

1. 집행 노력도

평가 지표(1-1): 정책수단완수여부(10점)

평가 지표(1-2): 장애발생 상황 극복 노력도(10점)

2. 성과 목표 달성도

평가 지표(2-1-1): 성과 지표 달성도(50점)

평가 지표(2-1-2): 성과 지표 달성도(50점)

평가 지표(2-1-3): 성과 지표 달성도(50점)

평가 지표(2-2): 정책 효과(30점)

<table>
<tr><td>1. 집행 노력도</td><td>평가 지표(1-1): 정책 수단 완수 여부(10점)
【국가 이미지 개선을 통한 코리아 프리미엄 창출】

① 홍콩대 등 한국어·학 교수직 설치(7개국 21개 대학), 아제르바이잔 바쿠대 등 객원교수 파견·교원 고용 지원(46개국 60개 대학)
<table>
<tr><td>부처판단 추진실적</td><td>사유</td></tr>
<tr><td>거의 완수</td><td>• 한국어·학 교수직 설치의 경우, 21개 대학 중 19개 대학 완료
• 객원교수 파견의 경우, 60개 대학 중 57개 대학 완료</td></tr>
</table>

② 도미니카 콜롬버스 기념관 등 "코리아 코너"(IT 활용 복합 한국 홍보관) 2개소 설치 완료 및 11개소 추가 설치
<table>
<tr><td>부처판단 추진실적</td><td>사유</td></tr>
<tr><td>거의 완수</td><td>• 12월 중 코리아코너 개설 모두 완료 예정</td></tr>
</table>
</td></tr>
</table>

1. 집행 노력도

【국민과 함께 만드는 공공외교】

① 국민 모두가 공공외교관 프로젝트 5건 시행

부처 판단 추진 실적	사유
거의 완수	• 7개 프로젝트가 6-12월 중 개별적으로 시행중이며, 12월 초 모두 완료 예정 • 동 사업 완료 후 12월 말 성과 발표회를 통해 참가자 경험 및 '국민과 함께 하는 공공외교'의 발전 방안 등 의견 공유 예정

② 구전설화 알리기·공공외교 티셔츠 제작 등 청년 공공외교단 10개 프로젝트 시행

부처 판단 추진 실적	사유
거의 완수	• 10개 프로젝트가 7-12월 중 개별적으로 시행중이며, 12월 모두 완료 예정 • 사업 완료 후 12월 말 성과 발표회 개최 예정

【주요 외교현안에 관한 국제적 우호 여론 조성】

① 일본위안부 등 국민적 관심 사항 관련 대내외 홍보 적극 실시 및 각국 주요 인사 접촉시 국제적 공감대 확산 도모

부처 판단 추진 실적	사유
완수	추진 실적 및 성과에 대한 내용 기술

② 통일 관련 강연회, 세미나, 워크숍 등 25개 공관 39개 행사 시행 계획

부처 판단 추진 실적	사유
완수	추진 실적 및 성과에 대한 내용 기술

③ UN 안보리 이사국 활동 기간 중 △시리아, 이라크, 이-팔 문제 등 중동지역 현안, △아프리카지역 현안, △ISIL, 에볼라 확산 등 신규 글로벌 이슈 등에 대한 안보리 차원 대응 동참

부처 판단 추진 실적	사유
완수	추진 실적 및 성과에 대한 내용 기술

1. 집행 노력도

④ 2014년도 부산 글로벌파트너쉽 연례 국제회의(11.6-7, 서울) 및 KOICA 연수 프로그램을 통해 부산 파트너십의 제도화 및 개발협력 분야 선도국가 이미지 증진

부처 판단 추진 실적	사유
완수	추진 실적 및 성과에 대한 내용 기술

평가 지표(1-2): 장애 발생 상황 극복 노력도(10점)

【국가 이미지 개선을 통한 코리아 프리미엄 창출】

부처 판단 추진 실적	사유
매우 그렇다	추진 실적 및 성과에 대한 내용 기술

【국민과 함께 만드는 공공외교】

부처 판단 추진 실적	사유
그렇다	추진 실적 및 성과에 대한 내용 기술

【주요 외교현안에 관한 국제적 우호 여론 조성】

부처 판단 추진 실적	사유
그렇다	추진 실적 및 성과에 대한 내용 기술

2. 성과 목표 달성도

평가 지표(2-1-1): 성과 지표 달성도(50점)

【국가 이미지 개선을 통한 코리아 프리미엄 창출】

① 성과 지표의 목표치 달성도

설정 부처	성과 지표	목표치			'14 실적치	
		'14	'15	'17	실적	달성여부
외교부	맞춤형 공공외교 활동 만족도	82-92	82-92	84-94	재외공관별로 시행 중인 현지 맞춤형 공공외교 사업에 대한 참여자 만족도 조사는 금년도 사업이 종료되는 대로 취합 예정('15.1월중 예상)	만족도조사가 완료되는 '15.1월 중 달성여부 판단예정

② 언론 등 평가 결과에 따라 가감 기준

- 공관별 공공외교 활동 수행 시 현지 언론에 수차례 보도
  - 구체적 사례 언급

2. 성과 목표 달성도

평가 지표(2-1-2): 성과 지표 달성도(50점)
【국민과 함께 만드는 공공외교】

① 성과 지표의 목표치 달성도

설정부처	성과 지표	목표치			'14 실적치	
		'14	'15	'17	실적	달성여부
외교부	국민참여형 공공외교 활동 참가 국민수	130	180	250 이상	국민 참여형 공공외교 활동 참여자 수는 총 208명	달성

② 언론 등 평가 결과에 따라 가감 기준

- 개별 프로그램 활동시 보도자료 작성·배포, 언론에 수차례 보도
-구체적 사례 및 영상 캡쳐 삽입

평가 지표(2-1-3): 성과 지표 달성도(50점)
【주요 외교 현안에 관한 국제적 우호 여론 조성】

① 성과 지표의 목표치 달성도

설정 부처	성과 지표	목표치			'14 실적치	
		'14	'15	'17	실적	달성여부
외교부	일본군 위안부 문제 관련 국제 사회 지지 확보 실적 (주요 국제기구, 해외 유력인사 입장 표명 등)	11	11	11	• UN 등 주요 국제기구에서 일본군 위안부 문제 관련 우리측 입장지지(3건) • 해외 유력인사의 일본군 위안부 문제 관련 우리측 지지 입장 표명(15건)	달성

* 일본군 위안부 문제 관련 국제사회지지 확보 실적 체크리스트

평가항목	번호	세부 점검 기준	건수	평가
	1-1	oUN 등 주요 국제기구에서 발표하는 일본군 위안부 문제 관련 우리측 입장지지 건수	2	3
	1-2	o해외 유력인사의 일본군 위안부 문제 관련 우리측지지 입장 표명 건수	9	15
합계			11	18

② 언론 등 평가 결과에 따라 가감 기준

- 일본군위안부 피해자 문제 관련 금년도 해외 언론 보도 실적은 총 140여회로, 해외 유수 언론의 보도를 통해 동 문제에 대한 국제 사회의 인식 제고 * 해외 언론 보도 주요 내용 기술

2. 성과 목표 달성도	평가 지표(2-2): 정책 효과(30점) ① 목표한 성과 발생 여부 【국가 이미지 개선을 통한 코리아 프리미엄 창출】

	통계명/실적명	통계치/실적	선정 사유	주관 기관	발표 시기
ⓐ	매력한국알리기	107개 공관, 170개 사업 시행	외교부가 국정과제의 일환으로 추진 중	외교부	매행사 마다 시기 상이

【국민과 함께 만드는 공공외교】

	통계명/실적명	통계치/실적	선정 사유	주관 기관	발표 시기
ⓐ	국민 모두가 공공외교관 선발 및 운영	7개팀 선발 및 활동	외교부가 국정과제 국민 참여형 공공외교 실현을 위해 추진 중인 국민 참여형 공공외교 사업	외교부	연말
ⓑ	청년 공공외교단 2기 출범 및 운영	50명 선발 및 활동			
ⓒ	시니어 공공외교단 운영	20명 활동			
ⓓ	개도국 문화꿈나무 2기 파견	5개국에 41명 파견			
ⓔ	재외공관 공공외교 현장실습원 2기 파견	34개 재외공관에 34명 파견			

【주요 외교현안에 관한 국제적 우호 여론 조성】

	통계명/실적명	통계치/실적	선정 사유	주관 기관	발표 시기
ⓐ	일본군 위안부 문제 관련 국제사회지지 확보	• UN 등 주요 국제기구에서 일본군 위안부 문제 관련 우리측 입장 지지(3건) • 해외 유력인사의 일본군 위안부 문제 관련 우리측 지지 입장 표명(15건)	국제 무대에서의 다양한 계기각급에서 일본군 위안부 문제 관련 일본 정부의 해결 노력을 촉구한 결과, 일본군 위안부 피해자 문제 관련 우리 입장에 대한 국제 사회의 지지 확보	외교부	수시

재외국민 안전·권익 보호와 공공외교·일자리 외교 확대 (주관부처 외교부, 협업부처 문체부)

평가 지표별 양식

1. 집행 이행도

평가 지표(1): 131-3-1 민간역량 결집을 통한 국민 공공외교 전개

① 집행 이행도(20점): 단위 과제를 기준으로 평가 시점까지 완수했는지 여부

② 점검·분석·상황대응(-4점 이내): 모니터링을 통해 파악된 여건·상황 변화에 적기에 적절히 대응했는지 여부

131-3-2 일관된 전략의 공공외교 시행을 위한 추진 체계 구축

① 집행 이행도(20점): 단위 과제를 기준으로 평가 시점까지 완수했는지 여부

② 점검·분석·상황 대응(-4점 이내): 모니터링을 통해 파악된 여건·상황 변화에 적기에 적절히 대응했는지 여부

131-3-3 '문화융성'의 대외 효과 극대화 도모

① 집행 이행도(20점): 단위 과제를 기준으로 평가 시점까지 완수했는지 여부

② 점검·분석·상황 대응(-4점 이내): 모니터링을 통해 파악된 여건·상황 변화에 적기에 적절히 대응했는지 여부

131-3-4 청년 일자리 창출과 연계한 공공외교 프로젝트 추진

① 집행 이행도(20점): 단위 과제를 기준으로 평가 시점까지 완수했는지 여부

② 점검·분석·상황 대응(-4점 이내): 모니터링을 통해 파악된 여건·상황 변화에 적기에 적절히 대응했는지 여부

2. 성과 지표 달성도

평가 지표(2-1): 국민 참여형 공공외교 활동지수

① 성과 지표 달성도: 기 설정한 성과 지표의 달성 여부

② 성과의 질에 따른 가감 기준: 언론 또는 기타 객관적인 자료 감안, 평가

※ 성과 지표 체크리스트

<table>
<tr><th>구분</th><th>평가 항목</th><th>번호</th><th>세부 점검 기준</th><th>배점</th></tr>
<tr><td rowspan="3">국민 참여형 공공외교 활동지수</td><td>1. 각 사업별 지원자수</td><td>1-1</td><td><table><tr><td>점수</td><td>40</td><td>35</td><td>30</td><td>25</td></tr><tr><td>국민모두가 공공외교관 지원자수</td><td>276명 이상</td><td>250-275명</td><td>230-249명</td><td>230명 미만</td></tr><tr><td>청년공공외교단 지원자수</td><td>389명 이상</td><td>350-388명</td><td>330-340명</td><td>330명 미만</td></tr></table></td><td>40</td></tr>
<tr><td>2. 홍보횟수</td><td>1-2</td><td><table><tr><td>점수</td><td>30</td><td>27</td><td>24</td><td>21</td></tr><tr><td>총 홍보건수</td><td>30회 이상</td><td>25-29회</td><td>20-24회</td><td>20회 미만</td></tr></table></td><td>30</td></tr>
<tr><td>3. 참여자 만족도 조사 점수</td><td>1-3</td><td><table><tr><td>점수</td><td>30</td><td>27</td><td>24</td><td>21</td></tr><tr><td>평균점수</td><td>90-100점</td><td>80-90점</td><td>70-80점</td><td>70점 미만</td></tr></table></td><td>30</td></tr>
<tr><td></td><td>소계</td><td></td><td></td><td>100</td></tr>
</table>

평가 지표(2-2): 공공외교 추진 체계 구축지수

① 성과 지표 달성도: 기 설정한 성과 지표의 달성 여부

② 성과의 질에 따른 가감 기준: 언론 또는 기타 객관적인 자료 감안, 평가

※ 성과 지표 체크리스트

<table>
<tr><th>구분</th><th>평가항목</th><th>번호</th><th>세부 점검 기준</th><th>배점</th></tr>
<tr><td rowspan="3">공공외교 추진 체제 구축 강화를 위한 부처간 협력지수</td><td>'맞춤형 공공외교' 전략 수립 지속 보완</td><td>1-1</td><td><table><tr><td>점수</td><td>20</td><td>18</td><td>16</td><td>14</td></tr><tr><td>연구용역 발주 건수</td><td>3건 이상</td><td>3건</td><td>2건</td><td>2건 이하</td></tr></table></td><td>20</td></tr>
<tr><td>공공외교 추진 체계 구축을 위한 부처간 협업</td><td>2-1</td><td><table><tr><td>점수</td><td>30</td><td>27</td><td>24</td><td>21</td></tr><tr><td>부처간 협의회 개최 건수</td><td>10회 이상</td><td>8-9회</td><td>5-7회</td><td>5회 미만</td></tr></table></td><td>30</td></tr>
<tr><td>공공외교 활성화 법안 제정 추진</td><td></td><td><table><tr><td>점수</td><td>50</td><td>40</td><td>30</td><td>20</td></tr><tr><td>성과</td><td>공공외교 활성화 법안 국회 통과</td><td>공공외교 활성화 법안 마련</td><td>공공외교 활성화 법안 초안 마련</td><td>공공외교 활성화 법안 제정 추진</td></tr></table></td><td>50</td></tr>
<tr><td></td><td>소계</td><td></td><td></td><td>100</td></tr>
</table>

평가 지표(2-3): 글로벌 청년 프로젝트 참여지수

① 성과 지표 달성도: 기 설정한 성과 지표의 달성 여부

② 성과의 질에 따른 가감 기준: 언론 또는 기타 객관적인 자료 감안, 평가

※ 성과 지표 달성도

설정 부처	성과 지표	목표치			'14 실적치	
		'13	'14	'15	실적	달성도 (초과달성, 달성, 일부미달성, 상당부분미달성)
외교부	글로벌 청년 프로젝트 참여 지수	94	90		• 참여자들의 적극적인 반응 속에 148% 달성	초과달성

3. 정책 효과

평가 지표(3): 정책 효과(23점)-국민 만족도 점수(7점) 제외

① 목표한 성과 발생 여부(8점): 성과 지표 외 관련 통계 등 목표한 성과 발생 여부

② 향후 기대효과(8점): 과제수행으로 인한 정책적 기대 효과

③ 국정기조에 실제 기여 여부(7점): 수행 과제들이 국정 과제 및 국정기조에 실제 기여 여부

※ 목표한 성과 발생 여부

실적명/통계명	실적/통계치	주요 사유	주관 기관	발표 시기
해외 한국어 보급 관련 부처간 협업	이하 서술	부처간 해외 한국어 보급 관련 협업 및 국내외 인문정신문화 진흥을 통해 한국어/한국학 위상 제고, '신뢰받는 매력한국' 이미지 구축에 기여	외교부	
유네스코 유산 등재 관련 부처간 협업	이하 서술	유네스코 유산 등재 등 적극적인 대유네스코 외교를 통해 국가 위상 제고, '신뢰받는 매력한국' 이미지 구축	외교부	
청년 공공외교단 2기 출범 및 운영	50명 선발 및 활동	청년 공공외교단 활동을 통한 청년층 국제화 역량 강화 및 해외 진출 지원	외교부	
개도국 문화꿈나무 2기 파견	5개국에 41명 파견	개도국 문화꿈나무 활동을 통한 청년층 국제화 역량 강화 및 해외 진출 지원	외교부	
재외공관 공공외교 현장실습 2기 파견	34개 재외공관에 34명 파견	재외공관 공공외교 현장 실습을 통한 청년층 국제화 역량 강화 및 해외 진출 지원	외교부	

6. 재외 공관장 평가: 외교부에서 평가하며 공관 및 공관장 성과급에 반영

- 주요 사업 및 추진 과제에 대한 재외공관의 기여 정도 및 각종 공관의 문화 활동 등을 종합적으로 평가
- 재외공관을 문화홍보관 및 문화원 주재 여부, 공관 현지 사정 등을 고려하여 4개 그룹으로 나누어 각 그룹별로 상대 평가(A그룹: 문화원 소재 공관, B그룹: 문화홍보관 주재 공관, C그룹: 문화원 비소재·문화홍보관 비주재 공관중 특수지 공관, D그룹: 문화원 비소재·문화홍보관 비주재 공관중 특수지가 아닌 공관)
- 평가 항목 및 지표:

※ 항목별 비중은 공관장이 최소 10% 이상으로 자율적으로 설정 가능

※ 항목별 세부 지표에 대한 모든 실적을 요구하는 것은 아니며, 세부지표에 해당되는 실적이 있다면 이에 대해 평가한다는 의미 (항목: 공공외교 활동, 문화예술협력, 문화교류협력)

| 붙임 2 |

전수조사 자료 수집 도구

성과 평가 지표 연구를 위한 설문지

안녕하십니까?

저는 이화여자대학교 국제통상연구소장인 조기숙 교수의 연구를 돕고 있는 국제관계학 박사과정생 김화정입니다.

본 연구의 목적은 공공외교 효과성을 평가하기 위한 지표를 제시하는 것입니다.

설문지에 응답하신 모든 내용과 그 결과는 학문적 목적 이외에는 일체 사용되지 않을 것이며, 무기명 설문 조사를 통해 응답자의 신분 및 개인정보 등은 철저하게 비밀로 보장됨을 알려드립니다. 또한, 본 설문에 참여하시는 것은 응답자 본인의 자발적인 의사에 따르는 것이며, 참여를 거부하여도 아무 불이익이 없음을 알려드립니다. 반대로, 설문에 참여하신 응답자들에게도 아무 기타 이익이 발생하지 않음을 공지하여 드립니다.

설문에 대한 응답은 이 파일에 직접 체크해주시고 파일을 저장해서 이화여자대학교 공공외교센터 대표메일 ewhapdc@gmail.com로 보내주시면 됩니다.

본 연구의 설문에 참여해주셔서 대단히 감사드립니다.

2015년 1월

연구책임자: 이화여자대학교 국제통상협력연구소장 조기숙
공동연구자: 이화여자대학교 차희원교수, 강지현교수, Brendan Howe교수,
서강대학교 신호창 교수
담당 조교: 이화여자대학교 박사과정 김화정 드림
연락처: 이화여대 연구실 02-3277-3657
이메일: ewhapdc@gmail.com

| 담당 업무에 대하여 |

1. 문화외교국에서 근무하신 지는 얼마나 되셨습니까? _____년_____개월

2. 현재 귀하는 어느 부서에서 업무를 하고 계십니까?

① 공공외교정책과　　② 문화예술협력과

③ 문화교류협력과

3. 현재 귀하께서 담당하고 있는 문화·공공외교 활동은 주로 어떤 것입니까?

① 국가 이미지 제고 활동　　② 재외공관 공공외교 활동 강화

③ 양자문화 외교 활동　　④ 다자문화 외교 활동

3-1. 현재 문화외교국이 담당하고 있는 문화·공공외교 활동 중 불필요하다고 생각하는 프로그램은 무엇인지 모두 골라주세요.

① 매력한국 알리기/지방순회 카라반　　② 코리아코너

③ 친한 외국인 기반구축　　④ 퀴즈 온 코리아

⑤ 한식월드/K-Food 페스티벌　　⑥ 공공외교 친선대사/명예사절 활동

⑦ K-Pop 월드 페스티발　　⑧ 동영상 콘테스트

⑨ 수교 및 주요외교계기 기념행사　　⑩ 재외공관문화전시장화 사업

⑪ 유네스코 주요회의 참여 및 양자협력

⑫ 국민과 함께하는 공공외교사업 (국민 모두가 공공외교관, 청년 공공외교단 등)

⑬ 기타: ____________________

3-2. 위의 답변에 대한 이유를 적어주세요.

____

3-3. 현재 문화외교국이 담당하고 있는 문화·공공외교 활동 이외에 새롭게 하면 좋겠다고 생각하는 프로그램이 있다면 답변 부탁드립니다.

____

| 현재 성과 지표에 대한 진단 및 평가 |

4. 문화외교국 활동 중에 공공외교가 얼마나 중요하다고 생각하십니까?

① 매우 중요하다　② 중요하다　③ 보통이다
④ 중요하지 않다　⑤ 매우 중요하지 않다

5. 재외공관의 공공외교 활동이 공관 평가에 현재 최소 5% 반영되고 있는데 적절히 반영된다고 생각하십니까?

① 너무 많이 비율이 반영된다　② 많은 비율이 반영된다　③ 적당하다
④ 작은 비율이 반영된다　⑤ 너무 작은 비율이 반영된다

5-1. 반영 비율이 부족하다거나 혹은 많다고 생각한다면 최소 몇 %가 적절하다고 생각하십니까?

① 5% 미만　② 10%　③ 15%　④ 20%　⑤ 기타: ________

> ※ 6번부터 7-1번 문항은 현재 사용되고 있는 공공외교 평가 지표와 관련한 문항입니다. 이에 대한 상세한 설명이 필요하시다면 별도 자료를 요청해주시기 바랍니다.

6. 공공외교 업무 성과에 대한 평가 지표를 알고 계십니까? 아래의 질문에 해당하는 답변을 오른쪽 〈보기〉에서 모두 골라 괄호 안에 기입해주십시오.

<table>
<tr><td>가) 오른쪽 보기 중 어느 평가 지표를 알고 계십니까? 모두 골라주세요.
(______________________________)</td><td rowspan="3">〈보기〉
① 기획재정부에서 평가하는 예산 성과 평가
② 기획재정부에서 평가하는 재정 사업 자율 평가
③ 기획재정부에서 평가하는 결산 보고서(성과 평가)
④ 국무조정실에서 평가하는 자체 평가
⑤ 국무조정실에서 평가하는 국정과제·브랜드과제 평가
⑥ 문화외교국에서 평가하는 재외 공관장 평가</td></tr>
<tr><td>나) 오른쪽 보기 중 합리적 성과 지표와 측정 방법은 무엇이라고 생각하십니까? 모두 골라주세요.
(______________________________)</td></tr>
<tr><td>다) 오른쪽 보기 중 비합리적 성과 지표와 측정 방법은 무엇이라고 생각하십니까? 모두 골라주세요.
(______________________________)</td></tr>
</table>

6-1. 공공외교 업무 성과에 대한 평가 지표를 알고 계시다면, 그동안 받았던 평가 결과에 대체로 어떻게 생각하십니까?

	① 매우 합리적	② 합리적	③ 보통	④ 비합리적	⑤ 매우 비합리적
가) 기획재정부에서 평가하는 예산 성과 평가로부터 받은 평가 결과					
나) 기획재정부에서 평가하는 재정 사업 자율 평가로부터 받은 평가 결과					
다) 기획재정부에서 평가하는 결산 보고서(성과 평가)의 평가 결과					
라) 국무조정실에서 평가하는 자체 평가로부터 받은 평가 결과					
마) 국무조정실에서 평가하는 국정과제·브랜드과제 평가로부터 받은 평가 결과					
바) 문화외교국에서 평가하는 재외 공관장 평가로부터 받은 평가 결과					

6-2. 앞의 문항에서 비합리적 혹은 매우 비합리적이라고 답한 평가 지표에 대해 그 이유를 설명해주십시오. (이 문항은 성과 평가 지표 개선에 꼭 필요하오니 평소 불만을 솔직히 적어주세요.)

____

7. 평가 지표를 새롭게 수정한다면 어떤 부분을 더 포함하면 좋겠다고 생각하십니까? 모두 골라주세요.

① Outtake 평가 (새로운 시도나 코리아 코너 설치와 같은 업적에 가산점 부여)
② 공공외교 행사 언론 보도에 대한 질적 평가
③ 뉴미디어 평가 (SNS follower 숫자 등을 고려)
④ 친한 외국인 네트워크 확대 평가
⑤ 기타: ______________________________

7-1. 위의 답변에 대한 이유를 적어주세요.

____

| 새로운 성과 지표 개발 위한 의견 수렴 |

8. 많은 공공외교 전문가들이 다음 보기의 다섯 가지를 중요한 장기적 목표로 제안하고 있습니다. 귀하께서는 다음의 보기들에 어느 정도 중요성을 두고 활동하고 계십니까?

	① 매우 중요하다	② 중요하다	③ 보통이다	④ 중요하지 않다	⑤ 매우 중요하지 않다
가) 정치 및 안보협력					
나) 경제협력 및 무역					
다) 한국 문화를 알림					
라) 한국 정책에 대한 이해					
마) 한국을 향한 호감도					

8-1. 이 외에 추가하고 싶은 장기적 목표가 있으십니까?

____

9. 외국인이 한국에 대해 잘못알고 있는 것은 무엇이라고 생각하십니까?

① 한국 정부 ② 한국 경제 ③ 한국 사회 ④ 한국 문화 ⑤ 한국인 ⑥ 기타: ________

10. 국가 이미지 제고를 위해 외국인이 한국에 대해 알았으면 하는 것은 무엇입니까?

① 한국 정부 ② 한국 경제 ③ 한국 사회 ④ 한국 문화 ⑤ 한국인 ⑥ 기타: ________

11. 현재 외교부의 문화·공공외교 활동을 다음의 기준으로 유목화한다면 적절하다고 생각하십니까?

구성요소	설명
가) 양자외교	외교 관계 수립 기념 행사·주요 외교 계기 행사 등 쌍방향 문화 교류 증진 사업
나) 다자외교	유네스코 주요 회의 참여, 국제적 논의 동향 파악 등을 통한 국제기구에서의 한국 외교 역량 강화
다) 미디어외교	TV·라디오·신문·전화 등 기존 미디어를 수단으로 하는 사업
라) 인터넷외교	케이블/인터넷 방송·모바일 웹·SNS 등을 수단으로 하는 사업
마) 모니터링	가~라 사업 관련 또는 타 업무 관련 어떤 현상(대상)을 종합적으로 총괄·평가하는 사업

① 매우 적절하다 ② 적절하다 ③ 보통이다 ④ 적절하지 않다 ⑤ 매우 적절하지 않다

11-1. 귀하께서 소속하신 부서에서 수행하는 공공외교 활동은 아래의 보기 중 어디에 해당합니까? (해당되는 번호를 순서대로 모두 표시해주세요.)

① 양자외교(관계형성 및 문화/교류외교) ② 다자외교
③ 미디어외교 ④ 인터넷외교
⑤ 모니터링

12. 현재 저희는 외교부의 공공외교 평가 지표 개발을 위한 연구를 진행 중에 있습니다. 이와 관련하여 당부하시거나 제안하고 싶으신 사항이 있다면 답변 부탁드립니다.
(위의 문항에서 제시한 유목화 기준에 대한 구체적 제안이 있으시다면 적어주세요.)

____

____

| 통계 처리를 위한 정보 |

1. 귀하의 성별은 무엇입니까?
① 남성 ② 여성

2. 귀하의 만 나이를 기입해주시기 바랍니다. (   ) 세

3. 귀하의 직급은 어떻게 되십니까?
국내: ① 주무관 ② 외무행정관 ③ 사무관 ④ 서기관 ⑤ 관리자급 (과장급이상)
국외: ① 서기관 ② 참사관 ③ 공관장

4. 공관에서 활동했던 지역을 모두 골라주시기 바랍니다.
① 동북아시아 ② 남아시아태평양 ③ 북미 ④ 중남미 ⑤ 유럽 ⑥ 아프리카중동

| 붙임 3 |

평가 차원 및 평가 내용

평가 차원	평가 내용	
투입 평가 (Input)	PD 목적과의 일치 여부	• 한반도 및 동북아의 평화 정착과 통일 기반 조성 기여 여부 • 경제외교를 통한 경제 부흥 선도 여부 • 국가 명성과 이미지 제고 일조 여부 • 한국인과 한국 문화에 대한 이해 증진 여부
	전략적 기획	• 본부 입장에서의 프로그램의 장기적 활용 가능성 여부 • 타켓 입장에서의 프로그램의 장기적 활용 가능성 여부
	설계	• 메시지의 적합성 여부 • 매체 선택의 적절성 여부 (이벤트, 퍼블리케이션, 웹 등) • 콘텐츠 선택의 적절성 여부 (텍스트, 이미지 등) • 타겟 공중 선정의 적절성 여부
산출 평가 (Output)	미디어 산출물	• 보도 내용과 PD 4대 목적과의 관련성 여부 • 보도자료 게재 건수 (매체별, 언론사별) • 기자회견, 브리핑, 인터뷰 기사화 건수(매체별, 언론사별) • 대변인 인용횟수 • 주요 메시지 노출 건수 및 비중 • 주요 메시지에 대한 언론 태도 • Social Media의 트윗, 팔로우 수
	PD 프로그램 산출물	• 해당 PD 프로그램 내용과 PD 4대 목적과의 관련성 여부 • 해당 PD 프로그램 개최국(지역)수 및 추진 공관 수 • PD 프로그램 참가자 수 및 수혜자 수 • PD 프로그램 관련 문의 건수 • 관련 자료 열독률
생성 과정 평가 (Outtake)	메시지 전달력 (전달자 관점)	• 주요 메시지(슬로건) 공감 정도 • 주요 메시지(슬로건) 주목 정도
	메시지 수용도 (수용자 관점)	• PD 프로그램 메시지와 PD 4대 목적과의 연관성 인지도 • PD 프로그램 인지도 및 컨셉 이해도 • PD 프로그램 메시지/슬로건 인지도 및 회상도 • PD 프로그램 관련 정책 및 주요 인물, 상징 마크 인지도

평가 차원		평가 내용
결과 평가 (Outcome)	수용자 만족도	• PD 프로그램에 대한 전반적 만족도 • PD 프로그램 진행자에 대한 만족도 • PD 프로그램 콘텐츠에 대한 만족도 • 상호성에 대한 만족도(토론, 케이스스터디) • 기관에 대한 만족도 • 지속 기간 및 위치에 대한 만족도
	수용자 의견 변화	• PD 4대 목적에 대한 이해도 증진 여부 • 한국에 대한 이해도 증진 여부 • 한국 커뮤니케이션 만족도 증대 여부 • 한국의 사회, 정치, 가치에 대한 전반적 이해 증진 여부 • 한국의 특정 정치적 입장 가치, 관점에 대한 이해 증진 여부 • 한국의 강점 및 차별점에 대한 인지 증진 여부
	수용자 태도 변화	• 외교부(공관)에 대한 호의도 증진 여부 • 한국에 대한 호의도(친밀도) 및 신뢰도 증진 여부 • 한국 외교 정책에 대한 신뢰도 증진 여부 • 한국에 대한 심리적 지지도 증진 여부 • 한국의 정치, 사회, 가치에 대한 호감도 상승 여부 • 참여자 충성도 형성 여부
	수용자 행동 변화	• 해외 주요 기관에 한국이 배포한 정보 자료 비치 여부 • 지역 조직 및 지역 커뮤니티에 대한 PD 참여자들의 긍정적 변화 진행 여부 • 프로그램 참가자에게 현재 및 향후 생활의 실질적 가치 제공 여부 • 한국 회상도 증진 여부

참고 문헌

감사원 평가연구원. 2006. 『미국 PART제도 정착과정과 효과, 정책자료집』 2006-005.

기획재정부. 2014. 『경제·안전·희망을 위한 2015년 예산안』 p. 27.

김선혁. 2011. 『한국공공외교 추진체계연구 및 전략 수립: 대내 공공외교를 위한 거버넌스』

한국국제교류재단. p. 11.

노화준. 2000. "전략적 관리와 목적달성에 의한 정책평가의 방향." 『행정논총』 38권 제2호: 57-64.

신보영. 2015. "日 역사왜곡 관망하던 美, '度 넘었다' 판단." 『문화일보』(1월 20일). http://www.munhwa.com/news/view.html?no=2015012001070430116001 (검색일: 2015.02.23)

김효정. 2014. "〈2015년 예산〉 '국제사회와 현안 교감' 공공외교 박차." 『연합뉴스』(9월 18일)http://news.naver.com/main/read.nhn?mode=LSD&mid=sec&sid1=100&oid=001&aid=0007126637 (검색일: 2015.02.23)

외교부. 2014. 『2014년도 외교부 예산 개요』 http://www.mofa.go.kr/information/nationalassembly/budget/index.jsp?menu=m_60_20_10&tabmenu=t_2&sp=/webmodule/htsboard/template/read/korboardread.jsp%3FtypeID=6%26boardid=255%26tableName=TYPE_DATABOARD%26seqno=349774 (검색일: 2015.02.23)

이진주. 1998. 『정책평가를 위한 새로운 모형』 서울: 나남.

제프리 코원, 니콜라스 J. 컬. 2013. 『새 시대의 공공외교』 김남수, 이화연, 김나연 옮

김. 한국국제교류재단 공공외교 번역총서 시리즈 003. 인간사랑.

조용석, 오창일, 이상훈, 김규철, 김혜성, 최환진, 박정래, 이현우, 이화자, 하봉준, 조삼섭, 김찬석, 김한주, 연일, 손상만. 2007. 『제일기획 출신 교수들이 쓴 광고 홍보 실무 특강』 서울: 커뮤니케이션북스(주).

중앙대학교 산학협력단. 2008. 『2008년 노동정책 홍보효과 측정 및 평가 보고』 노동부.

차희원, 김영욱, 신호창. 2005. "정책 PR의 평가 지표 개발에 관한 연구 : 국정홍보처 실무자와 외부 전문가 의견 비교를 중심으로." 『홍보학연구』 제 9권 제 1호: 126-169.

팀 왓슨. 폴 노블. 2005. 『PR의 평가』 김현희, 최준혁, 김효순 역. 커뮤니케이션북스.

Abel, T. 1941. "The element of decision in the pattern of war." *American Sociological Review, 6,* 853-59.

ADB (Asian Development Bank). 2011. *Asia 2050: Realizing the Asian Century.* http://www.adb.org/sites/default/files/asia2050-executive-summary.pdf. (검색일: 2015.03.12)

ADST (For Association of Diplomatic Studies and Training). 1988. *Oral history Service in IRI* http://www.adst.org/OH%20TOCs/Dillon, %20Dorothy.toc.pdf (검색일: 2015.02.23)

Anholt, S. 2014. *The Anholt-GfK Roper Nation Brands IndexSM 2014 Report.* https://www.regjeringen.no/contentassets/524b852e753249ca89978132f381d300/nbi2014_norway.pdf (검색일: 2015.02.23)

Arts Council Norway. 2014. http://www.kulturradet.no/documents/10157/9014e577-5c0f-4fdf-9e96-eb9af9beeeca (검색일: 2015.02.23)

Artley W., & Stroch S. 2001. *The performance-based management handbook: A six-volume compilation of techniques and tools for implementing the government performance and results act of 1993.* Performance-Based Management Special Interest Group.

Banks, R. 2011. *A Resource Guide to Public Diplomacy Evaluation.* Figueroa Press.http://uscpublicdiplomacy.org/sites/uscpublicdiplomacy.org/files/legacy/publications/perspectives/CPD_Perspectives_Paper%209_2011.pdf (검색일: 2015.03.12)

BASF Crop Protection with PadillaCRT, & PadillaCRT. 2014. *Making Magic at Commodity Classic 2013*. SO08 Silver Anvil Award. http://www.prsa.org/searchresults/view/6bw-1406c02/0/making_magic_at_commodity_classic_2013#.VNHHrT-KCaE (검색일: 2015.03.12)

Batora, J. 2005. "Public Diplomacy in Small and Medium-sized States: Norway and Canada." *Discussion Papers in Diplomacy*. The Hague: Clingendael Institute.

Banks R. 2011. *A Resource Guide to Public Diplomacy Evaluation. (CDP Perspectives on Public Diplomacy)*. Los Angeles: Figueroa Press.

BBC. 2014. *BBC Annual Report and Accounts 2013/14*. Presented to Parliament by the Secretary of State for Culture, Media and Sport on 21 July 2014. 70. http://downloads.bbc.co.uk/annualreport/pdf/2013-14/bbc_annualreport_201314.pdf (검색일: 2015.03.12)

British Council. 2008. *Annual Report 2008-09*.

______. 2014. *Annual Report 2013-14*. 10-11. http://www.britishcouncil.org/sites/britishcouncil.uk2/files/d554_annual_report_final.pdf (검색일: 2015.03.12)

Broom, G. M., & Dozier, D. 1983. "An overview: Evaluation research in public relations." *Public Relations Quarterly, 28*(3), 5-8.

Carroll C. E. 2004. *How the Mass Media Influence Perceptions of Corporate Reputation: Exploring Agenda-setting Effects within Business News Coverage*. The University of Texas at Austin. Austin.

Carroll C. E., & McCombs M. 2003. "Agenda-setting Effects of Business News on the Public's Images and Opinions about Major Corporations." *Corporate Reputation Review, 6*(1), 36-46.

Coppertone & PadillaCRT & Kaleidoscope. 2014. *Making the Sunscreen Grade - Protecting the Skin of Tomorrow's Generation*. SO08 Silver Anvil Award.

Cowan, Geoffrey, & Nicholas J. Cull. 2008. Public diplomacy in a Changing World. *The Annals of the American Academy of Political and Social Science*.

Creel, G. 1920. *How We Advertised America: The First Telling of the Amazing Story of the Committee of Public Information that Carried the Gospel of Americanism to Every Corner of the Globe*. London: Harper and Brothers

Publishers.

Cutlip, S. M., Center, A. H., & Broom, G. M. 1985. *Effective Public Relations.* (6th Ed). Upper Saddle River, NJ: Prentice-Hall.

______. 2000. *Effective Public Relations.* (8th Ed). Upper Saddle River, NJ: Prentice-Hall.

D.O.Ca. Rioja Regulatory Board. 2014. *Vibrant Rioja. SO16 Silver Anvil Award of Excellence.* http://www.prsa.org/searchresults/view/6be-1405a16/0/vibrant_rioja#.VNHIsz-KCaE (검색일: 2015.03.12)

Dozier, D., & Lauzen, M. M. 2000. "Liberating the intellectual domain from the practice: Publc relations, activism and the role of the scholar." *Journal of Public Relations Research, 12*(1), 3-22.

Davis, J. 2004. "The Campaign to Ban Landmines: Public Diplomacy, Middle Power Leadership and an Unconventional Negotiating Process." *Canadian Institute of International Affairs.*

Egner M. 2009. *Between Slogans and Solutions: A Frame-Based Assessment Methodology for Public Diplomacy.* The Pardee RAND Graduate School. California. For Association of Diplomatic Studies and Training (ADST) oral history including service in IRI (1988) http://www.adst.org/OH%20TOCs/Dillon,%20Dorothy.toc.pdf. (검색일: 2015.03.12)

Egner, M. 2010. *Between Slogans and Solutions A Frame-Based Assessment Methodology for Public Diplomacy*, Pardee RAND Graduate School (PRGS) http://www.rand.org/content/dam/rand/pubs/rgs_dissertations/2010/RAND_RGSD255.pdf (검색일: 2015.03.12)

Foreign and Commonwealth Office. 2014. *Annual Report and Accounts 2013-14*, 99https://www.gov.uk/government/uploads/system/uploads/attachment_data/file/325896/FCO_Annual_Report_2013-14.pdf (검색일: 2015.02.23)

Foreign Affairs, Trade and Development Canada. http://www.international.gc.ca/cip-pic/mission_info-info_mission.aspx?lang=eng (검색일: 2015.02.23) http://www.international.gc.ca/department-ministere/plans/rpp/rpp_1415.aspx?lang=eng#s1 (검색일: 2015.02.23)

Gibson, J. S. 1997. The International Visitor Program: The United States Government and the National Council for International Visitors. http://www.

google.co.kr/url?sa=t&rct=j&q=&esrc=s&source=web&cd=2&cad=rja&uact=8&ved=0CCMQFjAB&url=http%3A%2F%2Fwww.globaltiesus.org%2Fcategory%2F9-library.html%3Fdownload%3D376&ei=TK6CVKPcCof68QXj4oGIAw&usg=AFQjCNHws6XG8U0vDieUwJe9Xn-qTeuAXQ&sig2=yRbu7LPhavNc6IxFXwCKaQ (검색일: 2015.02.23.)

Gilboa, E. 2010. *The Public Diplomacy of Middle Powers*. http://publicdiplomacymagazine.com/the-public-diplomacy-of-middle-powers/ (검색일: 2015.02.23)

______. 2008. "Searching for a Theory of Public Diplomacy." *The ANNALS of the American Academy of Political and Social Science (AAPSS) 616*, 55-77.

Government Accountability Office. 2007. *US Public Diplomacy: Actions Needed to Improve Strategic Use and Coordination of Research: Public Diplomacy*. GAO-07-904. http://www.gao.gov/new.items/d07904.pdf (검색일: 2015.03.12)

______. 2009. *US Public Diplomacy: Key Issues for Congressional Oversight*. GAO-09-679SP. http://www.gao.gov/new.items/d09679sp.pdf (검색일: 2015.03.12)

______. 2011. *Program Evaluation: Experienced Agencies Follow a Similar Model for Prioritizing Research*. GAO-11-176. http://www.gao.gov/new.items/d11176.pdf (검색일: 2015.03.12)

Grunig, J. E. (ed.) 1992. *Excellence in Public Relations and Communication Management. Hillsdale*. NJ: Lawrence Erlbaum.

Grunig, J. E., & Hunt, T. 1984. *Managing Public Relations*. New York: Holt, Rinehart and Winston.

Grunig, J. E., & Grunig, L. A. 2008. "Excellence Theory in Public Relations: Past, Present, and Future." *Public Relations Research*, 327-347.

Gyan, S. B. 2009. "Measured Response: Office Assesses Public Diplomacy's Impact." *State Magazine*, 33-35.

Heil, A. L., & Heil, A. 2003. *Voice of America: A History*. Columbia University Press.

Hon, L. C. 1997. "What Have You Done For Me Lately? Exploring Effectiveness in Public Relations." *Journal of Public Relations Research, 9*(1), 1-30.

______. 1998. "Demonstrating effectiveness in public relations: Goals, objectives, and evaluation." *Journal of Public Relations Research, 10*(2), 103-135.

Hughson, J., & Inglis, D. 2001. "Creative industries' and the arts in Britain: Towards a third way' in cultural policy?" *International Journal of Cultural Policy, 7*(3), 457-478.

Hybl, William J., Olson, Lyndon L. et. Al. 2010. "Assessing U.S. Public Diplonary: a natinal model." *United States Advisory Commission on Public Diplomacy*. http://www.state.gov/documents/organization/149966.pdf (검색일: 2015.02.23)

Jones, J. B. 2005. "Strategic Communication: A Mandate for the United States." *Joint Force Quarterly, 39,* 108-113.

Kennedy, J. F. 1961, January 9. "Address of President-Elect John F. Kennedy Delivered to a Joint Convention of the General Court of the Commonwealth of Massachusetts." http://www.jfklibrary.org/Asset-Viewer/OYhUZE2Qo0-ogdV7ok900A.aspx (검색일: 2015.03.12)

Kim, Y. L., & Tcha, M. 2012. *Introduction to the Knowledge Sharing Program(KSP) of Korea.*

Kleistra Y., & Willigen N. V. 2010. "Evaluating Diplomacy: A Mission Impossible?". *Evaluation 16*(2), 119-135.

Korea Foundation (KF). 2012-13. *Korea Public Diplomacy Forum*. http://en.kf.or.kr/?menuno=578 (검색일: 2015.03.12)

Korean Ministry of Foreign Affairs' official blog. http://mofakr.blog.me/220142693384 (검색일: 2015.02.23)

Ledingham, J. A., & Bruning, S. D. 2000a. Background and current trends in the study of relationship management. In J. A. Ledingham & S. D. Bruning (Eds.). *Public relations as relationship management: A relational approach to public relations*, 11-17. Mahwah, NJ: Lawrence Erlbaum Associates, Inc.

Ledingham, J. A., & Bruning, S. D. 2000b. A longitudinal study of organization-public relationships dimensions: Defining the role of communication in the practice of relationship management. In Ledingham, J. A., & Bruning, S. D. (Eds.). *Public relations as relationship management: A relational approach to public relations*, 55-69. Mahwah, NJ: Lawrence Erlbaum Associates, Inc.

Ledingham, J. A. 2003. "Explicating Relationship Management as a General Theory of Public Relations." *Journal of public relations research, 15*(2), 181-198.

Leonard, M. 2002. *Public Diplomacy*. London: *The Foreign Policy Centre*.

Leonard, M., & Small, A. 2003. *Norwegian Public Diplomacy*. London: Foreign Policy Center.

Lindenmann, W. K. 1993. "An effectiveness yardstick to measure public relations success." *Public Opinion Quarterly, 38*(1), 7-9.

Macfadden. 2014. Assessing the Impact of ECA Exchanges. http://www.macf.com/images/stories/pdf/ASHA/Evaluation_at_ECA_April_2014_final.pdf (검색일: 2015.03.12)

Macnamara, J. 1992. Evaluation of public relations: The Achilles' heel of the PR profession. *International public Relations Review*, 15(24), 17-31.

______. 2002; 2005. Research and evaluation. In C. Tymson, & P. Lazar. *The New Australian and New Zealand public relations manual.*, 100-134. Sydney: Tymson Communications.

______. 2014. The MEIA Model: A New Model for Public Relations Measurement and Evaluation. http://www.themeasurementstandard.com/2014/06/the-meia-model-a-new-model-for-public-relations-measurement-and-evaluation/#more (검색일: 2015.03.12)

Melissen, J. 2005. *The New Public Diplomacy: Soft Power in International Relations*. Basingstoke. UK: Palgrave Macmillan. http://kimo-mp3.at.ua/_ld/0/87_en-09.pdf (검색일: 2015.02.23)

New York Times 2010, April 28. Edward R. Murrow, Broadcaster and Ex-Chief of U.S.I.A. http://www.nytimes.com/learning/general/onthisday/bday/0425.html (검색일: 2015.03.12)

Noble, P., & Watson, T. 1999. Applying a unified public relations evaluation model in European context. Paper presented to Transnational Communication in Europe: Practice and Research. International Congress. Berlin.

Norwegian Ministry of Foreign Affairs. 2014. *Mini Facts about Norwa*http://www.ssb.no/en/befolkning/artikler-og-publikasjoner/minifacts-aboutnorway (검색일: 2015.02.23)

Norwegian Government. 2014. *The Main Elements of the Ministry of Foreign Affairs Budget*. https://www.regjeringen.no/en/aktuelt/main_elements_mfa_budget_2015/id2005549/?regj_oss=20 (검색일: 2015.02.23)

Norwegian Official Site in the UK. "Team Norway for Norwegian Business." http://www.norway.org.uk/norwayandcountry/Current-Affairs/Business-and-Trade/Team-Norway-for-norsk-naringsliv-/#.VMY6XGf9k2w (검색일: 2015.02.23)

Nye, J. 1990. *Bound to Lead: The Changing Nature of American Power*. New York: Basic Books.

______. 2004. *Soft Power: The Means to Success in World Politics*. New York: Public Affairs.

______. 2008. Public Diplomacy and Soft Power. *The Annals of the American Academy of Political and Social Science*, 616(1), 94-109.

Pahlavi, P. C. 2007. "Evaluating Public Diplomacy Programmes." *The Hague Journal of Diplomacy, 2*(3), 255-281.

Pamment, J. 2011. *The Limits of the New Public Diplomacy*. Stockholm: Stockholm University.

______. 2013. *New Public Diplomacy in the 21st Century: A Comparative Study of Policy and Practice*. New York: Routledge.

______. 2014. "Articulating Influence: Toward a Research Agenda for Interpreting the Evaluation of Soft Power, Public Diplomacy and Nation Brands." *Public Relations Review, 40*(1), 50-59.

Pavlik, J. V. 1987. *Public Relations: What Research Tells Us*. Newbury Park, CA: Sage.

PCC (Policy Coordinating Committee). 2007. *U.S. National Strategy for Public Diplomacy and Strategic Communication*, 4-5. http://www.au.af.mil/au/awc/awcgate/state/natstrat_strat_comm.pdf (검색일: 2015.03.12)

Petersen, J. 2003. *Peace Mediation and Reconciliation. Joint Belgian-Norwegian seminar on the occasion of the Norwegian state visit to Brussels*. Utenriksdepartementet. https://www.regjeringen.no/nb/aktuelt/peace,_mediation_and_reconciliation/id267097/ (검색일: 2015.02.23)

Pillay, P. N. 2010. *Linking Higher Education and Economic Development: Implications for Africa from Three Successful Systems* (Wynberg: Center for Higher Education Transformation (CHET)).

PMO (Prime Minister's Office). 2010a. *Presidential Decree of the Framework Acton Internationa lDevelopment Co-operation*. Seoul: PMO.

______. 2010b. *The Mid-term ODA Policy for 2011-2015*. Seoul: PMO.

Potter, E. H. 2002. "Canada and the New Public Diplomacy." *Discussion Papers in Diplomacy*. http://www.clingendael.nl/sites/default/files/20020700_cli_paper_dip_issue81.pdf (검색일: 2015.02.23)

______. 1996/1997. "Niche Diplomacy as Canadian Foreign Policy." *Canadian International Council*, 25-38.

______. 2004. "Branding Canada: The Renaissance of Canada's Commercial Diplomacy." *International Studies Perspectives*, 55-60.

Public Relations Institute of Australia. 2014. "Statement of Principles on Best Practice in PR Measurement and Evaluation." http://www.pria.com.au/knowled14bank/area?command=record&id=546 (검색일: 2015.03.12)

Reagan, R. 1984, August 23. "Remarks Accepting the Presidential Nomination at the Republican National Convention in Dallas, Texas." http://www.reagan.utexas.edu/archives/speeches/1984/82384f.htm (검색일: 2015.02.23)

______. 1989, January 11. "Farewell Address to the Nation, Oval Office."

Reeves, B. 1983. "Now you see them, now you don't: Demonstrating effects of communication programs." *Public Opinion Quarterly, 28*(3), 17-21, 27.

Signitzer, B. H., & Coombs, T. 1992. "Public relations and public diplomacy: Conceptual divergence." *Public Relations Review, 18*(2), 137-47.

Smith, D. J. n.d.. Norwegian Public Diplomacy. *Norway Communicates*. http://www.norwaycommunicates.com/diplomacy.html (검색일: 2015.02.23)

Snow, N. 2008. "International Exchanges and the U.S. Image." *The ANNALS of the American Academy of Political and Social Science, 616*(1).

Strategists. Government Performance Management and Budgeting. *OMB's Program Assessment Rating Tool (PART)*. http://strategisys.com/omb_part (검색일: 2015.03.12)

Swedish Government. http://www.government.se/sb/d/11242 (검색일:

2015.02.23) http://www.government.se/sb/d/574/a/200388 (검색일: 2015.02.23)

The Institute for Public Relations 1997, 2003. Guidelines For Measuring The Effectiveness of PR Programs and Activities. http://www.instituteforpr.org/wp-content/uploads/2002_MeasuringPrograms.pdf (검색일: 2015.03.12)

The Secretary of State. 2014. Congressional Budget Justification: Fiscal Year 2015, 16, 403-4.

U.K. Government. https://www.gov.uk/government/world (검색일: 2015.02.23)

United States Advisory Commission. 2010. Assessing U.S. Public Diplomacy: A National Model. http://www.state.gov/documents/organization/149966.pdf (검색일: 2015.03.12)

______. 2014. Data-Driven Public Diplomacy: Progress towards measuring the impact of public diplomacy and international broadcasting activities. http://www.state.gov/documents/organization/231945.pdf (검색일: 2015.03.12)

U.S. Advisory Commission on Public Diplomacy (2004). Data- Driven Public Diplomacy: Progress towards Measuring the Impact of Public Diplomacy and International Broadcasting Activities. http://whirledview.typepad.com/whirledview/2014/10/data-driven-public-diplomacy-an-evaluation-of-an-evaluation-of-an-evaluation.html#sthash.nOsNsVBf.dpuf (검색일: 2015.03.12)

US Bureau of Educational and Cultural Affairs. http://eca.state.gov/impact (검색일: 2015.03.12)

U.S. Embassies, Consulates, and Diplomatic Missions. http://www.usembassy.gov/ (검색일: 2015.02.23)

U.S. Energy Information Administration. 2014. *Independent Statistics Analysis*http://www.eia.gov/countries/country-data.cfm?fips=no (검색일: 2015.02.23)

Wästberg, O. 2009. "The Symbiosis of Sweden & IKEA." *Public Diplomacy Magazine* (2). http://publicdiplomacymagazine.com/the-symbiosis-of-sweden-ikea/

Watson, T. 1997. *Measuring the success rate: evaluating the PR process and PR programmes. in P.J. Kitchen (Ed.). Public Relations; principles and practice*,

283-297. Boston: Thomson Learning.

______. 2011. July 6-7. The evolution of evaluation - the accelerating march towards the measurement of public relations effectiveness. In: International History of Public Relations Conference 2011. Bournemouth University, Poole, England, 398-412.

Widvey, T. 2003. November 3. Public Diplomacy. Speech at the Norwegian-American Chamber of Commerce, Ottawa.

______. 2003. March 7. Opening Speech. Images of Norway: A Conference on Public Diplomacy. Oslo. https://www.regjeringen.no/nb/aktuelt/opening_speech_at_images_of_norway/id266963/ (검색일: 2015.02.23)

White House. 2010. National Framework for Strategic Communication. http://fas.org/man/eprint/pubdip.pdf (검색일: 2015.02.23)

World Public Relations Forum. 2012. http://www.worldprforum.com/melbourne2012/files/pdf/speaker_presentations/tuesday_219/1345_Michael%20Ziviani.pdf (검색일: 2015.03.12)

Zenker S., & Martin N. 2011. "Measuring success in place marketing and branding." *Place Banding and Public Diplomacy*, 7(1), 32-41.

찾아보기

저자 소개

조기숙趙己淑

이화여자대학교 정치외교학과를 졸업하고 미국 아이오와대학교에서 정치학 석사, 인디애나대학교에서 정치학 박사학위를 받았다. 시립인천대학교 조교수를 거쳐 1997년 이후 이화여자대학교 국제대학원 국제학전공 교수로 재직 중이며 2013년 국내에서는 최초로 이화여자대학교에 공공외교센터를 설립해 센터장을 맡고 있다. 저서로는 『세계를 움직인 열두 명의 여성』, 『여성 과학자의 글로벌 리더십』, 『아이를 살리는 교육』, 『포퓰리즘의 정치학』 등이 있다. 선거와 여론, 정치신뢰와 불신, 정치냉소주의 연구에 대한 전문성을 외교와 접목하여 공공외교 분야의 이론화에 기여하고 있으며 논문으로는 "A Model on the Rise and Decline of South Korean Anti-Americanism", "Two Component Model of General Trust(공저)", "Why Does Trust Mediate the Effects of Ethical and Authentic Leadership in Korean Firms?(공저)", "안철수현상의 동인: 정치불신 혹은 정치냉소주의", "안철수현상에 대한 진영언론의 담론평가: 변혁의 리더십 혹은 포퓰리즘" 등이 있다.

차희원車禧媛

이화여자대학교 신문방송학과를 졸업하고 동 대학원에서 커뮤니케이션학 석사와 박사학위를 받았다. 학자가 되기 전 5년간 코콤포터노벨리(주) 커뮤니케이션 전략연구소 소장을 지냈으며 닐슨코리아에서 연구원으로 활동했다. 시라큐스대학교에서 방문학자로 연구했으며 현재는 이화여자대학교 커뮤니케이션·미디어학부 교수로 재직 중이다. 한국PR학회 회장(2012-2013), 청와대, 국무조정실, 외교부 홍보자문위원 등을 역임했으며, 현재 문화부와 국민안전처, 식약처 등 홍보자문 및 평가위원으로 활동 중이다. 저서로는 『기업 명성과 커뮤니케이션』, 『커뮤니케이션과 사회』(공저), 역서로는 『PR 캠페인 기획·관리의 단계별 지침서』 등이 있으며, 주요 논문으로 "기업커뮤니케이션의 네트워크 구조와 기업명성간 관련성", "Corporate Reputation and the News Media", "A Study on Dialogic Communication, Trust, and Distrust: Testing a Scale for Measuring Organization-Public Dialogic Communication(OPCD)"이 있다.

신호창 申昊昌

서강대학교 정치외교학과를 졸업하고 미국 오하이오대학교 저널리즘스쿨에서 Public Relations(PR)학으로 박사학위를 받았다. 미국 매릴랜드대학교에서 객원연구교수로 활동했고, 전북대 신문방송학과 교수, 이화여자대학교 언론홍보영상학부 교수를 거쳐 현재는 서강대학교 커뮤니케이션학부 교수로 재직하고 있다. 한국홍보학회 회장(2005-2007), 한국PR협회 부회장 및 고문, 커뮤니케이션 분야 세계 최대 학회인 International Communication Association(ICA)의 Public Relations Division 부회장(2003-2005) 및 회장(2005-2007)을 역임했다. 국가이미지개발위원회 위원으로 활동했으며, 현재 외교부 대변인실 자문위원으로 있다. 저서로는 『피할 수 없는 PR』, 『PR전략론』, 『정책PR』, 『사내 커뮤니케이션론』, 『마케팅PR 전략과 사례』, 『전략적 커뮤니케이션』 등이 있으며, 1996년 이래 국가명성 및 공공외교 관련하여 "한국언론에 비친 해외동포 이미지", "중국 방공식별구역 발표 이슈를 중심으로 본 미국, 한국, 중국, 일본의 에고 네트워크 분석", "해외 언론의 한국에 대한 취재보도 특성과 반영된 한국이미지: 2006년~2009년 6개국 7개 언론사 보도에 대한 내용분석", "주한 미국, 영국, 프랑스, 이탈리아 대사관의 공중외교(Public Diplomacy) 체계와 전략 비교 연구", "Country Reputation in Multidimensions: Predictors, Effects, and Communication Channels", "Cognitive Categorization and Routes of National Reputation Formation: The US Opinion Leaders' Views on South Korea", "U.S. News Coverage of South Korean Events: Newsworthiness and Media Reputation" 등 11편의 학술지 논문과 3편의 학회 발표 논문이 있다.

한충희 韓忠熙

서울대학교 불어교육과를 졸업하고 미국 펜실베이니아대학교에서 국제관계학 석사학위를 받았고, 프랑스 파리1대학에서 국제정치학 석사과정을 수료했다. 1985년에 외무고시 16회로 외교부에 입부하여 1991년에는 미국, 1994년에는 나이지리아, 1999년에는 오스트리아에서 근무하며 외교관으로 활동했다. 2002년에는 한반도에너지개발기구(KEDO)에 파견되었고 2005년에는 북미2과장, 2006년에는 북미1과장, 2007년에는 북핵외교기획단 부단장의 직책을 거치며 한반도를 둘러싼 동북아 정세와 북한 핵문제, 한미 관계에 대한 업무를 전문적으로 수행했다. 또한 2008년에는 주 프랑스 대사관 공사참사관으로 재직하며 유럽 지역 이슈에 대하여 관심을 기울였고, 2010년에는 인사기획관으로 활동하기도 했다. 2012년에는 서울핵안보정상회의 부교섭대표 및 준비기획단 대변인으로 행사를 성공적으로 이끌었으며, 같은 해에 문화외교국장으로 부임하여 대한민국의 공공외교를 확립하고 발전시키는데 큰 역할을 했다. 국민과 함께하는 공공외교의 지평을 열고, 아리랑과 김장문화를 유네스코 인류무형문화재로 등재시키는 등의 성과를 인정받아, 영산재단이 선정하는 '2013년 올해의 외교인상'을 수상했다. 2014년에는 주유엔대표부의 차석대사로 부임했고, 같은 해에 유엔국제상거래법위원회(UNCITRAL: United Nations Commission on International Trade Law)의 의장으로 선출되어 현재까지 다자외교 분야에서 활발하게 활동하고 있다.

김화정 金和晶

이화여자대학교 조소과를 졸업하고 다양한 미디어 매체에서 프리랜서 기자로 다년간 활동했다. 주한 호주대사관 문화공보실에서 문화예술 분야를 담당하면서 이화여자대학교 국제대학원에서 석사학위를 받았고, 동 대학원 국제관계학 박사과정을 수료한 후 현재 공공외교센터의 사무국장으로 활동하고 있다. 2014년 한국국제교류재단에서 공모한 Salzburg Global Seminar(오스트리아)의 문화예술 분야에 유일한 한국인 참가자로 선정된 바 있다. 주요 논문으로는 "Cultural Diplomacy as the Means of Soft Power in the Information Age", "The Importance of Nation Brand", "Understanding Cross Cultural Communications in the Business Sector of South Korea" 등이 있다. Athens Institute for Education and Research의 제 12차 국제학술대회에서 "What Makes Effective Public Diplomacy: the case of German public diplomacy in South Korea(공저)", International Leadership Association의 제 17차 국제학술대회에서 "Searching for Public Leadership in Public Diplomacy through Public-Private-Partnership Lenses(공저)"를 발표했으며, 제3차 International Conference on Social Enterprise in Asia에 "Gender and Social Enterprises: social capital implications"의 공저자로 참가했다.

윤보라 尹寶羅

이화여자대학교에서 의류직물학과 정치외교학을 복수전공하고, 이화여자대학교 국제대학원에서 국제관계학 전공으로 석사과정을 마쳤으며, 현재 박사과정에 있다. 2012년에는 주한 스웨덴대사관에서 이명박 전 대통령의 초청으로 이루어진 스웨덴 최초의 공식 국빈방한 행사를 준비하고 홍보하는 업무를 수행했다. 또한 2014년부터 이화여자대학교 공공외교센터 연구원으로 활동하며, 제 13차 한독포럼의 아르츠콘서트를 수행하고, 워싱턴 D.C.에서 윌슨센터와 공동개최한 한미공공외교포럼을 수행했다. 2015년에는 한국연구재단에서 수여하는 글로벌박사펠로우십(Global Ph.D. Fellowship)에 선정되어 "유엔 공보국에 대한 평가와 미래 전략에 대한 제언"라는 주제로 연구를 진행하고 있다. 그 결과를 바탕으로 2016년 4월에 뉴욕 유엔 본부에서 개최된 유엔 공공외교 심포지엄을 기획하고 실행하는 데 큰 역할을 했으며, 기조연설로 발표되었던 "70 years of the UN's Communication: from Public Information to Public Engagement"를 조기숙 교수와 공동 연구했다.

여선하 余仙河

이화여자대학교에서 영어영문학과 한국음악학을 복수전공하고 이화여자대학교 정책과학대학원에서 공공정책학 석사학위를 받았으며, 현재 이화여자대학교 커뮤니케이션·미디어학부 박사과정 중에 있다. 2003년 노무현 대통령 취임식에 초청된 Weizsaecker 前 독일 대통령을 수행 통역했으며, 2005년에는 외교부 산하 한국국제교류재단에 입사했다. 동 재단에서 11년간 국제문화교류·국제학술교류 등 다양한 공공외교 업무를 담당했으며, 기획 출간한 'Modern Korea Artist'가 Obama 미국 대통령 방한 시 청와대 공식 선물로 선정되는 등 우리나라 외교 발전에 크게 기여한 공로를 인정받아 외교부 장관상을 받았다. 주요 논문으로는 "공공기관의 해외 문화예술사업 특성에 따른 국가 이미지 제고 효과에 관한 연구(공저)", "Exploring Websites of Foreign Embassies as a Dialogue Space for Diplomatic Offices and Foreign Publics(공저)" 등이 있으며, 학술대회 발표로는 "공공기관의 위기 초기대응 및 위기 커뮤니케이션에 대한 피해자들의 인식 연구(공저, 2015년 한국PR학회 가을철 학술대회)"가 있다.

한국형 공공외교 평가 모델

펴낸날 초판 1쇄 2016년 5월 23일
엮은이 이화여자대학교 공공외교센터
펴낸이 김훈순
펴낸곳 이화여자대학교출판문화원
주소 서울특별시 서대문구 이화여대길 52(우03760)
등록 1954년 7월 6일 제9-61호
전화 02) 3277-2965(편집), 362-6076(마케팅)
팩스 02) 312-4312
전자우편 press@ewha.ac.kr
홈페이지 www.ewhapress.com
책임편집 민지영
디자인 신성기획
찍은곳 (주)현문자현

ISBN 979-11-5890-166-0 94300
979-11-5890-165-3 (세트)

값 18,000원

* 잘못된 책은 바꾸어 드립니다.

이 도서의 국립중앙도서관 출판예정도서목록(CIP)은 서지정보유통지원시스템 홈페이지(http://seoji.nl.go.kr)와 국가자료공동목록시스템(http://www.nl.go.kr/kolisnet)에서 이용하실 수 있습니다. (CIP제어번호: CIP2016011162)